全国艺术科学规划领导小组办公室2018年度
文化与旅游研究项目（项目批准号：18DY17）成果

文化与旅游深度融合视域下
文化旅游品牌的建构

WENHUA YU LÜYOU SHENDU RONGHE SHIYUXIA
WENHUA LÜYOU PINPAI DE JIANGOU

冯会明　冯　悦　著

北京·旅游教育出版社

图书在版编目（CIP）数据

文化与旅游深度融合视域下文化旅游品牌的建构 / 冯会明，冯悦著. -- 北京：旅游教育出版社，2023.10
ISBN 978-7-5637-4596-8

Ⅰ.①文… Ⅱ.①冯… ②冯… Ⅲ.①旅游业—品牌战略—研究—中国 Ⅳ.①F592.3

中国国家版本馆CIP数据核字(2023)第177086号

文化与旅游深度融合视域下文化旅游品牌的建构

冯会明　冯悦　著

策　　划	李荣强
责任编辑	陈志
出版单位	旅游教育出版社
地　　址	北京市朝阳区定福庄南里1号
邮　　编	100024
发行电话	（010）65778403　65728372　65767462（传真）
本社网址	www.tepcb.com
E - mail	tepfx@163.com
排版单位	北京旅教文化传播有限公司
印刷单位	唐山玺诚印务有限公司
经销单位	新华书店
开　　本	710毫米×1000毫米　1/16
印　　张	12.75
字　　数	164千字
版　　次	2023年10月第1版
印　　次	2023年10月第1次印刷
定　　价	59.00元

（图书如有装订差错请与发行部联系）

目录

绪 论 ·· 1
  一、"诗与远方的牵手":文化、旅游的关系 ·················· 1
  二、文化旅游产业得到快速发展 ······························· 8
  三、文化旅游产业的发展需要品牌支撑 ······················ 15

第一章 文化与旅游的深度融合 ······························· 18
  一、文化产业与旅游产业融合的基本内涵 ··················· 19
  二、文化产业与旅游产业融合的动力 ························ 23
  三、文化与旅游深度融合的理论机制 ························ 30
  四、文化产业与旅游产业融合的模式与路径 ················ 32
  五、文化产业与旅游产业融合发展的对策 ··················· 38

第二章 文化旅游资源的开发 ··································· 41
  一、文化旅游资源开发的基本模式 ··························· 42
  二、文化旅游资源开发存在的问题与应对之策 ············· 57

第三章 文化旅游品牌概述 ······································ 69
  一、品牌的内涵 ·· 69

二、旅游品牌与文化旅游品牌的特征 …………………………… 73

三、文化旅游品牌的效应 …………………………………………… 78

四、建构文化旅游品牌的价值与意义 …………………………… 81

第四章　文化旅游品牌的建构 …………………………………… 85

一、文化旅游必须实施品牌引领战略 …………………………… 86

二、创意与文化旅游品牌的生成 ………………………………… 88

三、文化遗产对文化旅游品牌建构的作用 ……………………… 90

四、致力建构城市文化旅游品牌 ………………………………… 92

五、文化旅游品牌建构中存在的问题 …………………………… 96

六、文化旅游品牌建构的重点与关键 …………………………… 102

七、文化旅游品牌的建构举要 …………………………………… 104

八、文化旅游品牌建构的基本原则 ……………………………… 108

第五章　文化旅游品牌的营销传播 ……………………………… 113

一、品牌的本质是营销 …………………………………………… 113

二、文化旅游品牌的营销与传播 ………………………………… 115

三、文化旅游品牌的营销手段和传播渠道 ……………………… 120

第六章　不同类型文化旅游品牌的建构 ………………………… 137

一、旅游节庆文化旅游品牌的建构 ……………………………… 137

二、旅游演艺文化旅游品牌的建构 ……………………………… 147

三、博物馆文化旅游品牌的建构 ………………………………… 153

四、宗教文化旅游品牌的建构 …………………………………… 158

五、文化遗产文化旅游品牌的建构 ……………………………… 168

六、历史文化名城文化旅游品牌的建构 ………………………… 172

七、主题公园文化旅游品牌的建构 ……………………………… 177

参考文献 ·· 187
  一、论著 ·· 187
  二、论文 ·· 189
  三、学位论文 ··· 194
  四、报刊资料 ··· 195

绪　论

一、"诗与远方的牵手"：文化、旅游的关系

"诗与远方"折射出人民群众对美好生活的向往和期待，"诗与远方的牵手"正是文化、旅游二者关系形象生动的写照。

1. 旅游的含义

在我国，早在南朝时期就出现了"旅游"一词，作为南朝梁永明体代表诗人的沈约在他的《悲哉行》中留下了"旅游媚年春，年春媚游人。徐光旦垂彩，和露晓凝津……一朝阻旧国，万里隔良辰"[1]的诗句，诗中"旅游媚年春，年春媚游人"所描述的正是旅行者留恋春天的美景，春天的美景也娱悦着出游的行人，呈现出一幅和谐生动的春游景象。在这里，"旅游"这个词已经具有现代旅游的含义，且比西方"tourism"一词要早1300多年。

旅游是人类最基本的需要之一。通常认为，旅游是个人为了寻求审美和追求心灵愉悦而离开原本的生活地方前往异地的旅行行为。人们外出旅游主要是为了寻求身体与精神的愉悦。因为"现代旅游现象，实际上是一项以精神、文化需求和享受为基础的活动"[2]。除了欣赏美景、观光游览之外，"追求精神愉悦、学习文化知识、获得审美享受、寻求自身发展和价值承认是古今中外旅游者的共同愿望"[3]。在大众旅游时代，欣赏和了解异域文化是旅游者外出旅游的重要动机，旅游正由传统的、单纯的观光游览转变为当下的文化体验旅游，旅游活动追求一种文化的体验，传统观光旅游产品正逐步让位于文化旅游产品，

---

[1] （宋）郭茂倩.乐府诗集（上、下）[M].上海：上海古籍出版社，2016：779.
[2] 李茜燕.旅游文化品牌建设研究——以吉林省为例[J].企业经济，2014（12）：84-88.
[3] 尹华光，姚云贵，熊隆友.旅游产业与文化产业融合发展研究[M].北京：中国书籍出版社，2016：4.

旅游越来越具有文化享受的特点。魏小安认为："文化性的观光产品始终是中国旅游业在世界上最具有吸引力和凝聚力的产品。"①

正是因为有了旅游的需求，旅游产业才因此而诞生。旅游产业是旅游企业依托旅游资源和旅游设施，以旅游活动为中心，通过向旅游者提供旅游产品和旅游服务，满足游客各种需求的综合性产业。因此，"凡是生产或提供旅游消费者在旅游过程中所需要的食、住、行、游、购、娱等方面的产品和劳务的部门或企业的集合就为旅游产业"。②旅游产业现已成为全球最大的经济产业，在我国就拥有 6 万亿元的产出，既是国民经济一个巨大的消费领域，也是经济增长的主要动力和龙头产业之一，在社会经济活动中扮演着越来越重要的角色。

2. 何谓"文化"？

旅游产业不仅是一种经济事业，也是一种文化事业。文化是旅游活动的灵魂，因为"任何旅游形式都具有文化性质"③。

"文"是一个象形字，在甲骨文中像纹理纵横交错的形状，其本义是指事物交错所形成的纹理或形状，如"灿若文锦"。《易·系辞下》曰："物相杂，故曰文。"④许慎在《说文解字》中对"文"字进一步解释为："文，错画也，象交文。凡文之属皆从文。"⑤王筠在其《句读》中注曰："错者，交错也，错而画之，乃成文也"。可见，"文"的本义原指事物的本来之理，后来进一步演化为"具体的文物典籍、礼乐制度、道德技艺，指一切人为修饰、加工、修养所产生的文明成果"⑥。

"化"则是一个会意字，在甲骨文中，"化"字左旁是一个面朝左侧立的人，右边是一个头朝下、脚朝上倒着的人，一正一反，以示变化之意。因此，"化"的本义为变化、化育、改变之意。许慎在《说文解字》中将"化"解释

---

① 魏小安，王春利.博物馆的市场化［A］.北京博物馆学会.北京博物馆学会第四届学术会议论文集［C］.北京：燕山出版社，2004：12.

② 张凌云.试论有关旅游产业在地区经济发展中地位和产业政策的几个问题［J］.旅游学刊，2000（1）：10-14.

③ 尹华光，姚云贵，熊隆友.旅游产业与文化产业融合发展研究［M］.北京：中国书籍出版社，2016：12.

④ 屈万里.读易三种［M］.上海：上海辞书出版社，2017：369.

⑤ 许慎著，李兆宏，刘东方解译.说文解字全鉴（珍藏版）［M］.北京：中国纺织出版社，2017：268.

⑥ 钟晟.基于文化意象的旅游产业与文化产业融合发展研究［D］.武汉大学，2013.

为:"化,教行也。"①清代段玉裁在《说文解字注》中释曰:"教行也。教行于上,则化成于下。"

"文"与"化"相连使用,形成"文化"这一个单词,最早出现在西汉刘向的《说苑·指武》中:"圣人之治天下也,先文德而后武力。凡武之兴,为不服也。文化不改,然后加诛。"②因此,"文化"就是指文治教化之意,与凭借武力征服相对应,是指通过礼仪道德的教化使社会秩序和人的行为走向文明。

在西文语言中的"文化"一词来自拉丁文"Cultura",其本来之义是练习、耕种之意,也就是原始人类摆脱自然的蒙昧状态走向文明的过程。英国人类学家泰勒最早给"文化"一词进行了定义。1871年,泰勒在他的《原始文化》一书中写道:"文化或文明,就其广泛的民族学意义来说,是包括知识、信仰、艺术、道德、法律、习俗以及作为社会成员的人所掌握和接受的任何其他的才能和习惯的复合体。"③胡适在《我们对于西洋近代文明的态度》一文中也认为:"文化是一种文明所形成的生活方式。"④

文化是人类在历史进程中的精神与物质的整个复合体,是人类创造一切物质成果和精神成果的过程和结果的总和。通常认为,文化是由物质文化、制度文化和精神文化这三个基本层面所构成。其中物质文化是可以触摸和感知的、具有物质实体的文化事物,是人类物质生产方式和产品的总和。物质文化处于整个文化结构的表层,是构成文化的基础。制度文化是人类在社会实践中形成的各种行为规范、准则的总和。制度文化处于文化结构的中层,决定了文化的性质,是文化结构中最具权威的因素。精神文化是人类在社会实践和思想活动中长期形成的思维方式、道德情操、价值理念、审美观念、民族情结、宗教情感等各种文化因素的总和。精神文化深藏于文化结构的最里层,是文化结构的核心。概而言之,文化的构成有三个层面,"文化的物质层面是最表层的;而审美情趣、价值观念、道德规范、宗教信仰、思维方式等属于最深层;介乎二

---

① 张章.说文解字:中国人必备的工具书[M].北京:中国华侨出版社,2012:66.
② 刘向.说苑校证[M].向宗鲁校证.北京:中华书局,1987:380.
③ (英)爱德华·泰勒.连树声译.原始文化[M].上海:上海文艺出版社,1992:1.
④ 胡适.做最好的学问:胡适论趣味与治学[M].北京:北京联合出版公司,2014:119.

者之间的，是种种制度和理论体系"①。

从文化形态学的角度而论，文化又可以分为物态文化层、制度文化层、行为文化层和心态文化层等四个层次。其中物态文化层是人类在历史进程中，所创造的物质实体、物质文化的总和；制度文化层是人类在历史进程中所形成的各种制度、规范和法律等制度文化的总和；行为文化层则是人类在历史进程中所形成的风俗习惯及其表现出来的行为模式；心态文化层"是人类社会群体长期蕴化形成的精神内涵、思维模式、价值观念和审美情趣等精神层面的文化要素"②。

文化是一个民族、一个国家的灵魂，是国家重要的软实力，是衡量国家综合实力的一个非常重要的指标，也是一个国家和民族凝聚力的生动体现，可以为国家和社会的发展提供精神动力、智力支持，可以增强民族自尊心、自信心和自豪感，对提高国家和民族的竞争力有着至关重要的作用。特别是在后工业时代，文化的地位和作用越来越突出，在世界大国的竞争中，文化竞争将起到关键的作用。"以文化为核心的'软实力'成为世界各国竞争的核心竞争力。在商品同质化泛滥的时代，文化特色成为产品的核心竞争力；在休闲体验时代，文化成为影响消费者选择商品的重要因素。旅游开发者亦越加重视产品中的文化因素，旅游产品与文化产品的融合已然成为趋势。"③

无论是旅游产品还是文化产品，都具有文化属性，都能够满足人们精神层面的需求。人们的旅游活动主要是为了满足自己对精神和文化更高层次的需求，旅游消费的最终目的是对文化的审美、愉悦和精神的享受，因此，人们在旅游过程中热衷于对当地文化的体验。体验是人们通过亲身经历和实践领会得到的一种感受，一种深层次、难以言喻的瞬间性生命直觉。可以说，体验是旅游活动的本质，通过旅游，体验当地的文化，从而"获得一种主观经历、感受与回忆"。④ 从这一侧面而言，旅游就是旅行者的一种文化活动，旅游消费也就是一种文化消费，文化是旅游产业的灵魂和支柱，是旅游产业可持续发展的

---

① 尹华光，姚云贵，熊隆友. 旅游产业与文化产业融合发展研究[M]. 北京：中国书籍出版社，2016：12.
② 钟晟. 基于文化意象的旅游产业与文化产业融合发展研究[D]. 武汉大学，2013.
③ 桑彬彬. 旅游产业与文化产业融合发展的途径[J]. 旅游研究，2016（5）：3-5.
④ 钟晟. 基于文化意象的旅游产业与文化产业融合发展研究[D]. 武汉大学，2013.

源泉，也是旅游产业新的经济增长点。

3. 文化产业的界定

文化产业又被称为文化创意产业（Cultural-Creative Industries）或是创意产业（Creative Industries）。按照联合国教科文组织的定义，文化产业是指："按照工业标准，生产、再生产、储存以及分配文化产品和服务的一系列活动的总和。"①

美国在1997年出台的"北美行业分类系统"中，文化产业还包括了新闻出版、影视、信息和通信四大门类，从而形成了文化产业的体系。欧盟则是把文化产业定位为基于文化意义内容的生产活动。除了文学艺术、新闻出版、音乐创作、音像业、印刷业、广播影视业之外，还包括文化演出、摄影、体育等一切具有现代文化内涵的产品和相关的贸易活动，都被纳入到文化产业体系的范畴。

2003年9月，文化部制定下发的《关于支持和促进文化产业发展的若干意见》中，对文化产业的定义是："从事文化产品生产和提供文化服务的经营性行业。"国家统计局在2004年颁布的《文化及相关产业分类》中，对"文化产业"的概念也进行了界定："为社会公众提供文化、娱乐产品和服务的活动，以及与这些活动有关联的活动的集合。"2012年，又将其界定为"为社会公众提供文化产品和文化相关产品的生产活动的集合"，并将文化产业划分为核心层、外围层和相关产业层等三个层次，其中新闻服务，出版发行和版权服务，广播、电视、电影服务，文化艺术服务是文化产业的核心层；文化休闲娱乐服务、网络文化服务为文化产业的外围层；此外，还有与文化有密切关联的相关产业层。

在学界，将文化产业定义为："是一种借助生产、流通、消费、再生产的过程将文化产品转化为文化商品的产业，即文化产业是将文化性因素与经济性因素融合为一体的综合性产业。"②

---

① 尹华光，姚云贵，熊隆友. 旅游产业与文化产业融合发展研究[M]. 北京：中国书籍出版社，2016：29.

② 龚维玲. 文化产业与旅游产业融合发展研究——以南宁市为例[M]. 南宁：广西科学技术出版社，2015：7.

文化是文化产业最基本的属性，文化产业把文化推向了市场，进行以营利为目的的经济活动。在当今时代，经营文化已成为创造财富的主要潮流之一。党的十八大以来，我国文化产业发展态势良好，在2017年，我国文化及相关产业达到34 722亿元，占全国GDP比重的4.2%，继续向着国民经济支柱产业迈进。国家在"十三五"规划中提出，到2020年，"文化产业将成为国民经济支柱性产业"。2020年10月29日，在中国共产党十九届五中全会通过的《中共中央关于制定国民经济和社会发展第十四个五年规划和二○三五年远景目标的建议》中，提出要繁荣发展文化事业和文化产业，健全现代文化产业体系；实施文化产业数字化战略，加快发展新型文化业态、新型文化企业、文化消费模式；推动建设区域文化产业带，推动文化和旅游的融合发展，建设一批富有文化底蕴的世界级旅游景区和旅游度假区。同时指出，文化产业对旅游产业具有渗透和提升作用，可以丰富旅游产品的种类，提高旅游的内涵与品位，增加旅游的经济收入。

4. 文化与旅游的关系

旅游与文化各有侧重，"旅游以'看'为核心，文化产业则以'玩'为核心，前者满足人类的'猎奇'心理需要，后者提供人类疲惫心灵的栖息地"[①]。旅游与文化都能满足人类更高层次的精神需求，旅游活动就其本质而言是一种对文化的体验活动，旅游的过程本质上就是文化之旅和精神之旅，是到异地感知、品味文化和体验、享受文化的过程，通过文化的体验增长见识，提升境界，达到陶冶情操、娱悦身心的目的。

文化产业逐渐成为旅游经济的重要引领，成为支配人们旅游活动的精神支柱，人们对异域文化的兴趣与追求是旅游活动的重要动因、重要的驱动力。与此同时，文化又为旅游产业的持续发展提供了深厚的文化元素，丰富了旅游产品的内涵，提升了旅游产品的品质。正是因为有了文化的介入，旅游活动才能启迪心灵，慰藉灵魂，陶冶情操，使旅游更具魅力。

旅游则是发展和传播文化的重要媒介和载体，旅游活动过程本身就是一种传播文化与推广文化的过程，旅游者在放松身心的同时，还带来了独特的文化

---

① 邢启顺.西南民族文化产业与旅游融合发展模式及其社会文化影响[J].云南民族大学学报（哲学社会科学版），2016（04）：122-127.

体验。旅游者既是文化的观摩者，又是文化的参与者和传播者。文化与旅游二者是伴生共荣的，文化是旅游活动的灵魂和精髓，是旅游的核心吸引物，也是旅游产业创建品牌、提高竞争力的制胜法宝。文化资源已经成为现代旅游的核心资源、第一资源，旅游产业发展的潜力很大程度上取决于文化的魅力和吸引力，旅游产业发展要借助文化这一源动力，进而拓展旅游产业的发展空间。

文化则因旅游得以更为广泛传播，旅游活动使文化之"魂"广为弘扬，从而实现"文化大串联"。"旅游发展的过程也是旅游对文化深入影响的过程，对文化挖掘、优化、保护以及传承的动态过程。"①

同时，旅游产业又可以兑现文化价值，是实现文化的教化功能和娱乐功能的重要载体，也是文化产生经济效益的有效途径，同时也是发掘、保护、弘扬和优化文化的重要途径。因为旅游产业的发展，能为文化的保护提供更充足的资金保证，文化借助于旅游的经济功能得以留存和修护，从而使传统文化伴随着旅游业的发展迎来了复兴的契机。旅游产业被全球公认为是关联度高、带动力强、辐射面广的产业。根据世界旅游组织的统计显示，"旅游业每收入1元，可带动相关产业增加4元收入；旅游业从业者每增加1人，可增加相关行业4.2人就业"。② 因此，旅游产业也是实现文化富民和文化惠民的重要途径。如今，"旅游业作为我国战略性支柱产业，已经全面融入国家战略体系，成为社会投资热点和我国综合性大产业，对国民经济的综合贡献度达到10.8%"③。

人们通常把旅游和文化的关系，形象地比作如同人的身体与灵魂的关系，二者互为依存，互为表里，没有文化，旅游就失去了灵魂和魅力；而没有旅游，文化也就失去了活力和市场。文化有着感染人和吸引人的魅力，文化的异质性和多样性是吸引旅游者的强大动力，想要了解异域文化的愿望成为人们迈出家门、外出旅游的主要动机，"特色文化和个性文化以其独特性、多样性和淳朴的文化表现形式吸引着旅游者，是激发人们旅游的主要原因"④。因此，文

---

① 尹华光，姚云贵，熊隆友.旅游产业与文化产业融合发展研究［M］.北京：中国书籍出版社，2016：41.
② 闫春娥.广西文化与旅游融合发展探究［J］.市场周刊，2015（6）：40-42.
③ 张晓燕，孙志忠.文化旅游产业发展战略研究的可视化分析与探讨［J］.兰州文理学院学报（社会科学版），2018（6）：36-41.
④ 李茜燕.旅游文化品牌建设研究——以吉林省为例［J］.企业经济，2014（12）：84-88.

化是旅游产业发展的核心资源，也是旅游业增强感染力、吸引力和影响力，提高竞争力和持久生命力的关键因素。在当今大众旅游时代，旅游的重心正在由观光型向文化型、生态型转化，文化旅游日益受到青睐，成为生机盎然的旅游新形式。由于文化资源具有地域性、独享性、根植性、民族性的特征，难以模仿与复制，从而又具有垄断性。因此，未来旅游业的竞争主要聚焦于文化的竞争，文化是旅游业创建品牌、提高竞争力的法宝。旅游业若缺少了文化的底蕴，便失去了自身的特色，失去了强大的吸引力，正所谓"没有文化的旅游缺少魅力，没有旅游的文化缺少活力"。① 在很大程度上，文化的内涵还决定着旅游的品位，只有将文化融入旅游，提升旅游的文化氛围，才能提高旅游的档次和品位，才能增强旅游的生命力、吸引力。以前，"人们把'旅游'戏谑为'上车睡觉，下车拍照'，如今从浅层的'到此一游'到深度的文化体验，才能实现'诗与远方'的结合。"② 要以文化提升旅游内涵，以文化提升旅游业的生命力与吸引力，正因为如此，文化旅游成为旅游产业发展的一大趋势。

二、文化旅游产业得到快速发展

1. 文化旅游的内涵

为实现"诗与远方"的牵手，实现文化与旅游两大产业的深度融合，文化旅游这一新型的旅游方式应运而生。世界旅游组织（WTO）1985年对文化旅游进行了界定，认为文化旅游本质上是一种出于文化动机而产生的旅游活动。我国学者则把文化旅游分为广义与狭义两种，广义的文化旅游是指参与一种全新的或是更深入的文化体验的旅游形式；狭义的文化旅游则是指"基于一种特殊文化现象的旅游活动，主要表现为遗迹遗址旅游、建筑设施旅游、人文风俗节庆旅游、博物馆旅游和特色商品旅游等"。③

通常认为，凡是以文化创意为吸引物的旅游活动都可以称之为文化旅游。因为文化资源只有通过系统的创意、设计、整合，才能转化为文化旅游产品。文化旅游从内涵而言，"主要涉及欣赏旅游目的地的人文习俗、风土习惯，造

---

① 冯健. "文旅融合"该从何处着手[J]. 人民论坛，2018（32）：86-87.
② 付彪. 让非遗文化在旅游中发扬光大[N]. 中国旅游报，2019-04-15.
③ 钟晟. 基于文化意象的旅游产业与文化产业融合发展研究[D]. 武汉大学，2013.

访当地名人故居、文化遗址，参加当地具有特色的民俗文化活动等，以此来获得富有文化内涵和深度参与的旅游体验"。①

文化旅游因文化而吸引游客，因文化而集聚人气。文化旅游通过人文资源的引入，实现文化旅游创意。文化创意是提升文化旅游产品品质的一个十分重要的途径。"这种具有强烈文化符号的旅游产品已成为我国经济发展新常态下产出增长的新亮点。"②在大众旅游时代，文化旅游日益成为发展最为迅速的旅游产品，日益成为21世纪最具吸引力的旅游产品。因此，各种既具有文化观赏性同时又具有旅游体验性的文化旅游产品纷纷涌现，比如从开始的文化遗产旅游、博物馆旅游到现在萌生的文化主题公园旅游、创意旅游、影视旅游、旅游演艺和旅游节事、文旅小镇等各种文化旅游新业态。

总而言之，"文化旅游作为一种整合功能强、知识含量高的旅游形式，正逐步取代传统的观光旅游形式"③。高质量的文化旅游，可以满足人们对美好生活向往的需求。

2. 文化旅游产业

当下，"文化旅游已经成为新时代旅游业发展的重要力量，同时，文化旅游作为一项具有潜力的智慧产业已经深入人心"。④在文化和旅游深度融合的时代背景下，文化旅游产业也应运而生，作为一种"旅游+"的新型产业模式，成为旅游产业和文化产业转型升级发展的必然选择。

一般而言，文化旅游产业可以分为核心产业和支撑产业。核心产业是直接为游客提供文化旅游服务的旅游企业，比如各种文化旅游景区、各种旅游演艺业等就是文化旅游的核心产业；支撑产业是为核心产业提供各种物质支持和服务的相关企业群，比如旅游餐饮业、旅游交通业、文化工艺品制造业等。文化旅游产业的核心产业和支撑产业二者是共生的关系，它们相互促进，互为支持，互相不可或缺。

---

① 陈兴旺.文化旅游产业发展的现状、问题及对策[J].长江大学学报（社科版），2016（05）：60-63.
② 张肃，黄蕊.文化旅游产业融合对文化消费的影响[J].商业研究，2018（02）：172-176.
③ 黄细嘉，周青.基于产业融合论的旅游与文化产业协调发展对策[J].企业经济，2012（09）：131-133.
④ 郭凌志.文化旅游进入2.0时代：创意驱动，个性凸显[N].人民日报（海外版），2017-11-6.

文化产业和旅游产业二者之间是密不可分的。2020年9月22日，习近平总书记在教育文化卫生体育领域专家代表座谈会上的讲话强调，要坚持以文塑旅、以旅彰文、推动文化和旅游融合发展。文化和旅游产业的深度融合发展，既是一个以文促旅，以旅兴文的过程，更是一个优势互补、取长补短的过程，二者的融合相得益彰，互利共赢。文化产业可以借助相对成熟的旅游产业的市场平台，开拓文化消费市场，推动文化产业向旅游延伸。同时，以文化旅，增加旅游产业中的文化元素，丰富旅游的文化内涵，提升旅游的文化品位，实现旅游产业的优质发展，延伸旅游产业链。因此，"产业融合对文化消费水平的提升作用十分显著，文化、旅游产业融合为市场提供了更复合、多元的供给品，满足了消费者日益升级的文化消费需求"。[①]

由于旅游产业具有较强的关联性，对文化产业具有依托和带动作用，有利于把文化资源发展成为文化产品，并为文化产品走入大众市场提供便捷而广阔的路径，为文化消费创造更大的市场空间，更好地带动文化消费升级提升，扩大文化消费的规模，实现文化价值的最大化，最终还可以为文化保护和传承提供有力的资金支撑。文化产业融入旅游业，有利于实现优秀文化遗产的传承、保护，并推动社会经济的发展。可以说，中华民族悠久的历史和博大精深的文化，积淀下来的海量的文化旅游资源亟待保护发展和挖掘弘扬，而文化产业与旅游产业的深度融合发展，是文化产业创新发展的必然路径。

同时，旅游产业又是文化产业的进一步延伸，旅游产业更要紧紧抓住和挖掘文化的核心价值。"随着文化创意成为旅游业新增长极，必须整理、抢救旅游文化资源，进而开发出高品位的文化旅游产品，延伸旅游产业链，整合区域市场，带动相关产业发展"。[②]

文化与旅游产业的融合发展是当下国内、国际旅游产业发展的一种普遍的新现象、新业态，二者的深度融合，产生了创意旅游、影视旅游、旅游演艺、旅游节庆等多种新兴文化旅游产品，产生了层出不穷的旅游新业态。

因此，要重视旅游产业与文化产业的巨大联动与促进作用，实现两大产业

[①] 张肃，黄蕊.文化旅游产业融合对文化消费的影响[J].商业研究，2018（02）：172-176.
[②] 姚战琪，张玉静.文化旅游产业融合发展的进程、战略目标及重点领域探讨[J].学习与探索，2016（07）：123-126.

的完美、深度融合，形成互利双赢的模式与格局。文化与旅游的深度融合，既可以充分展示旅游目的地所蕴藏的丰富而独特的历史文化资源，彰显地域文化的魅力，扩大旅游目的地的知名度和影响力，又可以催生出各式各样的文化旅游衍生产品，从而带动当地与旅游配套的相关服务业共同发展。文化与旅游的深度融合，成为促进当地经济社会发展的新亮点，也是提升旅游产业现代化、集约化、品牌化、国际化的根本途径。

3. 文化旅游产业发展的良好机遇

当下，随着文化与旅游的深度融合，文化旅游产业也遇到了前所未有的发展机遇，以文化为内容、旅游为平台的文化旅游产业呈现出空前良好的生机与活力。

在 2009 年，原文化部和国家旅游局就联合下发了《关于促进文化与旅游结合发展的指导意见》，指出在新的形势下促进文化与旅游的结合发展，是文化部门和旅游部门的共同责任。同时，阐明了文化与旅游二者结合发展的重大意义，认为文化与旅游的深度结合，既能够加快文化产业的发展，推进文化体制的改革，又能够促进旅游产业的转型提升，更好地满足人民的文化旅游消费需求。同时，还"有助于推动中华文化遗产的传承保护，扩大中华文化的影响，提升国家软实力，促进社会和谐发展"。[①]强调两个部门要高度重视文化与旅游的结合发展，实现两大产业深度融合，互相促进。同时，提出了推进文化与旅游结合发展的主要举措。

首先，文化与旅游的结合发展，要实施品牌引领战略，打造文化旅游活动的品牌，通过举办全国性文化旅游节庆活动，引导文化旅游产业开展品牌化经营。原文化部、国家旅游局决定每四年推出一个中国文化旅游主题年，每两年举办一届中国国际文化旅游节，唱响文化旅游品牌。同时，大力引导区域性文化旅游节庆活动，在政策、资金等方面给予大力支持。对列入《国家文化旅游重点项目名录》的文化旅游项目在项目审批、市场开拓等方面给予重点扶持等。

其次，要打造高品位、高端化的旅游演艺产品。通过对现有旅游演艺资源进行整合利用，充分运用现代高新科技手段和技术，创新旅游演出形式，提升

---

① 文化和旅游部印发《关于促进旅游演艺发展的指导意见》的通知［J］.中华人民共和国国务院公报，2019（20）：66-70.

节目创意，特别是突出地域文化特色，打造高品位的优秀旅游演出节目，提高文化旅游景区和旅游景点的文化内涵与品位，增加旅游的综合经济收入。

最后，对非物质文化遗产资源则要在以保护为主、合理利用的原则下，充分发挥非遗优势，研发独特的文化旅游产品，为文化产业、旅游产业的发展注入新鲜元素。特别是对传统表演艺术类的非物质文化遗产，要在保持其原真形态的同时，通过艺术编排和创作加工，将其打造为既具有地域与民族特色又有良好市场效益的文化旅游项目，开展文化观光游、文化休闲游、文化体验游等形式多样的文化旅游活动，以丰富旅游的文化内涵，提升旅游的文化品位。

十七届六中全会通过的《中共中央关于深化文化体制改革、推动社会主义文化大发展大繁荣若干重大问题的决定》，提出了继承和弘扬优秀传统文化，大力发展文化产业，全面提高我国的文化话语权和文化竞争力，增强我国文化的国际影响力，建设好中华民族共有的精神家园；同时，《决定》还强调"要推动文化产业与旅游等产业融合发展""要积极发展文化旅游，发挥旅游对文化消费的促进作用"。2012年党的十八大也提出了要"大力发展文化产业，繁荣文化市场，增强国际竞争力"。

2016年国家"十三五"规划也将文化旅游产业列为我国优先支持发展的特色产业，同年12月，国务院印发的《"十三五"旅游业发展规划》（以下简称《规划》）更是明确提出要"促进旅游与文化融合发展"，扶持文化旅游产业发展。《规划》指出，随着大众旅游的兴起和全域旅游的推进，旅游业越来越成为国民经济的支柱产业，特别是文化旅游这一新型旅游业态迅速崛起，对人民生活的改善持续增强。目前，文化旅游已经成为新时代旅游产业发展的重要力量，越来越多的省市区也明确提出要把文化旅游作为战略性支柱产业，以实现产业的转型升级。

国务院办公厅在2018年3月9日下发的《关于促进全域旅游发展的指导意见》也明确指出，旅游业是增加就业、发展经济、满足人民日益增长的美好生活需要的有效手段，是提高人民生活水平的重要产业。提出要大力推进"旅游+"，文化旅游要从"深度结合"到"全域融合"，促进两大产业的融合，构建起全域旅游共建共享的新格局。并且强调，"要实施品牌战略，以品牌化提高满意度,创建优质旅游服务品牌,塑造品牌形象"。① 提升旅游品牌的影响力。

全域旅游概念的提出,为文化旅游的融合发展搭建了更为广阔的平台,充分体现了"旅游为体,文化为魂"的文旅融合之路。通过文化与旅游的融合、文化旅游产业的培育,有利于旅游新业态的产生,形成文化与旅游相辅相成、共生共赢的融合发展新格局,形成新的经济增长点,推动旅游产业的转型升级,构建起我国文化经济发展的新动能。

2018年国家旅游管理体制发生了重大变化,同年3月,十三届全国人大一次会议审议通过了国务院机构改革方案,在这个机构改革方案中,文化部和国家旅游局合并,2018年4月8日,正式组建了中华人民共和国文化和旅游部。随着文化和旅游部的成立,原来文化和旅游分属文化部和旅游局的体制被打破,文化与旅游产业融合发展的管理体制机制障碍被消除,为文化和旅游产业的深度融合创造了更加有利的条件,为文化旅游业的发展提供了前所未有的良好机遇。

此次文化部和旅游局的机构改革和重组,国家文化和旅游部的成立,是党和政府对旅游业性质与功能的一次重新定位,代表着对过去三十年来旅游定位的改变。以前,中央和地方各级政府一直把旅游业定位为经济性很强的产业,在此定位之下,旅游业在得到了快速发展、取得重大经济效益的同时,也出现了一些景区过度商业化、忽视了旅游的文化属性的状况。而此次机构改革,成立国家文化和旅游部,就是为了更好地突出旅游产业的文化属性,打破文化与旅游两大产业融合的体制机制障碍,促进两大产业的全面融合,促进文化旅游产业的健康稳定发展。"文化与旅游的深度融合,有利于整合文化资源进行旅游的综合开发,在保护和开发中达到更深层次的'你中有我,我中有你'的水乳交融效果,实现真正可持续发展。"②

纵观我国旅游业的发展历程,旅游业的定位一直在发生变化。在新中国成立以后至改革开放前,旅游是计划经济的产物,是作为外交事业的一部分,主

---

① 国务院办公厅关于促进全域旅游发展的指导意见[J].中华人民共和国国务院公报,2018(10):26-32.
② 曹雪文.群雄逐鹿"文化+旅游"后时代的产业升级[N].中国旅游报,2018-12-24.

要为我国的外交事业服务，没有任何的经济属性。改革开放以后，旅游业也随着市场经济而逐步发展，但主要还是依靠门票经济，景区门票收入占旅游收入很高的比重。进入21世纪以后，旅游业得到了快速的发展，旅游经济占国民经济收入的比重不断增加，成为了真正意义上的旅游产业，形成新的旅游业态。

现今，文化旅游产业迎来了新的发展机遇，步入了发展的新时代。文化旅游产业的发展呈现出以下明显特征：

一是文化旅游产业注入了新动力，发展动能增强。近年来，文化旅游产业在科技、资本等方面的投入有较大的突破。文化旅游的资本运作得到了社会和市场的重视，为产业发展注入了新动力，增添了新动能。特别是2016年上海迪斯尼的成功运营，更是大大激发了国内主题公园的转型升级，张艺谋的"印象系列"、杭州的"宋城千古情"等旅游演艺产品获得了市场的高度认同。

二是主题公园迎来了又一波建设热潮。上海迪斯尼乐园的开业运营，刺激了国内主题公园的迅猛发展，万达、恒大、雷曼股份等知名的上市企业，也纷纷涉足主题公园项目开发，主题公园的投资越来越大，集聚效应也日益突出，并且从一线城市向二、三线城市渗透。

三是文旅特色小镇建设倍受追捧。文旅特色小镇是文旅产业的一种新业态，是文旅产业发展的一个重要领域。随着住建部公布了云栖小镇等首批中国特色小镇名单，文旅特色小镇迎来了爆发增长期，各大文旅企业纷纷涉足，如深圳华侨城集团也提出"文化+旅游+城镇化"的文化旅游发展模式，全面融入全域旅游和文旅特色小镇的建设。

总之，在新时代，文化旅游产业正以"资源消耗低、带动系数大、就业机会多、综合效益好的优势成为各地的战略性支柱产业"[1]。

如果说之前以文化资源为依托的文化旅游是文旅产业的1.0版本的话，那么新时代的文化旅游产业，则是以资本、创意、科技为主要驱动的2.0升级版，强调创意、创新，追求"无中生有，变废为宝"是文旅产业2.0版的显著特征，创意、创新成为文旅产业发展的主要驱动力，由此而推动了旅游演艺、游乐动

---

[1] 许建根，聂泠然.安徽旅游文化品牌的塑造、传播与感知：基于安徽旅游宣传口号"美好安徽 迎客天下"的分析[J].视听，2018（10）：186-187.

漫等文化产业与旅游业的深度融合。

三、文化旅游产业的发展需要品牌支撑

文化旅游产业的竞争，其实质就是品牌的竞争。"文化旅游建设不仅要求旅游资源具有丰富的文化内涵，如悠久的历史、独特的形态等，也需要有意识地进行品牌建设，以使文化对旅游发展的作用得以充分发挥。"[1]

"品牌"（brand）一词源于古挪威语的"brandr"，其意为"打上烙印"。以前人们在牛的身上打上烙印，以宣示对该牛的所有权。后来，手工业者往往将重要的产品打上标记，以证明出处，从而形成早期的品牌。在我国，北宋济南刘家工夫针铺"白兔"标记的工夫细针，是中国最早关于"品牌"的记载。

现代意义上的品牌是商品经济发展到一定阶段的产物，其真正出现是在20世纪中期，由美国著名的广告大师大卫·奥格威在1950年提出了"品牌"这一概念。通俗而言，品牌就是用来区别于其他竞争者的名称、术语、记号、象征或设计及其组合，品牌是能给拥有者带来溢价、产生增值的一种无形资产。因此，"品牌是一种无形的资产，一种象征，一种可视性标志，也是一种承诺和保证，品牌具有识别功能、增值功能和促销功能"。[2] 作为一种十分重要的无形资产，品牌的妥善运用可以为企业带来巨额的财富。

现今，全球经济的竞争已步入品牌竞争的时代，"已由过去的产品竞争发展到市场竞争，直至今日的品牌竞争、品牌胜出的阶段"。[3] 品牌创建已成为现代市场经济的必然选择，拥有具备竞争力的品牌就拥有了市场，知名品牌既是经济实力的标尺，也象征着产品的市场地位。

旅游品牌是旅游企业和旅游产品的形象标志。"旅游品牌"一词最早出现在2000年。"旅游品牌是指用来识别一个旅游企业的产品或服务的名称、术语、标记、符号、图案或其组合。它是旅游产品或服务的质量、价值以及满足旅游者效用的可靠程度的综合体现。"[4] 旅游品牌有广义与狭义两个概念，从狭

---

[1] 曾妮娜.浅议旅游文化品牌的建设［J］.市场论坛，2011（03）：67-68.
[2] 许ny根，聂冷然.安徽旅游文化品牌的塑造、传播与感知：基于安徽旅游宣传口号"美好安徽 迎客天下"的分析［J］.视听，2018（10）：186-187.
[3] 梁明珠.城市旅游开发与品牌建设研究［M］.广州：暨南大学出版社，2009：1.
[4] 马勇，王春雷.旅游市场营销管理［M］.广州：广东旅游出版社，2002：226.

义而言，旅游品牌是特指某一种旅游产品的品牌；从广义而言，旅游品牌具有多样的结构性，"包含某一新时期产品的品牌、旅游企业品牌、旅游集团品牌或连锁品牌、公共性产品品牌、旅游地品牌等"。[①] 从层次而言，可以分为旅游产品品牌、旅游企业品牌、旅游地品牌和国家旅游品牌等四个层次。从内涵而言，一个完整的旅游品牌应涵盖旅游地或旅游产品的名称、标记、符号、术语、图案及其组合等。

旅游品牌是旅游企业经济实力的标志，也是市场地位的象征，更是旅游目的地最具特色的旅游资源和旅游产品。通过明确品牌定位，展现品牌个性，实行品牌化经营，可以区分其他的旅游产品，体现本地文化旅游产品的差异性和竞争优势。良好的旅游目的地品牌形象能够"给旅游者带来心理满足，带来独特的精神享受，也给旅游地带来社会、经济、环境效益的增值"[②]。

我国旅游产业的发展经历了从旅游资源竞争到旅游产品的竞争，再到如今旅游品牌竞争的发展阶段。以前，旅游业界对品牌建设重视不够，旅游行业的竞争往往局限于旅游资源竞争、产品竞争、价格竞争等低层次竞争；不太注重品牌的建设，还没有达到品牌竞争的高层次阶段。因此，通常出现拥有世界级旅游资源，却没有世界级旅游产品，更没有世界级旅游品牌的现象。同时，伴随着旅游业的快速发展，"旅游目的地间旅游产品同质化现象越来越严重，可替代性不断增强，目的地品牌化战略是旅游业持续健康发展的有效手段"[③]。因此，当代旅游产业的竞争，"正在从旅游资源竞争转化为旅游品牌的竞争。旅游品牌已经成为旅游目的地竞争的核心竞争力"[④]。旅游产业发展正由仅注重旅游产品化经营日渐发展到注重旅游品牌化经营，打造强势旅游品牌已成为旅游产业优化升级的一个突破口。

文化旅游品牌是现代旅游产业发展的必经阶段和必然选择，也是旅游产业高级阶段的根本要求，是提升旅游产业核心竞争力的必经之路。随着对品牌认识的加深，文化旅游品牌的竞争也愈来愈激烈，拥有独具特色地域文化的知名

---

① 郭璇.国内文化旅游品牌化研究综述［J］.农业科技与信息，2007（16）：73-75.
② 梁明珠.城市旅游开发与品牌建设研究［M］.广州：暨南大学出版社，2009：1.
③ 钟晟.基于文化意象的旅游产业与文化产业融合发展研究［D］.武汉大学，2013.
④ 马杰.福建旅游品牌定位研究［J］.北京第二外国语学院学报，2013（03）：73-75.

品牌，成为一个旅游城市、一个文化旅游景区获得竞争优势、提高文化旅游产业核心竞争力的重要途径。因此，无论是国家层面还是各个地方，都提出了要实施品牌引领战略，引导文旅企业实现产业的品牌化，以更好地促进文化与旅游产业的融合发展。

品牌的核心是文化，品牌的精髓也是文化。要利用地域特色文化，打造独具一格、特色鲜明的文化旅游品牌。由于文化旅游具有不可复制与移植的特性，可以开发独特的文化旅游产品，打造独具特色的文化旅游品牌，让其成为难以复制的核心竞争力。"文化旅游品牌的建设有助于利用文化内涵和品牌效应带动旅游业的发展。"[①] 同时，文化旅游品牌还"具有持久的扩散效应，可以大大提升旅游地的旅游形象，能够增加旅游资源的附加值"。[②] 因此，要打造文化旅游品牌形象，挖掘文化旅游品牌的经济价值，拓展文化旅游品牌的产业链，提高文化旅游的经济效益。

"在文化资源竞争如此激烈的时代，如何将手中的文化旅游资源推广出去，打造具有自身优势和特色的文化品牌成为当下一个重要的旅游命题。"[③] 打造、建构文化旅游品牌成为旅游企业提升产品知名度和竞争力的重要路径。在打造文化旅游品牌时，首先要依据自身特色与条件，做好品牌定位，整合好文化旅游各类资源；其次要加强品牌的文化内涵建设，提升品牌的文化价值，实现文化旅游资源的创意升华。同时，还要利用广告宣传、影视传播、节庆会展、旅游演艺等各种有效传播渠道，进行品牌的组合营销，扩大文化旅游品牌的影响力。

本书主要在文化与旅游深度融合的背景下，对文化与旅游深度融合的机制原理进行探讨，就如何进行文化旅游资源的开发，实现文化与旅游的深度融合，如何建构文化旅游品牌和进行文化旅游品牌营销传播等方面进行初步的探究。

---

① 曾妮娜.浅议旅游文化品牌的建设［J］.市场论坛，2011（03）：67-68.
② 罗英.旅游品牌的营销策略研究［J］.赤峰学院学报（自然科学版），2016（18）：32-34.
③ 许建根，聂泠然.安徽旅游文化品牌的塑造、传播与感知：基于安徽旅游宣传口号"美好安徽 迎客天下"的分析［J］.视听，2018（10）：186-187.

第一章　文化与旅游的深度融合

文化与旅游两大产业的深度融合发展是时代的必然趋势。"文化产业与旅游产业作为当前促进我国国民经济发展的两大经济增长点和朝阳产业，其融合发展是大势所趋。"①

文化产业是公认的"朝阳产业"，是当今社会以及未来社会财富积累的重要源泉，成为当前世界新的经济增长点。文化产业提供的是精神产品，主要满足人们的精神文化需求，可以缓和人们的心理紧张和内在焦虑，增强对社会的认同感和安全感。同时还具有寓教于乐的教化功能，可以传播价值观念，抚慰人的心灵。因此，文化产品具有商品和公共产品双重属性，是一种满足人们的精神需要，以提升人们的精神生活为目的的特殊产品，在追求经济效益的同时，社会效益的最大化是文化产品的必然追求。同时，文化产品还具有重要的经济价值。

此外，文化产业又是一个渗透力强且关联度大的产业，几乎可以与其他任何产业发生融合，文化产业与旅游业的融合发展是充分实现文化产业的经济和社会效益的重要途径。二者的融合发展，能够催生许多新产品和新业态，形成一系列的文化与旅游产业集群或产业综合体。例如，文化旅游产业就是文化与旅游两大产业之间相互渗透，相互交融，二者深度融合、延伸而产生的新业态。

尽管文化与旅游融合在实践层面早已司空见惯，但是将产业融合的机理机制引入到其中，对其进行理论研究、分析还是刚刚起步，还有待于进一步地深入。因此，近年来，学界对于文化产业和旅游产业深度融合的理论研究成为一

---

① 厉建梅.文旅融合下文化遗产与旅游品牌建设研究——以山东天上王城为个案［D］.山东大学，2016.

大热点。

国内学界的研究侧重于文化与旅游产业二者的关系、二者的产业边界、融合发展的动力机制、融合发展的模式评价、二者融合的路径、融合发展对策及融合发展的实证研究等方面进行探讨。而国外对于两大产业融合的研究,"主要集中在创意旅游、旅游演艺和节事活动、影视旅游和主题公园等方面"①。

一、文化产业与旅游产业融合的基本内涵

1. 产业融合的基本概念

通常而言,产业融合指的是"不同产业或不同行业的同一产业相互交织,相互作用,最终融为一体,并逐渐成为新产业的一个动态发展过程"。② 产业融合作为一种新的经济活动形态,是市场经济发展和信息技术变革的产物。有我国"创意产业之父"之誉的厉无畏先生对产业融合有自己的认识,他认为产业融合就像不同学科的交叉融合能够产生新的学科一样,产业融合"是不同产业或同一产业内的不同行业之间的相互交叉、渗透,最终形成新产业的动态发展过程,产业融合的结果是出现了新的产业或新的增长点"。③ 我国产业融合研究的集大成者周振华教授认为,产业融合是指活跃在市场上的众多产业在内外力的共同作用下,产业的边界逐渐模糊,逐渐成为一体的过程或现象。

20世纪70年代,西方学者最初是用"市场融合"这一词语来描述产业之间的相互渗透现象。21世纪之后,对产业融合的研究日益加深,2001年,日本学者植草益先生将产业融合定义为:"产业融合就是通过技术革新和放宽限制来降低行业间的壁垒,加强行业企业间的竞争合作关系。"④ 强调产业融合其本质就是产业创新,也即是发掘产业潜力,寻求产业新的经济增长点的过程。产业融合直接促进了产业的创新,形成了新的产品,产生了新的业态,成为经济新的增长点。

---

① 翁钢民,李凌雁.中国旅游与文化产业融合发展的耦合协调度及空间相关分析[J].经济地理,2016(01):178-185.
② 尹华光,姚云贵,熊隆友.旅游产业与文化产业融合发展研究[M].北京:中国书籍出版社,2016:131.
③ 厉无畏.产业融合与产业创新[J].上海管理科学,2002(04):4-6.
④ 植草益.信息通讯业的产业融合[J].中国工业经济,2001(02):24-27.

产业融合的概念最早出现在技术领域。随着产业的发展，产业之间的壁垒和界限逐渐被打破，产业的边界日渐变得模糊与开放，从而产生了产业之间的相互融合，而技术进步则是推动产业边界实现突破的一个非常重要的因素。20世纪80年代之后，产业融合的概念与理论逐渐从技术领域转入到产业经济领域。20世纪90年代，随着信息技术突飞猛进的发展，产业融合也得到了加速发展，"出现在电信、广播、电视、电影、出版部门之间产业边界的模糊与消失现象，即在数字融合的基础上为适应产业增长而发生的产业边界的收缩或消失"[①]。然而产业融合并不是两个产业的简单叠加，而是两个产业在产品、技术、市场、体制机制等各个方面实现全方位、全面的融合，并且产生新的产业业态的过程。

文化产业和旅游产业都是大众公认的"朝阳产业"，旅游产业的交融性强，具有开放性的特征；文化产业也具有很强的渗透性，因此，文化产业和旅游产业的这一特性决定了二者融合发展的可能性和必然性。"随着人们物质生活水平的提高，对精神文化的需求也越来越高，单纯的参观游览已经无法满足需求，更希望通过旅游获得精神文化的满足。正是这种外部推动力和内部驱动力的共同作用，才促成了文化产业与旅游产业的融合发展。"[②]文化产业和旅游产业的融合发展，可以突破两大产业的界限，实现资源的自由流动、优化配置，产生更好的融合经济效应，既可以扩大文化产业的影响，又能够降低旅游企业的经营成本，可以分别提升文化和旅游两大产业，实现二者的共生共荣，"同时也是文化产业与旅游产业携手升级的有效途径"[③]。

2. 文化产业与旅游产业融合的四个层面

文化产业和旅游产业互生共荣的关系，从而使文化产业与旅游产业的深度融合成为两大产业发展的必然趋势。文化与旅游两大产业的深度融合，也是文化市场与旅游市场的规模、外延不断扩大，二者市场界限模糊后的必然结果。

文化产业与旅游产业的深度融合集中表现在市场、产品、企业、技术等四

---

① 周振华. 信息化与产业融合[M]. 上海：上海人民出版社，2003：59.
② 翁钢民，李凌雁. 中国旅游与文化产业融合发展的耦合协调度及空间相关分析[J]. 经济地理，2016（01）：178-185.
③ 尹华光，姚云贵，熊隆友. 旅游产业与文化产业融合发展研究[M]. 北京：中国书籍出版社，2016：131.

个层面上。

首先,是二者在市场与销售渠道层面的融合。

文化产业和旅游产业在市场和销售渠道上有共通之处,二者的整合正日益加深。旅游产品的宣传推广和销售通常是通过广播、电视、互联网等文化宣传渠道,将产品推广、传播到各地。旅游出版物、旅游书籍、旅游音像制品也是旅游产品推广宣传的常用媒介,特别是随着互联网技术的快速发展,利用多媒体技术,能够将旅游产品立体、全面、直观、形象地展示在消费者面前。当下,旅游 APP、旅游网站等网络平台也成为游客了解、购买旅游产品的重要渠道之一。无论是旅游出版物、旅游书籍、旅游音像制品,还是电视、广播、互联网等也是文化传播的基本渠道,是文化市场的一个重要组成部分。二者在市场和销售渠道上具有相通性。特别是"在高新科技的影响下,旅游产业与文化产业销售渠道的融合正如火如荼地发展"[①]。

其次,二者在产品与资源层面的融合。

在旅游商品同质化泛滥的时代,独具特色和魅力的地域特色文化作为一种重要的旅游资源,日益成为重要的"软实力",成为世界各国旅游产品核心竞争力之所在,对旅游消费者选择何种旅游商品能够产生重要影响。因此,为在激烈竞争的旅游市场中立于不败之地,旅游产业的开发者必须高度重视文化资源,必须在旅游产品中融入当地独特的文化元素,从而使得文化产品和旅游产品的深度融合成为旅游产业发展的一大趋势。

从资源方面而言,无论是旅游产品还是文化产品,都有着共同的资源基础,资源的通用性、共通性使二者融合具有良好条件。旅游产品与文化产品都具有文化属性,都需要满足旅游者审美和精神愉悦的需求,都具有满足人们精神层面需求的功能。无论是人文景观的欣赏,还是自然景观的亲近,都离不开文化的因素,都需要有文化的内涵,旅游者正是通过旅游产品来感知、理解蕴涵在其中的文化,从而获得审美享受和精神愉悦。文化只有通过创意创新,开发出高品位、高层次的文化旅游产品,才能真正发挥文化资源的优势,并将其转化为文化旅游产品,从而创造出更高的旅游价值,创造出更高的社会价值和

---

① 桑彬彬.旅游产业与文化产业融合发展的途径[J].旅游研究,2016(5):3-5.

经济价值。因此,"旅游是实现文化教化功能与娱乐功能的载体,是挖掘文化、弘扬文化、丰富文化和保护文化的途径"。① 因为产品与资源层面的相通性,人们对文化的消费是实现文化产业和旅游产业跨界融合的重要推动力。

再次,企业利益的共通性是两大产业融合的基础。

我们知道,不管是文化产业还是旅游产业都属于商品,都有共同的经济利益需求,都追求效益的最大化,都希望降低成本,以较少的成本获得较大的利益,都有利益的共通性。不论是文化企业还是旅游企业都试图通过跨产业、多元化的经营来降低成本,通过业务融合而开发更多的差异化产品与服务,从而获得更大的经济与社会效益。文化是旅游的直接动机,旅游产品本质上而言是为了消费和享受文化,因此,旅游企业也就成为了生产、经营文化的企业。与此同时,像旅游纪念品开发公司、旅游文化传播公司等一批从事文化产品设计、生产、制作和销售的文化企业也可以被看作是提供旅游产品的企业。模糊二者的边界,实现二者融合,组建规模化、大型化、专业化的文化旅游集团就更有利于打破旅游企业与文化企业之间的条块分割和限制,降低成本,生产出更多的文化旅游产品。通过集团化经营,二者整合、融合,"可以让旅游企业与文化企业共享文化资源、产品传播销售渠道和企业管理人才,这将有利于降低旅游产品与文化产品的生产成本,扩大企业的盈利空间"。② 因此,二者共同的利益追求,为文化产业与旅游产业的融合产生了推动力。

最后,现代科技的创新发展,为文化产业与旅游产业的融合提供了技术保障。

现代高新科技的创新发展是文化与旅游两大产业融合发展的技术保障和技术支持。文化产品创作、制作技术和旅游产品开发技术的结合是二者融合发展的技术基础。随着现代通信技术、网络技术、数字技术等创新科技在两大产业之间的扩散、应用,两大产业都能够利用这些高新科技,不断开发创新,将文化资源开发出满足旅游者需要的文化旅游产品,实现技术的融合。因此,现代高新科技是文化和旅游两大产业融合发展的技术载体和平台,现代科技的创新

---

① 黄细嘉,周青. 基于产业融合论的旅游与文化产业协调发展对策[J]. 企业经济,2012(09):131-133.

② 桑彬彬. 旅游产业与文化产业融合发展的途径[J]. 旅游研究,2016(5):3-5.

发展为两大产业的融合提供了技术的保障。

可见，文化与旅游两大产业市场与销售渠道的融合、产品与资源的融合、企业利益的共通性、现代技术的创新应用，这四个层面既前后衔接，又相互促进，共同构成了文化产业与旅游产业融合发展的路径体系。两大产业的协同性与关联度越来越强，文化成为旅游的内核，旅游成为文化的载体，二者的融合，"大大拓展了各自的发展空间，促进旅游产业内在文化价值的提升，推动文化旅游产业的发展。两者的融合还产生了聚合力量，促进了更具有影响力、爆发力的新兴文化旅游产品的形成，从而进一步推动了文化旅游品牌的传播"。[①]

文化产业与旅游产业呈现出深度融合、同生共进的发展趋势。二者融合的直接结果就是形成了文化旅游产业这一新型的业态。文化旅游产业在具有文化产业属性的同时，又具有了旅游产业的特征，它们的融合，创新了各自产业的发展模式，不但使文化旅游化，而且也使旅游文化化，从而既丰富了两大产业的内涵，又拓展了两大产业的外延；既有利于两大产业的升级提质，又有利于两大产业的可持续发展。两大产业的融合，既增添了旅游的文化内涵与品位，又提升了旅游的魅力与竞争力。

文化与旅游两大产业的融合，旅游创新与文化创新的有机融合，激发了人们的旅游动力，拓宽了旅游与文化的外延，是激发旅游市场活力的重要引擎，"越来越成为提升经济效益、创造社会价值的重要源泉"。[②] 总之，文化产业与旅游产业深度融合与一体化发展的趋势，成为推动文化产业和旅游产业可持续发展的重要途径。

二、文化产业与旅游产业融合的动力

文化产业与旅游产业同属于我国国民经济的两大支柱产业，在文化资源、文化产品、文化创意、文化消费者等方面具有共通性、伴生性，二者相互依

[①] 厉建梅.文旅融合下文化遗产与旅游品牌建设研究——以山东天上王城为个案[D].山东大学，2016.

[②] 尹华光，姚云贵，熊隆友.旅游产业与文化产业融合发展研究[M].北京：中国书籍出版社，2016：52.

赖、相互促进，早已存在着融合、渗透的现象。文化产业与旅游产业的边界的开放性和模糊性为二者的融合发展提供了可能性，同时，"旅游产业与文化产业都具有综合性强、关联度高、产业链长和融合性强的特点，决定了这两个产业之间能够进行很好地融合"①。

1. 文化产业与旅游产业融合的动力

文化产业与旅游产业为什么能够实现融合？也就是文化产业与旅游产业融合的动力问题值得研究。文化产业与旅游产业的融合是因为多种因素的相互作用而导致的，具有先天的基础性条件和利益趋同性的前提，使二者的融合具有必然性。二者融合的动力，既有内生动力，也得益于外在力量的推动。文化产业与旅游产业融合的动力来源，概而言之，"消费需求是融合原动力，旅游产业转型升级是融合压力，技术创新是融合推动力，文化体制改革是融合支撑力"②。

文化产业与旅游产业融合发展内生动力是首要因素。内生动力是指"旅游产业与文化产业融合发展过程中，产生于两大产业内部、致使其运动与发展状态发生变化的力量"。③ 二者融合的内生动力来源于两大产业之间的关联性、旅游者的需求以及在市场竞争中追求收益最大化等几个因素。

首先，二者融合的内生动力源于人们对旅游更高层次的需求。可以说，旅游者旅游需求的转型升级是文化产业与旅游产业融合的内生动力。随着经济的发展、社会的进步，人们的旅游消费也在日益走向理性，由传统的观光旅游，转向为更注重文化精神的体验与求异，更注重于对多元化、个性化、体验化旅游的追求，旅游者需求的变化、旅游需求的转型升级成为文化与旅游两大产业融合的内生源动力。"随着人民生活水平的提高和休假制度的推行，以及旅游观念的成熟，传统的观光旅游不再成为主流，游客更希望通过旅游获得精神上的满足和文化上的体验，旅游需求的转型升级促使文化产业和旅游产业融合。"④

---

① 钟晟. 基于文化意象的旅游产业与文化产业融合发展研究 [D]. 武汉大学，2013.
② 桑彬彬. 旅游产业与文化产业融合发展的途径 [J]. 旅游研究，2016（5）：3-5.
③ 尹华光，姚云贵，熊隆友. 旅游产业与文化产业融合发展研究 [M]. 北京：中国书籍出版社，2016：59.
④ 黄细嘉，周青. 基于产业融合论的旅游与文化产业协调发展对策 [J]. 企业经济，2012（09）：131-133.

第一章 文化与旅游的深度融合

众所周知，体验是旅游活动的本质，旅游活动就其本质而言，就是一种旅游者寻找文化差异的体验过程。文化的差异性和多样性是旅游的魅力与吸引力之所在，旅游者对异域文化的认同体验则是一种深度体验形式。随着社会经济的发展，人们对精神文化的需求也日益增长，不再满足于求新求奇求异的低层次的走马观花式的旅游出行方式，而是对个性化、高层次、多元化的文化旅游产品表现出了更大的兴趣，旅游者对文化旅游目的地的传统民俗节庆、地域历史文化、古典民族建筑、民俗文化表演等人文资源更加关注，希望能够通过自己的深度体验，来增长自己的阅历和见闻，满足对异域文化的求知、审美、愉悦和享受的高层次精神文化需求，提升文化品位，实现自我发展。旅游者对文化旅游需求的深刻变化，就是文化产业与旅游产业融合发展的不竭源泉和可持续发展的动力，对加快旅游产业的转型升级和与文化产业的融合，起到了关键的促进作用，是文化产业与旅游产业深度融合发展的根本原因。二者的深度融合，由此而产生了文化旅游这一新的业态，满足了游客对文化旅游日益强烈的需求，使旅游者能够更深入地了解当地独具特色的文化，体验当地民俗风情，在享受大自然美丽风光的同时，获得良好的文化体验和精神满足。

在激烈的市场竞争中，追求企业利润的最大化，也是文化产业与旅游产业二者深度融合的重要内生动力。由于旅游市场存在着激烈的无序竞争，一些缺乏特色文化内涵、缺乏创意、结构单一的旅游产品很容易被竞争对手仿效，导致低层次的重复性旅游开发，容易造成旅游产品的同质化，造成旅游服务的过剩。因此，必须利用特色地域文化难以移植、不可复制的特性，与当地文化紧密相融，开发独具特色的文化旅游产品，才能增强旅游的核心竞争力。因为"旅游产业的综合性特征决定了其产业融合需要各类企业的深入合作。其他类型的企业在市场竞争中基于共同利益和长远发展期望，通过与旅游企业整合资源，发挥整体优势，促进合作共赢"。[①]

文化与旅游的融合也是文化与旅游两大产业进行产业调整和产业升级的必然趋势。旅游产业和文化产业都面临着产业突破、转型升级、效率提升等问题，亟须实现由规模化、大众化发展向集约化、品牌化发展的转变。因此，旅

---

① 黄细嘉，周青.基于产业融合论的旅游与文化产业协调发展对策[J].企业经济，2012（09）：131-133.

游产业和文化产业的优化提升、转型升级成为文化产业与旅游产业融合的内在动力。由于"传统旅游产业以旅游观光为核心,产品结构单一,创意产品开发滞后,产业整体附加值不高。而'文旅融合'以自然景观为基础,通过创意设计提升产品的文化意蕴与趣味,增强消费者的消费体验,从而创造出更高的利润"。[①] 因此,旅游企业要充分利用文化产业中的文化因素来改造、丰富旅游产品形态,提升旅游产品的文化品位,增强旅游目的地的文化吸引力,提升旅游企业的核心竞争力,创造更大的利润,文化旅游也因此成为旅游经济增长的新亮点。近年来,越来越多的地方把文化产业与旅游产业的融合发展,把做强做大文化旅游产业作为加快经济发展方式转型的重要突破口,力图打破传统旅游产业以旅游观光为主导、产品结构单一、竞争能力有限、附加值不高的发展瓶颈,获得更高更好的旅游经济效益,促进当地社会经济的发展。可以说,企业对利润最大化的追求有力地推动了产业的进步。由于文化产业与旅游产业融合而形成的文化旅游产业这一新兴产业,能够产生更高的附加值,获得更加丰厚的盈利空间,从而吸引旅游企业快速进入文化市场,因此促进了两大产业的融合,推动了文化旅游产业的快速成长,从而使得"旅游业发展从资源、技术和资金驱动型向创新驱动和文化驱动型转变,从依靠硬性的资源要素转向依靠文化、品牌、环境等软性的资源要素"[②]。

除了文化产业与旅游产业深度融合的内生动力外,政府的引导驱动、政策支持是重要的外生动力,而技术创新和技术融合则是二者融合发展重要的催化剂。

政府的政策支持和积极引导是文化产业与旅游产业融合的重要外部动力。文化产业与旅游产业的融合发展需要有更好的政策支持,以营造良好的产业融合发展的外部环境,促进二者的深度融合。随着文化旅游业对经济社会综合带动作用的凸显,不少地方政府日益认识到文化旅游产业在提升旅游品质、拉动内需促进消费、扩大地方知名度等方面的重要作用,先后出台了一系列促进文化旅游业发展的政策措施。国家层面也出台了一揽子促进文化产业与旅游产业融合发展的利好政策,国务院在2009年发布的《文化产业振兴规划》中,就

---

① 冯健."文旅融合"该从何处着手[J].人民论坛,2018(32):86-87.
② 司马志.中国文化创意旅游发展的七大模式[J].上海经济,2015(05):13-20.

明确提出要支持文化产业与旅游产业的融合发展。特别是2018年国家旅游局与文化部重组合并成立国家文化和旅游部之后，更是提出了文化产业与旅游产业"宜融则融、能融尽融，以文促旅、以旅彰文"的指导原则，进一步扫除了文化产业与旅游产业融合的体制、机制障碍，为两大产业的融合发展提供了强有力的政策支持和外力推动，有力地促进了文化产业与旅游产业的深度融合。

文化软实力是21世纪国际竞争新的竞技场。2020年，党的十九届五中全会报告提出，要进一步繁荣发展文化事业和文化产业，健全现代文化产业体系，提高国家的文化软实力。文化认同则是国家文化软实力的重要体现，文化认同对民族凝聚力的形成和国家竞争力的提升有着非常重要的作用，是民族凝聚力的生动体现。而旅游体验是文化认同体验的一个重要方式，抓住了文化认同不仅抓住了一个巨大的市场，更抓住了人民大众的灵魂。因此，从中央到地方，各级政府都在花大力气推进文化旅游产业的发展，使之日益成为"培养国民文化认同和国家认同的重要途径。由于文化遗产或文化景观本身就代表着一个国家或民族历史上的文化成就，因而以此为依托的文化旅游能够起到弘扬本国文化、教育本国人民、培育国家和民族认同感的作用"。[①] 通过文化旅游这种柔性教育的方式，可以强化民族认同感和文化认同感，提升我国的文化软实力，以增强中华民族的凝聚力，建设好中华民族共有的精神家园。因此，正是站在这一高度，各级政府都积极制定有力的政策，为文化产业与旅游产业的深度融合搭建平台，促进文化旅游产业的发展。

文化体制改革也是文化与旅游两大产业融合的又一个重要的外部推力。文化事业正在进行全面深化改革，加强文化产业化发展。文化体制改革的要求，进一步推动了文化产业与旅游产业的融合，"一方面，文化旅游产品对消费者具有较强的吸引力，文化产业可以依托旅游地构建文化品牌。另一方面，'文旅融合'能够推动文化的传承与发展，彰显旅游地的文化内涵。旅游产业担负了文化传播的重要使命。消费者能够在旅游的过程中了解当地优秀文化，并自觉成为文化的传播者"。[②]

[①] 傅才武，钟晟.文化认同体验视角下的区域文化旅游主题构建研究——以河西走廊为例[J].武汉大学学报（哲学社会科学版），2014（01）：101-106.

[②] 冯健."文旅融合"该从何处着手[J].人民论坛，2018（32）：86-87.

科技进步也是文化与旅游产业融合发展重要的外部助推力。技术关联是两大产业融合发展的核心要素。尤其是随着当代信息技术、传播技术、通信技术、网络技术等新兴应用技术的发展和创新，现代科学技术的进步已成为文化与旅游两大产业融合的重要的外部推动力，由此引发的信息化成为文化产业、旅游产业融合发展的重要引擎，助推着文化产业与旅游产业的渗透融合，为两大产业的融合发展提供了技术条件和重要推力。现代高新科技促进了传统旅游产业的升级转型，与文化的融合创造了全新的旅游业态。

旅游产业也同样对技术创新有天然的适应性和迫切需求。随着高新技术的发展，技术创新带来了旅游产品的升级换代，很多景区都通过采用高新技术手段，将景区隐性文化显性化，将静态文化动态化，增强科技含量和互动性、体验性。如在景区经常能接触到的水幕电影，就是通过LED立体成像，借助先进的声光电技术，将景区文化生动、直观地呈现给旅游者，给旅游者带来强烈的视觉冲击和轻松愉快的文化体验，从而有效地提高了旅游景区的吸引力。

总之，文化与旅游两大产业的融合是内、外动力共同作用的结果。既有内生动力，如人们对旅游的需求的转型升级、对文化旅游这一更高层次的需求、旅游企业追求利润的最大化、文化产业的调整和升级等内在因素的促动，又有外生动力，如政府的政策支持和引导驱动、文化体制改革客观要求等，而现代科学技术的创新发展则成为文化产业与旅游产业深度融合的重要催化剂。

2.文化产业与旅游产业融合发展的意义

文化和旅游两大产业都是强关联性、高渗透性、产业边界模糊的产业，二者具有互补共赢性。"以旅兴文，以文促旅"成为文化和旅游两大产业并进共赢的基本模式，二者的深度融合使两大产业都拓展了发展空间，延伸了各自的产业链，文化产业与旅游产业的深度融合发展具有重要的意义。

旅游业对文化产业具有扩散和引导作用，可以推动文化产业的加速繁荣。由于旅游是当今世界最大众、最广泛的交流方式，具有庞大的客源市场，可以为文化产业提供大量的观众，带来更多人气，成为传播、发展文化有效的重要载体。同时，通过旅游者的旅游活动，使区域文化得以快速彰显和传播的同时，还可以创新文化形态，丰富文化的内涵，提高文化产品的知名度。旅游可以带动文化，拓展文化的市场，从而创造更好的经济效益，提升文化的附加值。

文化产业与旅游产业的深度融合，有利于文化的弘扬、传承和保护。文化旅游资源的开发过程，也是一个对文化进行传承弘扬和抢救保护的过程，加速文化繁荣。现实中，很多文化遗产在发展文化旅游的过程中得到了更为有效的保护，使之重新焕发出了光彩，实现了文化保护与开发的良性互动，实现文化资源创新和保值增值。文化与旅游二者的融合，有效延伸了文化的产业链，大大拓展了文化产业的发展空间，为文化产业发展提供更大的平台，使文化产业向市场化、规模化、精品化方向发展，更好地发挥文化的社会效益的同时，实现文化的经济效应。

文化产业对旅游产业具有重要的提升和渗透作用。旅游产业植入文化和创意元素可以更加丰富旅游的文化内涵，提升旅游产业的文化品位，扩充旅游产品的种类，有利于旅游产业转型升级。文化是旅游的重要内涵和核心价值的体现，中华民族在五千年历史中，积淀下来厚重而丰富的文化底蕴、千姿百态的民俗风情和不同的建筑风格，可以将文化内涵贯穿到旅游之中，为旅游产业提供多样化的资源和深厚的文化底蕴。地域文化的独特性，更可以增加旅游业的市场竞争力。依托具有地域特色的历史文化资源，用独特的文化品格凸显旅游产品的文化魅力和特色，提高旅游目的地的吸引力和竞争力，更可以拓宽旅游的产业链，使旅游依托文化资源加快发展，实现旅游产业的转型升级和可持续发展。

借助现代科技手段，融入地域文化元素，能够打造出立体的、动态的、多样化的具有高科技含量的文化旅游产品，将隐性文化显性化、静态文化动态化，增加游客的体验感，更好地满足游客的精神文化需求，提升旅游的文化内涵和品位。同时，可以改变传统旅游大多依托原始状态的人文遗迹或自然景观资源，多以静态观赏和听导游解说为主，不能直观感受，互动参与和亲身体验较少的旅游缺憾。

文化与旅游的深度融合，可以实现两大产业的互利共赢，弥补各自的缺陷与不足，相互促进，实现共赢。进入 21 世纪以来，文化产业和旅游产业发展迅速，且呈现出两大产业深度融合发展的趋势。文化与旅游两大产业的深度融合，既深刻地改变着旅游发展方式，又有效地实现了文化价值的重构。"旅游消费＋文化消费正在成为游客消费升级的新领域，旅游创新＋文化创新正在成为旅游品质提升的新支点，旅游产业＋文化产业越来越成为提升经济效益、创造社会价值的新源泉。"①文化与旅游两大产业的深度融合，可以实现二者的互利共赢。

三、文化与旅游深度融合的理论机制

1. 文化与旅游深度融合的耦合理论

耦合这一概念源自于物理电路原件输入输出的交互影响，通常用耦合度的高低来衡量两个或两个以上系统彼此依赖的程度。"耦合是指两个或两个以上产业在运行过程中，由于要素、运行机制等关键因素之间的关联性和相互作用，导致产业间出现彼此联合、相互影响的现象，最终实现产业间各要素的紧密配合、相互依赖的局面。"②

文化与旅游两大产业之间具有天然的耦合性。"文化产业与旅游产业存在技术和生产要素的彼此渗透、交织融合。"③文化产业与旅游产业二者无论从资源到市场，还是从人才需求到运行机制等，每个环节、各个要素之间都存在着千丝万缕的关联。"尽管旅游产业和文化产业中的文化产品特性有所不同，但依托文化资源生产文化产品是这两大产业的共同点，也是两大产业之间内在耦合性的重要表现形式。"④二者都依托文化资源，生产文化产品，已经打破了原有的产业边界，趋向于一体式发展。特别是文化资源与旅游资源具有天然的不可分割性，"尤其是人文景观、历史文物等，既是旅游产业不可或缺的旅游资源，又是文化产业赖以发展的源头和基础。就市场发展而言，旅游产业与文化产业均属于第三产业，都是为了满足人们的精神文化需求，其产品并非简单的交换实现的，而是更注重体验和感受。两大产业在运行及融合过程中，各要素密切相关、彼此促进，完全符合耦合原理"。⑤同时，二者互相耦合能够实现

---

① 朱耀勋. 陕西旅游与文化融合发展的路径［J］. 西部大开发，2018（07）：36-39.
② 翁钢民，李凌雁. 中国旅游与文化产业融合发展的耦合协调度及空间相关分析［J］. 经济地理，2016（01）：178-185.
③ 张肃，黄蕊. 文化旅游产业融合对文化消费的影响［J］. 商业研究，2018（02）：172-176.
④ 钟晟. 基于文化意象的旅游产业与文化产业融合发展研究［D］. 武汉大学，2013.
⑤ 翁钢民，李凌雁. 中国旅游与文化产业融合发展的耦合协调度及空间相关分析［J］. 经济地理，2016（01）：178-185.

两大产业的叠加效应,达到双赢的良好效果。

2. 文化与旅游深度融合的产业价值链理论

文化产业与旅游产业的融合"是在产业价值链模块化基础上发生的,融合的实质是旅游产业价值链与文化产业价值链的解构与重构"①。

产业链理论本是应用于产业经济学中的一个学术概念,最早由经济学家马歇尔在其《经济学原理》一书中提出,并在产业经济学中得到应用。产业链是指各个产业之间基于一定技术和经济的关联而形成的链条式形态。产业链通常由价值链、企业链、供需链和空间链四个维度构成。

旅游产业的价值链是指旅游产品从供应到消费的一系列紧密联系的价值传递过程。主要由旅游产品供应商、旅游中间商及旅游消费者构成,体现了旅游产业内部之间的分工和合作关系,都是以满足旅游者需求为最终目的。我们知道,旅游产业是由吃、住、行、游、购、娱六大要素和环节构成的,以满足旅游者的需求为核心,各要素、各环节之间呈横向组合的关系,通过组织旅游活动而实现整体的增值。旅游产业价值链是"为了满足旅游者从客源地到目的地旅游过程中的各种需求而形成的,是以旅行社为中心,同时由旅游景区、旅游交通、旅游餐饮、宾馆酒店、旅游娱乐、旅游商品等环节链接构成"②。通过旅游活动,使各要素在旅游价值链的传递过程中实现旅游产品的不断增值。

文化产业与旅游产业的融合过程,就其本质而言,就是文化产业价值链与旅游产业价值链在模块化基础上的解构与重构过程。通过两个产业链的互相融合,大大扩展和丰富了原来各自产业价值链的内涵,促进了两大产业在更大范围、更深层次上的融合。

文化产业通过对文化资源的创意策划、生产制作、文化传播、文化消费等环节来实现文化产品的增值。其中创意策划是文化产业价值链的最开始和最核心的关键环节,通过才智构思、设计、研发出具有文化内涵的作品,随后通过制作、加工、生产,实现从创作设计向实体产品的转变,转化为电影、电视

---

① 桑彬彬.产业价值链视角下的旅游产业与文化产业融合机制研究[J].云南开放大学学报,2018(01):59-64.

② 桑彬彬.产业价值链视角下的旅游产业与文化产业融合机制研究[J].云南开放大学学报,2018(01):59-64.

剧、游戏软件等多样化的文化产品，并通过网络、广播、电视、报纸刊物等各类媒体传播给广大消费者，最终消费者购买各类文化产品，实现文化消费，产生文化价值，这样就构成了文化产品的纵向价值链。

文化产业与旅游产业在价值链上具有相通之处。文化产业是对旅游目的地进行宣传传播的有效模式。文化产品通过影视、动漫、音乐、演艺等不同的表现形式，可以承载更加丰富多彩的内容，全方位反映旅游目的地的文化，推广旅游目的地的品牌形象，成为旅游产业链的一个重要环节。实现两者产业的融合，有助于旅游产业链和文化产业链的延伸、拓展，从而形成全新的文化旅游产业链。由于"文化产业和旅游产业具有较高的关联性，旅游产业和文化产业必须突破各自的技术边界、产品边界、业务边界及市场边界，延伸或渗透至彼此的产业活动领域，使得旅游产业和文化产业的产业链和价值链发生解构，与各自对方的产业链与价值链的各环节进行整合、重组与创新，从而形成文化旅游产业价值链"。①

大力建构文化旅游产业链，推动文化与旅游的协同发展是二者融合的必由之路。文化产业和旅游产业的融合发展，要遵循"宜融则融，能融尽融"的指导方针，找准文化和旅游二者最大的公约数，找到二者最佳的连接点，从而推动文化产业和旅游产业在各领域实现多方位、全链条的深度融合，实现文化产业与旅游产业的协同并进，资源共享，优势互补，为文化和旅游两大产业的发展提供新动能和新引擎，形成文化旅游产业发展的新优势。

四、文化产业与旅游产业融合的模式与路径

文化产业与旅游产业的融合发展，经历了三个不同的发展阶段。第一阶段是以文化为基础、为依托的旅游产业发展阶段。在这个阶段旅游景观，特别是自然旅游景观是旅游目的地的核心吸引物之一，游山玩水的观光游览是这一阶段旅游的主导方式，同时也有一些能够体现旅游目的地文化特质的旅游商品、旅游娱乐，具有一定的文化创意。第二阶段是文化产业和旅游产业联动发展阶段。这一阶段文化与旅游的融合表现在各地大放异彩的旅游演艺、纷纷举

---

① 姚战琪，张玉静.文化旅游产业融合发展的进程、战略目标及重点领域探讨［J］.学习与探索，2016（07）：123-126.

办的旅游节庆活动和发达的影视旅游产业以及日益红火的博物馆旅游等，文化体验成为这一阶段的旅游重点，体验旅游成为这一阶段的热门追求，"体验经济"应运而生，并且促进了文化创意与旅游的紧密融合，形成了文化产业新的形态。第三个阶段是实现文化产业与旅游产业的深度融合，形成综合发展的大型文化旅游产业综合体的阶段。在这一阶段，文化创意成为核心和关键，延伸了文化创意和文化旅游产业的价值链，并带动相关产业形成了文化旅游产业集群。

1. 文化与旅游深度融合的经典模式

文化与旅游的融合有多种模式，目前主要有开发型融合、体验型融合、再现型融合和创意型融合以及产业集群等5种经典的文化与旅游融合模式。

文化与旅游的开发型融合模式是从更为多元的角度，运用现代高科技手段，融入现代高科技元素，对历史文化资源进行深度开发，实现资源的高效再利用。"如'印象'系列实景演出、香港瑞安集团打造的上海新天地等系列项目、北京798文化创意园区等。"[①] 都是典型的开发型文化与旅游融合模式的代表。

此外，大家常见的文化旅游产业园也是最为典型的开发型文化旅游产业融合模式。文化旅游产业园是指依托历史文化资源或历史遗存，集中旅游资源，对文化旅游项目实施产业化管理的一种产业区域。自2007年起，原文化部先后命名了一批国家级文化旅游产业园区，比如深圳华侨城集团、西安曲江文化产业园、曲阜新区文化产业园、开封宋都古城文化产业园和上海张江文化产业园、长沙天心文化产业园区、敦煌文化产业园等。国家级文化产业示范园曾一度成为了区域和地方经济发展的一个重要引擎，成为区域文化旅游产业发展的领头羊，取得了社会效益和经济效益的双丰收。但是随着各类城市一哄而上，盲目投资文化产业园建设，使文化产业园区的数量迅猛增多，在一定程度上出现了文化产业园区的泡沫化。不少文化产业园是借文化之名行房地产之实，借文化产业园跑马圈地，甚至导致不少的文化产业园成为烂尾项目，这类现象值得警惕。目前，依照地域文化差异，我国文化旅游产业已形成了7大景点布

---

① 黄细嘉，周青. 基于产业融合论的旅游与文化产业协调发展对策[J]. 企业经济，2012（09）：131-133.

局，分别是："皇家与民间文化交融的京冀地区明清文化景区、以魅力园林为代表的江浙地区水乡文化景区、融贯中西的闽粤台侨乡文化景区、山西地区的晋商文化景区、西藏青海四川的藏族佛教文化景区、历史悠久的陕西地区周秦汉唐文化景区以及云贵西的少数民族文化景区。"① 这些景区充分彰显了各地深厚的人文情怀，逐步建立起了文化旅游产品的品牌效应。

体验型文化与旅游融合模式是"侧重发挥文化资源的体验功能，让现代的旅游消费内容蕴含文化资源的精髓。如迪斯尼乐园的建设及附属动画片的制作"。② 体验型融合主要通过市场手段，开发如旅游演艺、旅游节庆活动和体验类旅游等活动，让游客参与其中，亲身体验民俗活动、民间舞蹈、民间音乐等文化遗产，从中获得深刻的旅游体验。文化与旅游的体验型融合非常注重游客的参与性、融入性与体验性。

再现型融合模式是针对已经破坏或失去的文化资源，有选择性地对具有代表性的文化资源进行复制和重现，以满足旅游者对传统文化资源的内心认同的需要，追忆失却的历史文化。"如西安曲江新区投资重现长安古城之'大唐盛世'的《大唐芙蓉园》《大明宫》《大唐不夜城》等系列文化产业项目，得到了良好的市场认可。"③

创意型融合模式是文化旅游资源在常规性旅游产品和创意设计中的体现，文化创意与旅游产业二者有效融合，是当下产业融合的最佳模式。所谓创意型融合就是以旅游地的核心文化为依托，通过别出心裁的文化创意，研发出具有创新性、差异性和独特性的文化旅游产品，可以大大提升旅游产品的文化内涵，提升旅游产品的核心竞争力。创意追求不落俗套、与众不同，讲究无中生有、有中生奇，正是这种与众不同才是创造经济价值的源头。由于当下旅游产品的同质化现象普遍，几乎千人一面的开发模式，导致旅游景区大同小异，可替代性十分严重。因此，传统的以资源为主要依托的文化旅游开发模式已逐步转向以创意为内核，追求富有原创意味的文化旅游创意融合。把文化资源、文

---

① 张肃，黄蕊.文化旅游产业融合对文化消费的影响［J］.商业研究，2018（02）：172-176.
② 黄细嘉，周青.基于产业融合论的旅游与文化产业协调发展对策［J］.企业经济，2012（09）：131-133.
③ 黄细嘉，周青.基于产业融合论的旅游与文化产业协调发展对策［J］.企业经济，2012（09）：131-133.

化创意作为融合的基础，以科学技术为融合的技术支撑，以交叉产业、新兴业态为融合的创新点，从而有效拓展、延长旅游产业的链条，更好地丰富旅游产业的内涵和外延。

此外，还有以文化与旅游融合为依托的文化产业集群模式，也是文化产业与旅游产业融合的一种模式。"集群"一词最早见于波特的《国家竞争优势》。产业集群是指"在特定区域中，具有竞争与合作关系，且在地理上集中，有交互关联性的企业、专业化供应商、服务供应商、金融机构、相关产业的厂商及其他相关机构等组成的群体"[①]。产业集群作为一种区域旅游发展战略，在提升区域旅游内聚力和促进区际旅游和谐共生等方面有着重要的作用。

其中文化旅游产业集群是指以文化旅游资源为核心，把各种旅游要素通过网络、产品链和战略规划等方式连接起来组成的具有一定地理范围的协作和集聚区域旅游产业群体。这样与文化和旅游相关的企业，通过纵横交错的利益关系紧密联系在一起，集中于一定的区域之内，"代表着介于市场和等级制之间的一种新的空间经济组织形式"[②]。文化旅游产业集群可以更好地实现文化产业与旅游产业的一体化融合。文化旅游产业集群"首先，促进了企业合作，也为旅游企业提供了良好的创新氛围，从而具有较高的创新效率和动力。其次，它提高了旅游地的商业吸引力。再次，产业集群有利于树立区域旅游品牌，提升整体竞争力；还有利于加强旅游地环境治理，如以整体、系统的思想来开发旅游资源和建设旅游基础设施，保持整个区域的协调性和旅游产品的完整性，确定合理的环境容量"[③]。

形成文化旅游产业集群是文化产业与旅游产业融合发展的最终目标。文化旅游产业未来的发展，将不再是仅仅单个项目的发展，而是通过文化旅游融合带动相关产业共同发展的产业集群模式。以文化产业与旅游产业的融合为主导，从而带动与文化旅游活动密切相关的上下游产业和横向关联产业共同组成一个庞大且完整的产业体系，聚集成产业群体。"如广西桂林的旅游休闲产业、海南三亚的旅游度假产业、浙江横店的影视旅游产业，在区域经济社会发展中

---

① 梁明珠.城市旅游开发与品牌建设研究［M］.广州：暨南大学出版社，2009：9.
② 钟晟.基于文化意象的旅游产业与文化产业融合发展研究［D］.武汉大学，2013.
③ 梁明珠.城市旅游开发与品牌建设研究［M］.广州：暨南大学出版社，2009：11.

起到核心带动作用。"① 以文化创意为核心竞争力,以文化与旅游融合为依托,聚集发展起来的文化旅游产业聚群,它们之间彼此依赖,互为依托,各具特色的产业,既有专业化功能分工,又能互补协作,从而促进增长方式的转型,提升区域旅游产业整体的吸引力与竞争力,成为实现文化旅游产业可持续发展的重要模式。

从融合的主体而言,文化与旅游的融合又可以分为政府主导型和市场主导型两大模式。

政府主导型的文化与旅游融合模式通常以政府为主导,要求政府为文化产业与旅游产业的融合发展提供更加良好的外部环境,出台更多、更有利的扶持政策,为二者融合提供法规保障和管理协调。由政府制定更加有利于促进文化产业与旅游产业融合发展的相关政策法规,加强文化创意产业的知识产权保护,等等。在体制上,消除文化与旅游多头管理的弊端,打破行业壁垒,清除不利于文化产业与旅游产业融合发展的政策规章,减少、消除行政垄断、条块分割等不利于二者融合发展的因素。由政府出面,建设"文化创意产业园区",主导举办各类节庆展会等文化旅游活动,为文化与旅游融合提供集"资讯、交流、营销、商务、交易"为一体的便捷平台,设立文旅产业融合基金,对文化与旅游的融合给予资金支持等。

市场主导型的文旅产业融合模式。文化与旅游两大产业的融合,除了政府引导之外,主要得靠市场这只无形的手作用、促进、牵动二者的融合。因为"产业融合的最终目的是满足消费者多样化的需求,市场需求是产业融合的根本动因;市场供给往往与生产成本、管理方式等有关,是产业融合的有效推动力"。② 随着文化旅游需求的日益兴旺,为满足市场需求,旅游产业进一步拓展市场,提档升级。相关文化产业可借船出海,利用文化产业吸引游客,产生经济和社会效益。通过市场的共同开发、品牌的联合培养、资本的不同运作等开拓文化旅游市场,推动与旅游产业的融合,实现彼此经济效益的双赢。比如,借助于各种节庆展会平台吸引大量旅游者,通过文化旅游节庆会展实现二者融合,尤其是随着我国的数字网络技术的快速发展,为文化旅游产业的普及

---

① 钟晟. 基于文化意象的旅游产业与文化产业融合发展研究[D]. 武汉大学,2013.
② 卢红梅. 我国文化产业与旅游产业融合发展分析[J]. 经济研究参考,2015(61):75-80.

化和多元化发展提供了更为强大的驱动力,可以创造更多的财富和商机。事实证明,实现文化与旅游产业的融合最终还是靠市场为主体。

2. 文化产业与旅游产业的融合路径

产业融合实质上是两个或两个以上产业,在不断整合过程中形成新产品、形成新业态的过程。文化产业和旅游产业主要通过资源、技术、产品与市场、功能这几条路径来实现融合。"由于文化产业自身的功能、作用、技术、优势、特色等的不同,以及它们与旅游业关联方式的差异,融入旅游产业的途径也各不相同,主要有资源融合、市场融合、技术融合、功能融合这四条路径。"①

资源融合是指文化与旅游两大产业的资源可以互相融合、互利互补。具体而言,旅游产业中的旅游资源可以为文化产业提供丰富的可挖掘、可利用的元素,从而拓展文化产业的发展空间。同样,文化产业将其创意和科技转化为创意旅游产品,从而丰富旅游产业的内涵,更好地满足旅游者的多样化需求。

科学技术的进步与创新是两大产业融合的内在动因。产业融合是一个技术更新的过程,某一产业技术更新之后向其他产业渗透,并最终实现技术融合,形成新的业态。文化产业与旅游产业二者之间技术关联很强,可以共享有形化、体验化和产品化的关键技术,从技术层面而言,能够实现二者的互补共融。技术进步是破除产业边界、打破产业壁垒的重要方式,成为产业融合的内生推动力。随着技术手段的创新,旅游产品也随之创新,实现旅游产品更快地转型升级换代。"旅游产业的发展需要高新技术的支撑,需要宣传和推广,而文化媒体正是旅游宣传的重要媒介,影视、演艺、文娱等文化产业的产生归根到底都源于一定的地域根基。"② 相比而言,文化产业的技术优势更加明显,它的引入和融合能够提高旅游产业的科技含量,优化旅游产品的结构,提高产品绩效,还会推动产业创新与产业升级。同样,文化产业因旅游的注入而更显生动活泼,也更易于被受众接受,可以更好地发挥它的社会与经济效益。

随着文化产业和旅游产业之间技术关联的不断扩展和深化,文化产品和旅

---

① 黄细嘉,周青.基于产业融合论的旅游与文化产业协调发展对策[J].企业经济,2012(09):131-133.

② 翁钢民,李凌雁.中国旅游与文化产业融合发展的耦合协调度及空间相关分析[J].经济地理,2016(01):178-185.

游产品在生产创造过程中采用同样的技术，使得产品出现融合与交叉，产业的边界不断模糊，部分产品既属于文化产品，也可以属于旅游产品，使本来分属两个产业的业务与组织不断交融，最终产生了文化旅游产业这一新的业态。

文化产业与旅游产业还共享着相同的市场，并且最终形成内部高度关联的文化旅游产业集群，实现了市场的高度融合，既是文化产业的基地，又是旅游者的旅游目的地，二者不分彼此。"市场空隙的存在为旅游产业和文化产业的融合发展找到了现实需要的路径"①。

五、文化产业与旅游产业融合发展的对策

文化产业与旅游产业融合发展是新时代的主题。在当下，两大产业的融合在得到长足的发展，但"仍存在合作领域不宽广、合作机制不顺畅、政策扶持不到位等问题"②。因此，我们要树立合作共生的产业和谐发展理念，消除两大产业融合发展的理念与认识障碍。文化产业和旅游产业只有优势互补、相互支撑、协同共进，才能形成更大的新的发展优势、产生新的经济增长点，才能使文化的创造活力持续迸发，才能使旅游发展质量持续提升，才能使优质旅游产品和优秀文化产品持续涌现，才能更好地满足人民对美好生活的期待。文化与旅游的融合能够更好地促进经济社会发展，进一步增强中华文化的影响力，使国家文化软实力得到进一步的提高。为了实现两大产业的更深度融合，要重点做好以下几个方面的工作：

首先，要充分发挥政府在两大产业融合发展中的指导与调控作用。目前在两大产业的融合发展中，依旧存在着一些体制机制的束缚，比如在旅游业中，还存在着文化旅游资源的分属多头管理、旅游的监管职能分散、政府对旅游发展的顶层设计还有很深厚的计划体制色彩，等等，这些都束缚了旅游产业的发展。从文化产业角度而言，由于文化更多定位为公共服务产品，涉及意识形态、民族凝聚力、民族传承等诸多职能，政府对文化企事业往往采取指令性、

---

① 黄细嘉，周青.基于产业融合论的旅游与文化产业协调发展对策［J］.企业经济，2012（09）：131-133.

② 高燕.文化产业与旅游融合发展经典模式案例研究［J］.兰州文理学院学报（社会科学版），2014（02）：21-27.

分类和分业管制等管理体制，更多关注社会效益，从而，在一定程度上影响了文化与旅游两大产业更深层次的融合发展。

地方政府在两大产业的深度融合中发挥着重要作用，尤其表现在政府的规划指导、规范和调控作用等方面，要注重两大产业发展规划的良好衔接和配套，实现两大产业在发展思路与目标、发展举措与发展步骤以及产品开发设计、空间布局等方面实现有效融合。要为两大产业的融合、为文化旅游产业这一新型业态的发展创造更加良好的社会、经济和文化环境。特别要进一步降低文化旅游产业的准入门槛，鼓励多种形式资本和中小型企业进入文化旅游产业和市场，构建起更加多元的投资主体，解决两大产业融合资金短缺的瓶颈，促进两大产业更好、更深地融合发展。

在发挥政府主导作用的同时，也要正确处理好政府与企业及市场的关系，明确管理主体、管理权限，防止令出多头、无所适从的多重管理混乱现象。当然，随着国家文化和旅游部的成立，实现了文化与旅游两大部门合一的行政管理机制改革，以前那种文化和旅游企业同时接受文化部门与旅游部门双重监管的体制将得到改变，可以消除多头管理的弊端，减少内耗，将更加有利于文化旅游产业的协调发展。

其次，也要转变传统发展理念，转变固有思维定式。文化旅游产业的发展也不能过度依赖政府调控，而是要充分发挥市场的作用，发挥市场在资源调配中的重要作用。要立足于市场环境以及社会发展需求，促进业态融合，充分挖掘区域文化资源，开发新的旅游产品，形成新型文化旅游产业，使文化旅游产业具有内外兼修的品质。要实施"文化＋旅游＋"战略，推动两大产业融合发展，不断培育新的业态，延长文化与旅游的产业链。在新时代，还要深入实施"互联网＋"战略，推动文化和旅游产业与互联网等高新科技的融合发展，构建起更加便捷高效的文化旅游产业运营模式，提升市场竞争力，获得更好的经济效益和社会效益。

最后，要在保护好文化、保护好文化资源的前提下，实现文化与旅游产业的融合，决不能片面追求经济利益而导致文化资源的破坏。文旅融合要使文化资源在合理利用中得到更加有效的保护，在有效保护中得到更好的开发利用。"要用长远的眼光来看待文化旅游产业，从宏观视野出发寻找文化产业与旅游产业融合发展的战略需求点。要明确文化产业和旅游产业融合发展的产业交叉点、产品交会点与企业互动点，寻找到融合发展的具体路径与策略。在资源的整合开发中，要充分发挥产业的联动作用，发挥文化旅游业的龙头带动作用，拉长产业链，大力发展相关产业，开发相关产品，丰富旅游业的产品形式。"①

　　拥有一大批跨行业、复合型的文化旅游人才是实现两大产业融合的关键。要树立人才是第一资源的理念，大力发展旅游专业与学科教育，加强文化旅游人才队伍的建设，培育一批复合型的文化旅游专业人才。"在旅游教育中，要以大旅游的思维、以产业融合的范式去理解旅游业与文化业的发展空间，培养具有融合战略观、跨行业驾驭能力、高业务水平的人才，以适应未来行业发展的需要，消除旅游产业融合的人才瓶颈。"② 所以，要尽快培养一支具有丰富的文化和旅游专业知识、具有创新的思维和创新精神、具有长远眼光和高度谋略的高素质的文化旅游专业人才队伍，这样，才能更好地促进两大产业的融合，实现文化旅游产业健康、快速的发展。

---

① 黄细嘉，周青.基于产业融合论的旅游与文化产业协调发展对策［J］.企业经济，2012（09）：131-133.
② 尹华光，姚云贵，熊隆友.旅游产业与文化产业融合发展研究［M］.北京：中国书籍出版社，2016：119.

第二章 文化旅游资源的开发

旅游资源又被称为旅游的客体,是旅游业产生的物质基础和赖以生存与发展的前提。旅游资源具有观赏价值、历史价值、文化价值等各种价值,能够使旅游者增长见闻,调节身心,享受到旅游的快乐,获得精神上的愉悦。

旅游资源习惯上可以分为文化旅游资源和自然旅游资源两大类型。文化旅游资源"是指在旅游资源总体系中,文化价值较为凸显的,能够对旅游者产生吸引力的旅游资源类型。文化旅游资源的类型多种多样,它包括历史文化旅游资源、建筑文化旅游资源、宗教文化旅游资源、园林文化旅游资源、民俗文化旅游资源、饮食文化旅游资源等。"[①]

文化旅游资源通常可以分为历史文化层、现代文化层、民俗文化层和道德伦理文化层等四个层面。历史文化层主要以遗址、史迹、文物、古建筑等历史文化为代表;现代文化层主要以现代文化、艺术、技术成果为代表;民俗文化层则是以居民的日常生活习俗、民俗节庆、衣着服饰等为代表;道德伦理文化层则以人际交流,共同的伦理道德行为规范等为代表。

可见,传统的文化旅游主要以历史文化资源为依托,比如依托老祖宗留下的历史与文化资源,进行遗迹保护、文物发掘、民俗文化展现、古建修复等,并以此为基础进行文化旅游的参观和展览,开展系列文化旅游活动。随着现代科学技术的快速发展,现阶段的文化旅游则是以资本、创意和科技为驱动的文化旅游产业高级版,可称为文化旅游的2.0版。文化旅游不再仅仅以有限的历史文化资源为依托,而是以无限的创意和科技的创新为主要驱动力,"无中生有,变废为宝"是其主要特征。比如"永远建不完的迪斯尼"就是文化旅游高

---

① 梁明珠.城市旅游开发与品牌建设研究[M].广州:暨南大学出版社,2009:32.

级版的典型代表。创意是文化旅游2.0版的关键,在将来,谁拥有了文化创意和科技创新的能力,谁就将成为文化旅游2.0时代的最大赢家。

用文化的理念创意创新旅游,以文化的内涵提升旅游品位,以文化的视角传播推广旅游,打造出具有区域文化特色的文化旅游品牌,增添文化旅游的独特魅力,是今后文化旅游资源开发和文化旅游产业发展的重要方向。

一、文化旅游资源开发的基本模式

文化旅游资源是开展文化旅游的前提和独特资源,各地都充分认识到它的巨大的经济和社会效益,纷纷加大了对文化旅游资源的开发力度。"文化旅游资源的开发,只有准确把握文化的内涵,精确展示文化的神韵,才能保持经久不衰的生命力。"[①] 文化旅游资源的开发,需要从历史性、艺术性、文化精神和社会影响力等方面进行文化的全面解读,深入挖掘文化旅游资源的文化内涵,精准反映出文化旅游资源的文化魅力。

目前,文化旅游资源的开发模式主要有:文化主题公园模式、文旅特色小镇模式、旅游演艺模式、民俗文化旅游模式、影视基地旅游模式等。

1. 文化主题公园模式

文化主题公园起源于早期的游乐园,通常是以盈利为目的而兴建,以人造景观为主,通过体现一个或多个旅游主题,创造出既有普通公园的游赏娱乐功能,又具有独特的园林环境的休闲、娱乐空间,为旅游者有偿提供文化娱乐、休闲体验等产品或服务的园区。一般认为,风靡全球的迪斯尼乐园的建立标志着现代意义上的文化主题公园的建立。

文化主题公园要以主题为灵魂,以市场为导向,以科技为支撑,以创新为生命,注重气氛烘托。比如,迪斯尼乐园就是以迪斯尼公司创作的动漫产品为原型而设计的文化主题乐园,特色鲜明;同时,在世界不同地区修建的迪斯尼乐园还把当地的地方特色文化融入其中。

文化主题公园是继旅游观光、旅游度假之后又一重要的文化旅游产品。文化主题公园通常可以分为几种类型:观赏型主题公园,如深圳的锦绣中华和世

---

① 梁明珠.城市旅游开发与品牌建设研究[M].广州:暨南大学出版社,2009:32.

界之窗、广州香江野生动物世界；参与型主题公园，如广州长隆欢乐世界、深圳华侨城欢乐谷等；主题休闲社区，如上海新天地、深圳海上世界等。

由于文化主题公园是一种极易被竞争对手模仿的文化旅游产品，因此，主题选择要突出当地的独特文化，才能具有特色，才能减少竞争，才能获得成功。

文化主题公园的设计创作应突出创造性、艺术性、参与性和体验性。"参与性和体验性是文化主题公园的两大特点，现代体验经济要求旅游区增多旅游者参与的活动，以满足旅游者的需求。只有不断提高文化主题公园的参与性与体验性，才能真正使文化主题公园获得成功。"[1] 如今，越来越多的文化主题公园以现代尖端科技作为支撑，利用现代技术创造出新的体验与感受。比如："华强方特、宋城演艺、华侨城等大型文旅集团纷纷布局 VR 等高科技体验项目。"[2] 通过现代高科技手段，营造、增强更直观的旅游体验感。

文化主题公园的建设要围绕打造文化主题公园的品牌而开展，一个成功的文化主题公园往往不只是一个景点或景区，而是一个著名品牌和围绕这个品牌而开发的一系列产品和产业。除迪斯尼乐园这个世界知名品牌外，深圳华侨城也是我国文化主题公园的知名品牌。

深圳华侨城集团是我国文化旅游产业的领军品牌，是文化产业与旅游产业深度融合的成功典范。深圳华侨城开发的锦绣中华、中国民俗文化村等文化主题公园成为我国文化主题公园建设的典型代表。依托深圳所处的改革前沿和开放口岸所具有的地域优势，通过现代科技和文化创意，整合世界文化资源，在深圳这块曾被人们戏称为文化荒漠的土地上，开发出一系列文化旅游产品，形成了融旅游、文化、娱乐、地产等功能于一体的文化旅游产业集群。

深圳华侨城集团也是国内以文化主题公园成功开展文化旅游的典型代表，集团从 1985 年开始，相继开发建设了锦绣中华、中国民俗文化村、世界之窗、欢乐谷等四大知名的文化主题公园，以及深圳湾大酒店、威尼斯水景主题酒店、海景酒店、何香凝美术馆等一大批文化旅游项目。"通过'景点+艺术表

---

[1] 梁明珠.城市旅游开发与品牌建设研究［M］.广州：暨南大学出版社，2009：196.
[2] 郭凌志.文化旅游进入 2.0 时代：创意驱动 个性凸显［N］.人民日报（海外版），2017-11-6.

演+游乐体验'的模式，发展成为我国国内最完整的文化主题公园。"[1]并且发展成为我国文化旅游产业的第一品牌，连续多年进入全球旅游景区集团八强，堪称国内文化旅游产业集群的旗舰航母，成功书写了我国文化产业与旅游产业融合发展的生动案例。

2. 文旅特色小镇模式

文旅特色小镇是文化旅游开发的另一重要模式，是文旅发展的一个重要领域。文旅小镇是在块状经济和县域经济基础上发展而来的新型经济模式。2014年，杭州云栖小镇首次作为文旅小镇被学界所关注。其前身是杭州西湖区的转塘科技经济园区。云栖小镇通过大力提高科技自主创新能力，聚焦大数据、云计算等高科技核心产业，从最早布局云计算产业、成功研发"飞天5K"云操作系统，到成功孕育城市大脑，再到打造全国领先的空天信息产业集群，成功探索出一条以产业为先导的新型城镇化发展道路，成为浙江省数字经济发展的缩影和高质量发展的代表，探索了一条以产业为先导、从传统工业园区到特色小镇的转型发展之路，获得了"浙江省特色小镇"、杭州"数字经济旅游十景"等荣誉，成为全国数字经济第一镇和特色小镇建设经验的输出地。之后，全国各地各具特色的风情旅游、商贸金融、运动休闲等特色小镇，如雨后春笋般涌现。特色小镇、美丽乡村、田园综合体以及中医药旅游、文博文创、研学旅游等成为文化产业与旅游产业融合后的新业态，成为文化旅游资源开发的热点模式。

文旅特色小镇一般分为两类：一类是以保护为主的历史文化名镇和传统村落、历史文化街区等，如江西铅山河口古镇、安徽西递宏村、山西皇城相府等；另一类是以文化旅游开发为主、面向当代人们生活的特色小镇，如江苏无锡的灵山小镇、北京密云的古北水镇、云南楚雄的彝人小镇等，形态各异，名目繁多，成为当下文化旅游产业的重要形态。作为文化旅游的引领者，深圳华侨城集团也提出了"文化+旅游+城镇化"模式，开始全面融入特色小镇建设。

文旅特色小镇建设能否取得成功，关键在于特色，要点在于文化。要聚焦

---

[1] 桑彬彬，黄敏. 我国文化旅游开发模式研究［J］. 商业文化（上半月），2012（02）：378-379.

当地文化特色和主导产业，融旅游、文化、社区功能于一体，成为创新创业的发展平台。通过特色小镇的建设，可以推动经济动能的转换，带动传统产业的转型升级，促进小城镇和城市的协调发展，有利于促进城乡发展的一体化。特色小镇建设既产生了新经济、新动能，又创造了宜居宜业的新发展格局，有利于城镇化的发展，使文化产业和旅游产业作为社会经济支柱产业的地位得到加强。

但是，也要警惕个别地方出现特色小镇房地产化，不少地方的特色小镇建设，仅仅是"以文化和旅游打造品牌，凝聚人气，由此抬升地产市值"。[①] 借文旅小镇建设之名，行房地产开发之实。更要警惕文旅小镇建设中以地产反哺文旅产业的发展模式因经营不善而催生导致的大型文旅项目烂尾的工程，将会给社会带来巨大的负面影响，给政府带来沉重包袱。

3. 文化旅游演艺模式

文化旅游演艺又称为"文化旅游表演""文化旅游演出"，是文化产业与旅游产业联动发展最常见、最具代表性的产品形式，也是文化旅游资源开发的一种常见模式。旅游演艺成为当下越来越流行的文化旅游方式，是文化产业与旅游产业融合发展产生的新业态，是文化旅游融合的经典产品。

演艺活动本身是文化产业的一种重要产品形态，文化旅游演艺则是在旅游目的地上演的一种文化艺术产品。"文化旅游演艺就是文化产业中的演艺产业与旅游产业有机融合而衍生出来的新兴业态和旅游产品类型。通过文化与旅游的融合，拓展了传统演艺的表演空间，扩大了传播的范围，同时也丰富了旅游的内容和文化含量。"[②]

实景旅游演艺是一个以旅游目的地真山真水为演出舞台，聚焦当地文化、民俗为主要内容，通过声、光、电、影、音等的整合，把各种成像技术融入舞美影像的制作之中，打破舞台时空局限，产生立体逼真、可触可感、令人震撼的舞台效果等独特的文化模式，是旅游产业向人文旅游、文化旅游转型的独特

---

① 高燕.文化产业与旅游融合发展经典模式案例研究[J].兰州文理学院学报（社会科学版），2014（02）：21-27.

② 厉建梅.文旅融合下文化遗产与旅游品牌建设研究——以山东天上王城为个案[D].山东大学，2016.

产物。实景旅游演艺尤其注重地方特色文化的挖掘与提炼，经过艺术再加工，形成独特的舞台演出产品在旅游目的地上演，将游客从静态观赏体验转化为动态、参与式的体验，增强了游客的体验感、参与感，对于加深游客体验和游客印象具有重要作用，成为游客认知、感受和体验景区文化内涵的重要文化旅游产品。文化旅游演艺改善和丰富了旅游目的地的旅游产品结构，增强了旅游的娱乐性和游客的体验感，既可以充分展现当地的文化特色，又可以增加当地的旅游综合收入。

相比欧美旅游演艺的发展，我国的文化旅游演艺历史较短，起步较晚。我国的文化旅游演艺肇始于20世纪80年代中期，以深圳华侨城集团在锦绣中华、世界之窗推出的大型驻场演艺节目为代表，由此拉开了我国文化旅游演艺的序幕。步入21世纪以后，文化旅游演艺迅速升温，国内各大知名旅游景区几乎都推出了文化旅游演艺活动。"特别是张艺谋团队打造的印象三部曲（《印象·刘三姐》《印象·丽江》《印象·西湖》）大获成功，助推了旅游与演艺的融合发展，文化旅游演艺呈现出蓬勃发展的势头。"[①] 文化旅游演艺发展迅猛，一下子成为各旅游目的地的文化旅游的标配产品。

由著名导演张艺谋、王潮歌和樊跃组成的"铁三角"团队，根据景点独特的地域文化打造的"印象"系列大型实景演艺给游客们带来了一场场令人震撼的视听盛宴。自从2004年《印象·刘三姐》在广西桂林上演并大获成功之后，很快在全国各大旅游景区掀起了一股"印象"热潮，相继推出了《印象·丽江》《印象·西湖》《印象·大红袍》等"印象"系列实景旅游演艺作品。

实景旅游演艺也得到了相关部门的大力支持，早在2009年8月，原文化部和国家旅游局就联合发布了《关于促进文化与旅游结合发展的指导意见》，明确提出"鼓励运用现代高新科学技术，创新演出形式，提升节目创意，突出地域特点和文化特色，打造高品质旅游演艺产品"。[②] 此后，文化旅游演艺产品得到十分迅速的发展，步入了成熟期，产生了主题公园演艺、实景旅游演艺、剧场旅游演艺等多种多样的旅游演艺形式，创作出了一大批具有全国影响

---

① 薛群慧.旅游产业与文化产业融合发展的三个重点[J].旅游研究，2016（5）：5-7.
② 侯建娜，杨海红，李仙德.旅游演艺产品中地域文化元素开发的思考——以《印象·刘三姐》为例[J].旅游论坛，2010（03）：284-287.

的文化旅游演艺节目，创造出了"印象"系列、"千古情"系列、"又见"系列等具有标志性的我国文化旅游演艺品牌。

这些旅游实景演艺大都以当地的物质文化遗产或非物质文化遗产资源为蓝本进行创意演绎和艺术呈现，业已成为文化旅游产业经典的演艺文化品牌。"张艺谋的印象系列，《云南印象》《禅宗少林·音乐大典》《宋城千古情》等，不仅取得了较好的经济效益，有效地拉动了当地经济和社会的全面发展，而且在弘扬区域特色文化、促进文化传播等方面，也效果显著。"① 同时，由于绝大多数旅游演艺都是依托当地独有的文化遗产为蓝本创作的，有着独特的文化内涵，具有不可复制和不能移动的特征，这样就可以有效解决旅游产品同质化和文化产品版权被盗用等一系列问题。

比如云南丽江的《印象·丽江》大型实景户外旅游演出，就是以海拔3050多米的云南丽江玉龙雪山为天然的演出背景，通过当地少数民族的歌舞表演，生动地展现了云南丽江丰富多彩的民族风情，展现出彩云之南优美的自然风光，使《印象·丽江》旅游演出极具视觉的冲击力和文化的感染力。《印象·丽江》2019年获得了"中国实景旅游演艺十强"的荣誉。

河南登封少林寺作为中国佛教禅宗的发祥地，在这里上演的《禅宗少林·音乐大典》是目前全球最大的山地实景音乐演出，通过以嵩山山水为实景的音乐演出，震撼心灵，成为直指心性的佛乐禅音，成为洗涤心灵的净土，完美诠释了对佛教禅宗的生命感悟，成为解读佛禅文化的一把钥匙。

在世界文化和自然双遗产地福建武夷山上演的《印象·大红袍》实景旅游演艺，是福建首个大型山水实景演出，也是世界首座山水环景剧场。《印象·大红袍》的舞台采用了全球首创的360度旋转观众席，每5分钟就可以完成一次旋转，结合武夷山大王峰、九曲溪的山水背景，将茶文化贯穿其中，给观众留下强烈的印象，开演以来长演不衰，成为福建全省旅游演艺的龙头。"《印象·大红袍》之所以成功，是切中了武夷山'旅游业及茶文化'二者的契合点，巧妙地把自然景观、茶文化及民俗文化融入演出中。"② 通过实景演出，将武夷茶文化直观生动并且艺术化地推介给游客，有效带动了武夷山旅游

---

① 桑彬彬，黄敏. 我国文化旅游开发模式研究［J］. 商业文化（上半月），2012（02）：378-379.
② 李金枝，文侠. 旅游演艺——文旅融合生动样板［N］. 中国旅游报，2018-6-8.

业和茶产业的发展,大大提升了武夷山旅游产业的文化内涵。

《长恨歌》这一大型实景历史舞剧是陕西文化旅游演艺的典范之作,也是我国第一部大型实景历史舞剧。舞剧以白居易的传世名篇《长恨歌》为蓝本,采用现代高科技的舞美、音响效果,将历史故事和实景演出相结合,在故事发生地华清池,用舞剧的艺术,实景还原了恢宏壮阔的历史情境,再现了唐玄宗和杨贵妃缠绵悱恻而凄美的爱情故事。《长恨歌》的成功上演,使西安旅游景区从往昔单纯文物观赏旅游为主,升级为历史文化体验之旅,让游客能够现场感受浓郁的盛唐文化气息,深受广大游客欢迎,大大提升了西安旅游的吸引力。《长恨歌》已成为陕西旅游的一块金字招牌,彰显了文化与旅游深度融合的价值,并且开创了文化遗产保护和旅游成功开发的典型范例。

2016年以来,文化旅游演艺作为文化旅游产业的一个重要组成部分,得到了非常迅猛的发展,呈现出欣欣向荣的发展态势,据不完全统计,全国上演的文艺演出总数已超过200台。很多城市和旅游景区都充分利用当地独特的文化资源打造具有地域文化特色的演艺产品,实现文化旅游资源的成功转化,文化旅游演艺已成为国内各大旅游目的地和旅游景区的"标配"旅游产品。

文化旅游演艺产品既是旅游者体验异域文化的重要方式,又是文化与旅游相互渗透、融合的产物。只有真正能够体现出当地文化特色的旅游演艺项目,独具创意的文化旅游演艺作品,才能激起游客的兴趣。因此,文化旅游演艺要展示本地文化特色,融入地域最经典的文化元素和创意思路,利用现代的声光电技术,营造独特的舞台艺术效果,对地域文化进行艺术化加工并展示给游客,让游客得到深度的文化体验,也让地域文化变得更加亲近百姓和可以感知触摸,给游客留下难忘的印象,从而带动旅游业的发展,扩大知名度和美誉度,促进文化和旅游产业链的延伸与拓展,带来更多的旅游综合收益。文化旅游演艺已成为旅游目的地的重要吸引物和文化旅游产业链条中重要的一个环节。

文化旅游演艺通过文化演艺与旅游产业二者的结合,用游客喜闻乐见的艺术形式,将文化直观生动地呈现给游客,让旅游融入文化元素,提升了旅游的文化内涵,从而改善旅游产品的结构,延长旅游者的停留时间。在向旅游者充分展示旅游地悠久历史、灿烂文化以及多样风情的同时,还提升了旅游目的地的文化品位，带来了更好的旅游经济效益。

　　经过二十多年的快速发展，文化旅游演艺已日渐成熟并开始进入产业的调整期。不少地方对文化旅游演艺期望过高，甚至期待仅凭一台旅游演出从而改变一个城市的旅游格局。不少的旅游景点盲目模仿，品质缺失，粗制滥造，盲目投资，一味追求大制作及高投入，往往都打着"大手笔""大投入"的旗号，片面追求、炫耀舞台效果，声光电技术的"烧钱"等问题较为突出。经过市场的优胜劣汰，大浪淘沙，除了少数知名品牌的旅游演艺持续受到观众热捧，很多一哄而上的旅游演艺昙花一现，甚至已经陷入入不敷出、生存堪忧的境地。据有关统计数据显示，自 2016 年开始，全国旅游演出场次开始下降，比 2015 年下降 4.17%；全年演出共计 5.19 万场，票房收入 34.04 亿元，比上年下降 3.21%。尤其是 2020 年受新冠肺炎疫情的影响，旅游演艺更是雪上加霜。从全国而言，大型旅游演艺已经出现过度竞争现象，甚至不少知名的大型旅游演艺也被迫相继关停。

　　因此，文化旅游演艺创作者需要认真思考，真正做到以创意取胜，以文化取胜，以故事取胜，以特色取胜，以科技取胜。文化旅游演艺的长远发展需要注意以下几点：

　　一是要坚持精品化战略，走品牌化道路。"山水实景演出要坚持精品化战略，走品牌化道路；以文化铸就灵魂，充分运用高科技手段辅助演出，营造出强烈的视听效果。"[1]

　　二是要突出地域文化特色。文化是旅游演艺产品的灵魂和核心，决定着旅游演艺能否有着长久的生命力。因此，旅游演艺节目的编导要提炼、挖掘具有典型地域特色、民族特色的文化资源，并进行艺术化的深加工，让旅游者可以通过演艺节目深入了解当地的历史和文化，充分地展现当地的文化特色。只有具有文化特色的旅游演艺才能持久，才能够避免昙花一现的结局，坚决杜绝移植仿造、七拼八凑甚至庸俗低级的旅游演艺作品。

　　三是要注重参与性与娱乐性的结合。在保障思想性和艺术性的前提下，旅游演艺产品要更好地将娱乐性与参与性相结合，以充分调动旅游者参与的积极

---

[1] 李伟山. 刘三姐文化旅游开发研究综述［J］. 创新，2015（04）：59-65.

性,提高演艺节目的参与性,让游客亲自参与到节目中来,增强旅游者的体验感,才能让游客有更丰富的旅游感受,留下更深刻的旅游印象。

四是要注重品质与创新。创新是旅游演艺的灵魂,无论是表演内容还是表演形式都应有创新,不能简单模仿、重复克隆。只有高质量的艺术创新产品才能让观众眼前一亮,让旅游者获得高品质的、新奇的审美感官体验,才能激发游客的重复消费,粗制滥造、重复模仿必定自毁旅游目的地和旅游演艺的形象。

五是要注重形式的多样化。不能盲目追求大投资、大制作、大场面,有时"小而精"也是一种有效的旅游演艺方式,重在展现文化内涵,重在演艺的文化含量。同时,无论采取哪种方式,都要加强市场化运作,实践证明,凡是获得成功的旅游演艺都必须坚持市场化的运作,走市场化道路,否则难以长久地生存发展。还要"开拓多元化投融资渠道,设计制作出适销对路的产品,并随着市场的变化及时调整产品与销售策略,只有顺应市场需求,旅游演艺产品才能在激烈的竞争中立于不败之地"①。

4. 民俗文化旅游开发模式

民俗文化是一个地区或一个民族悠久历史的积淀和结晶,是人文旅游资源的一个重要组成部分。民俗文化并不是曾经被贬损的"落后""蒙昧""迷信"的象征,相反,民俗文化具有独特性和不可替代性,是旅游开发的灵魂。民俗文化旅游是一种借助于各种民俗资源和民俗活动来开展的高层次文化旅游类型。

民俗文化旅游资源是指能够被旅游开发利用的民族风情、民俗信仰、民族建筑、民俗技艺、传统节庆、民俗生活等民间风俗习尚文化。民俗旅游资源可以充分展示本地区、本民族悠久深厚的历史文化内涵和独特丰富的文化底蕴,为游客提供一种参与、体验的文化旅游产品。民俗文化无论内容还是形式上都具有鲜明的民俗性和突出的独特性,能给游客带来一种与众不同的新鲜感,满足旅游者了解异地民情民俗的"新鲜体验"的需要,满足旅游者求新、求异、求知、求乐的需求,正是这种"地域异质性赋予了民俗文化旅游资源对旅游者

---

① 薛群慧.旅游产业与文化产业融合发展的三个重点[J].旅游研究,2016(5):5-7.

独特的吸引力"①。

我国民俗文化旅游资源异常丰富、全面且系统，民俗文化底蕴异常深厚。民俗文化旅游资源可以让旅游者受到传统文化的教育，产生归属感和自豪感，使身心得到休闲放松的同时，也为当地带来了旅游收入，实现民俗文化旅游资源向经济效益的转化。因此，各地都在致力于民俗文化旅游资源的开发。尤其是我国西南地区，以民族村寨为主要载体的民俗文化旅游资源十分丰富，绝大多数民族村寨都有着独特而浓郁的传统民俗文化，有着多姿多彩的民族风情，目前正致力于民俗文化的旅游开发，大力发展少数民族村寨旅游，形成了一个个文化旅游的响亮品牌，如"多彩贵州""七彩云南""丽水金沙"等。云南省提出了繁荣文化事业和发展文化产业、大力弘扬优秀民族文化、打造云南特色文化品牌、做强云南旅游业的目标，打造出了以"七彩云南"为代表的民族文化旅游品牌。贵州以"多彩贵州"定位贵州形象，成功打造了"多彩贵州"这一文化旅游品牌，带动了西南民族地区文化旅游的发展。

民族村寨旅游是民俗文化旅游资源开发的一种惯用、常见的模式，是以民族村寨独特的自然风光和别样的民族风情为吸引物，以体验民族文化生活、享受田园风光为动机，集观光、娱乐、体验、考察为一体的综合性旅游活动。

由于民族村寨往往地处偏僻，分布分散，交通不便，开发成本比较高，因此，往往将分散于一定范围内的典型民村村寨集中在一个主题公园内模仿展示，采取异地模仿民族村寨的方式进行文化旅游的开发，这种民俗旅游开发的模式业界称为精华荟萃式或集锦荟萃式。精华荟萃式使得各种民俗文化精华汇聚一处，如深圳中华民俗文化村、北京的中华民族园、云南民族文化村等。这种民族村寨的开发模式，其优点很鲜明，即通过模仿、浓缩、移植等方式，将各民族的民俗文化集中展示，可以让游客在短时间内就可以领略到原本需花很长时间、走很长路程才能了解到的民族文化，体验各种民俗风情。这种模式源于生活却高于生活，荟萃各民族精华，形成一个充满观赏性、参与性、娱乐性的民族文化大观园。但其缺点也很明显，由于在加工复制过程中往往只是形似而难神似，容易损失很多原有的民俗文化内涵，旅游者缺少原汁原味的体

---

① 唐勇，刘妍，刘娜.成都锦里民俗文化旅游资源整合开发研究[J].成都理工大学学报（社会科学版），2006（03）：76-79.

验感。

深圳中国民俗文化村就是实行异地模仿精华、荟萃民族文化村寨的成功典范。深圳中国民俗文化村是中国第一个荟萃民族民俗风情、民间艺术和民族建筑于一园的大型文化旅游景区，占地 20 多万平方米，涵盖 22 个民族的 25 个民族村寨，村寨建筑全部按 1∶1 的比例复建，按地区分类布置，保持着各村寨原有的建筑风格和样式。同时，通过各种民族风情表演、展示各色手工艺品、品尝各样民族特色饮食、举办各类民族节庆活动等多种方式，从多角度、多侧面来展示出我国少数民族丰富多彩的民族习俗和民族风情，将各民族的居住形式、民俗风情荟萃一堂，使游客在很短的时间内就可以充分领略各民族的建筑风格、了解各民族习俗，感受中华民族的灵魂和魅力。"中国民俗文化村以'25 个村寨、56 族风情'的丰厚意蕴，赢得了'中国民俗博物馆'的美誉。"[1] 但深圳中国民俗文化村采用的是异地模仿重建，属于人工再造的景观，很难避免虚拟化和商品化，与原生态、原汁原味的体验还有一定的差距。因此，今后"民俗文化旅游开发中的'道具'可以发生变化，但其'道具'背后所蕴涵的文化内涵或其象征意义却不可改变，否则导致民俗文化的失真"[2]。

二是复旧再造式，即对原本消失的民族村寨、民俗文化等，通过搜集整理各种历史记载的信息，复旧再现原有的风貌，可以令时光倒流，让游客了解、游览原本不存在的景观景点，让游客了解过去消失的民俗文化，如杭州的宋城、无锡的唐城、韩国的民俗村、美国普利茅斯垦殖园等。

三是原生态自然呈现式，即选择一些民俗文化相对丰富、具有典型性，又有较为便捷交通的民族村寨，以现有村民的生产生活和村落的自然形态为旅游载体，除了改进环境卫生、道路等必不可少的基础设施外，一般不进行更多的加工改造，尽可能保留它原汁原味的原生态，较为真实地反映村民的生活和民俗，让游客获得更为真实的参观感受，增强旅游的体验感。

民俗文化是十分重要的文化旅游资源，对其开发利用时，要遵循以下几个原则：

---

[1] 桑彬彬，黄敏.我国文化旅游开发模式研究[J].商业文化（上半月），2012（02）：378-379.
[2] 吴晓山.民俗文化旅游品牌战略研究——以"刘三姐"文化旅游为例[J].特区经济，2010（08）：171-173.

一是特色性原则。在进行民俗文化旅游资源开发时，要尽力保持民俗文化"俗"的原貌，尽可能维持其原汁原味的原生态状态，不要做过大的改动，这样才能产生强烈的新鲜感、真实感。所谓"十里不同风，百里不同俗"，要满足旅游者的猎奇心理。民俗的一个重要价值就体现于"俗"之中，"奇风异俗本身就是一种陌生、神秘的知识和力量，观赏、了解、领略、参与这些奇风异俗的过程，不仅可以满足人们求新、求奇的心理，也可以激发人们的求知欲，增加人们的知识，开阔人们的眼界"。[1]要充分利用"人无我有，人有我特"的独特民俗资源，创新出民俗文化旅游产品，发挥"唯我独有"的独特民俗资源优势，创造"独一无二"的民俗旅游项目。只有在特异性上下功夫，使产品具有特色才能有持久的生命力，才能有良好的长久的市场竞争力。

二是保护性原则。民俗文化旅游资源是人类的宝贵财富，必须以保护而不是破坏为前提进行利用，千万不能进行竭泽而渔式的掠夺性开发，使民俗旅游资源可以永续利用，要尽量在原生态的保护上下功夫。事实上，对民俗文化旅游资源的开发、挖掘也是一种保护，对一些濒临失传的传统民俗文化和民族民间技艺进行合理的、保护性的旅游开发，不仅有利于物质和非物质的民俗文化遗产传承发展、发扬光大，而且还可以更好地创造民俗文化的经济价值，利用独有的民俗文化优势促进民族地区旅游经济的增长，获得更多的旅游收益，更好地改善民俗文化资源的生存条件，实现民俗文化保护与经济增长的互利共赢。

三是体验参与性原则。民俗文化旅游资源有很大一部分仍然保存在现实的百姓生活之中。民俗旅游最大的优势是能够让游客亲身参与其活动，亲身体验当地的民俗，亲身感受独特的民俗风情。对民俗旅游的开发，要注重游客的参与性，让游客可以亲身经历、参与各民族的民俗文化活动，体验当地的民俗文化，领略当地的生活方式，为游客提供互动、参与的旅游体验。

四川成都锦里民俗文化街是民俗文化旅游产业开发的典型样板。"锦里"早在秦汉时期就因为蜀锦生产而闻名全国，政府曾在此设立"锦官"专门管理蜀锦的生产，因此又叫"锦官城"，简称"锦城"。由于成都的锦江南岸是当

---

[1] 杨丽娟.试议民俗文化旅游资源的开发[J].昆明大学学报，2003（02）：45-46.

时蜀锦的主要集中生产地,因此,把这一区域称为"锦里"。到唐宋时期,"锦里"已经成为成都的代称。现存的锦里是四川地区历史最为悠久、最具商业气息的古街坊之一,被誉为"西蜀第一街",又有"成都版清明上河图"之称。

现今,全长350余米的锦里民俗文化一条街,仍然保存了清末民初的四川古镇建筑风格,老街、民居、客栈、商铺、万年台等各式建筑坐落其间,川菜、川酒、川戏和蜀锦等古蜀文化遗产荟萃一街,能让游客尽享丰富多彩、原汁原味的西蜀文化风情。

锦里以成都武侯祠这一国家文物保护重点单位为中心,东接彩虹桥,北邻锦江,以秦汉、三国精神为魂,明、清历史风貌为表,川西民俗民风为形,从而实现了历史与现代的完美结合。街道两旁青砖碧瓦、木质挑梁的仿古建筑,彰显了十足的川西建筑风格。店铺门前高挂旗幡招牌,高悬的各式灯笼,复原了明、清古街的风貌。同时,还荟萃了成都各色知名小吃,展示了各种民俗节庆和传统手工艺品,挖掘了成都2000多年的历史文脉,营造出成都浓郁独特的休闲文化气息,正好与成都这座以休闲气质闻名的城市相契合。锦里"在主题形象定位、产品功能设计、经营管理模式等方面形成了一条民俗文化旅游资源开发的成功模式"[①],成为民俗文化旅游资源开发的成功样板。

5. 影视基地旅游模式

影视旅游是目前比较盛行的一种新型的文化旅游资源开发模式,是影视产业与旅游产业融合交叉的产物。影视本身是文化产业的重要组成部分,影视旅游以影视城、影视基地作为最主要的对象,影视基地不仅仅用来拍摄影视作品,还可以成为文化旅游资源,成为旅游吸引物来吸引游客。

影视作品对扩大旅游目的地的影响有着重要的作用。拍摄于1960年的彩色电影《刘三姐》,影片中所展现的美轮美奂的桂林山水和纯真善良的壮族人民,给全国观众留下了深刻的印象,也使得广西桂林这个山水甲天下的城市迅速走红,刘三姐作为桂林旅游目的地的品牌形象在全国甚至全球都获得了广泛传播。随后,相继拍摄了不少宣传旅游目的地的影视作品,如1980年由上海电影制片厂出品的《庐山恋》,以花径、仙人洞、白鹿洞书院等庐山知名景点

[①] 唐勇,刘妍,刘娜.成都锦里民俗文化旅游资源整合开发研究[J].成都理工大学学报(社会科学版),2006(03):76-79.

作为电影拍摄的背景,使这座风景优美的文化名山展现在全国观众面前,极大地扩大了庐山的影响,有"不看《庐山恋》、枉来庐山游一遍"之说,游庐山观看《庐山恋》已是庐山旅游必须体验的一个节目,庐山恋电影院三十多年不间断地放映《庐山恋》,使《庐山恋》获得了"世界上在同一影院连续放映时间最长的电影"的吉尼斯世界纪录,如今每一位游客来到影院观看完电影后,都可以得到一张很有意思的"您是第×××位吉尼斯纪录创造者"的纪念门票。2009年由中影集团、广西电影制片厂又联合拍摄了《寻找刘三姐》,作为国庆60周年的献礼大片,再现了刘三姐当年的神韵风采,也使广西壮族、瑶族、苗族等少数民族风情尽情展示,扩大了广西的文化影响,提升了旅游的知名度。

1963年,美国好莱坞环球影城建成,成为环球影城系列的第一个主题公园,从此也标志着影视旅游这一新型的旅游形式正式开端。从此,影视旅游向世界各地拓展,也掀开了我国的影视旅游发展的序幕,国内不少的影视基地相继发展成为影视旅游目的地,如创建于1987年的中视传媒无锡影视基地、创建于1996年的横店影视城等。

无锡影视基地正式诞生于1991年,是在中国最早规划建设的影视拍摄基地,当时也并非为旅游而建,原本只是为影视创作建立的场所。1987年,中央电视台在江苏无锡兴建了西游记艺术宫,其本意是用来放置拍摄电视连续剧《西游记》时所用过的各种道具、设备、服饰等,但是随着《西游记》在全国的热播,大量游客慕名而来,纷纷涌入西游记艺术宫一睹电视拍摄的场景,一时间,对外开放的西游记艺术宫竟然成了无锡的一大旅游热点。1991年,无锡影视基地正式挂牌。随后,中央电视台为拍摄《唐明皇》又兴建了唐城,之后《武则天》《杨贵妃》等名噪一时的影视剧也在这里取景拍摄。受这些热播影视剧的影响,众多的影迷、大量的游客纷纷前往拍摄基地参观游览,完成心中的"影视梦",最多时1天游客就达5万人。以后,随着三国城、水浒城的相继建设,特别是随着《三国演义》《水浒传》等历史名剧在全国的热播,无锡影视基地更是吸引了数以百万计的中外游客,成为一个非常热门的旅游景点,成为影迷的打卡之地,并且由此而在中国催生出影视旅游这一新型的文化旅游业态。

当然，无锡影视基地影视旅游的成功有其得天独厚的条件，基地依托中央电视台这棵"大树"，很快就筹建上市公司，具有经营、融资、影视营销等诸多方面的便利条件。利用央视这个其他媒体无法比拟的优势，运用央视这个极好的营销平台，借着一系列电视连续剧的热播，进行广泛的营销宣传，扩大了影视基地的知名度和品牌影响力。同时，在影视文化产业与旅游产业的融合中，"影视基地最大限度发挥影视与旅游的文化产业力，创造1+1＞2的经济和社会效益；在项目设计上，通过游客参与影视表演，成全了游客的'影视梦'"。① 2007年，无锡影视基地获评国家首批5A级景区，成为我国首个5A级影视主题公园。

自此之后，全国掀起了建设影视城的热潮，大小不一的影视城在全国遍地开花，"既提供影视剧拍摄服务，又经营特色旅游项目"。② 在众多的影视城中，横店影视城可以称为我国影视基地的后起之秀。

自横店影视城1996年开工建设，现已累计投资达30亿元以上，建有香港街、广州街、秦王宫、明清宫苑、清明上河图等13个影视拍摄基地和2座超大型的现代化摄影棚，成为亚洲目前最大的影视拍摄基地。1999年，横店影视城被美国《好莱坞报道》杂志称为"中国好莱坞"。2004年，横店影视城又被国家广电总局批准为当时全国唯一的国家级影视产业实验基地。横店影视城"凭借试验区的专业化、集约化、规模化优势，迅速扩大经营规模，拉长产业链，实现产业升级"。③ 创造了显著的旅游效益，成为国家5A级旅游景区，在文化产业界和旅游界都颇具影响，是文化旅游资源开发的又一成功案例。

但是成功的案例并不多，影视城一窝蜂地重复建设和恶性竞争使得大部分都不景气，很多影视城处于亏损和无人问津的状态。究其原因，"影视城不是数量和规模不够，而是精品太少，影视旅游产品及附带产品形式单一。影视城如果单纯依靠拍摄影视剧不可能带动旅游经济的长远发展，而缺乏文化内涵的

---

① 张勇.我国影视城旅游发展的实证研究——以无锡影视基地、横店影视城为例[J].重庆三峡学院学报，2010（01）：55-58.
② 桑彬彬，黄敏.我国文化旅游开发模式研究[J].商业文化（上半月），2012（02）：378-379.
③ 张勇.我国影视城旅游发展的实证研究——以无锡影视基地、横店影视城为例[J].重庆三峡学院学报，2010（01）：55-58.

影视基地，也不可能实现旅游经济的可持续发展"①。

由于影视城旅游形式单一，普遍采用的"景点+表演"的传统模式容易让游客产生审美疲劳，人们在好奇心过去之后，影视城便失去了吸引力，个别影视城甚至成为人迹罕至、门可罗雀、荒草丛生的废弃之地，产生不了经济效益和社会效益，而是成为政府的一个沉重包袱。

可见，影视旅游产品除了不断加大投资、加大开发力度之外，关键还在于丰富影视旅游的内容，要注入更加深厚的历史文化内涵，提升影视基地旅游产品的档次品位和文化含量。要注重作品的创新，在旅游观览的形式上，要更加注重游客的体验感与参与性。如横店影视城通过不断创新，推动旅游产品的开发，创设了不少互动式、体验式的旅游项目，实现了游客静态观赏与动态参与相结合，最终使横店影视城在影视旅游激烈的市场竞争中，依旧获得主动，每年都能吸引大量的游客，多年来一直保持着旺盛的生命力。

二、文化旅游资源开发存在的问题与应对之策

随着文化旅游热在全国的兴起，各地政府对文化旅游给予了高度的重视和更多的关注，各地文化旅游资源被迅猛开发，文化旅游产业也得到快速发展。但在文化旅游资源的开发中，也存在着一系列的问题，如文化旅游资源开发遍地开花，协同发展意识不强，整合力度较弱；文化旅游市场同质化现象严重，文化旅游产品效仿现象普遍存在，出现无序竞争；文化旅游开发往往只关注短期市场反应和近期经济效益，缺乏长远目标，优势资源保护不力；文化旅游产品多为原生态的静态展示，高科技手段运用少，体验性不强；文化旅游产品层次低，经济和社会效益不高，文化旅游产业链延伸不够；对非物质文化遗产的文化旅游功能重视不够，开发力度不大，开发资金缺乏等。针对上述问题，应该采取相应的对策。

1. 文化旅游协同发展意识不强，资源整合力度不够

由于旅游景区归属权不同，对文化旅游资源和要素的统筹职能归属不明，资源多头管理，很容易造成各自为政、各行其令的现象，一旦有利益则相互争

---

① 桑彬彬，黄敏. 我国文化旅游开发模式研究［J］. 商业文化（上半月），2012（02）：378-379.

利，一旦出现问题往往相互推诿，严重影响着文化旅游资源的开发与文旅产业融合发展的整体合力。

由于以前文化与旅游分属不同部门，管理各有所属，使得沟通协作不畅、执行不力，文化、旅游部门之间容易产生"两张皮"的现象。"旅游开发总体规划中对文化和旅游的有机结合重视程度不够；大部分地方政府打不开'自私'心结，没有利益共享境界，协同发展意识不强，缺乏联合开发项目；文化旅游资源融合不够，忽视点、线、面的结合，导致文化旅游资源开发的盲目性和重复性，资源利用率低下。"①

政府对文化旅游资源的整合力度不够，文化旅游资源开发遍地开花现象普遍存在。由于之前文化和旅游分属不同部门，存在着多头管理的现象；又由于文化旅游景点点多面广，布局分散，各自为政、各自为战的混乱现象较为普遍。文化旅游资源开发缺乏统一规划协调和全局发展理念，导致各地政府纷纷自主开发，规模过小，开发成本过高，开发收益偏小。同时，"造成文化旅游资源与旅游规划、开发建设及经营管理相脱节，阻碍了文化资源优势转化为旅游资源优势"。②在以往的计划体制下，顶层设计对旅游产业有束缚，缺乏统筹发展思想和全局发展理念，整体规划能力不强。"更有甚者，为了文化旅游利益而争夺历史文化发源地。挖掘历史文化资源原本无可厚非，但是如果让历史文化遗产沦为金钱的附庸，那文化旅游也就失去了意义，更无特色可言。"③因此，需要突破地区、部门、行业等各种壁垒，建立综合协调和良性运行机制，促进文化旅游产业的协同发展。行政主体要打破"一亩三分地"的思维定式，打破行业壁垒，树立起合作共赢的理念和"一家亲"的大局意识，按照"一盘棋"的思想做好文化旅游资源开发的顶层设计。

在文化旅游资源开发中，要充分发挥政府的主导作用，要转变文化只是搭台，经济才唱主角的传统观念，树立起"文化是主角，文化也是大产业"的新理念。在文化旅游资源开发中，要充分发挥政府的宏观导向的重要作用，通过

---

① 钟荣丙.湖南文化旅游协同发展的路径研究[J].湖南工程学院学报（社会科学版），2018（01）：17-26.

② 周建标.泉州发展文化旅游业的SWOT分析[J].重庆交通大学学报（社会科学版），2015（02）：61-64.

③ 桑彬彬，黄敏.我国文化旅游开发模式研究[J].商业文化（上半月），2012（02）：378-379.

制定区域文化旅游产业发展规划,进一步明确文化旅游的发展定位,为文化旅游资源的开发和文化旅游产业的融合发展提供更加良好的软、硬件条件和稳定、良好的发展环境。比如广西刘三姐文化旅游品牌开发的成功,就是由于"政府部门对文化产业发挥了强有力的组织和引导作用,构建了政府扶持、市场主导、企业运作的产业发展模式,发挥政府的积极主导作用,发掘文化,凸显文化创意,实施'走出去'战略,促进文化产业与旅游产业融合发展。这种'政府扶持、市场运作模式',为文化资源的旅游深度开发提供了成功的范例"[①]。

要强化文化、旅游等部门的综合协调职能,统筹地域资源优势,整合文化旅游资源,优化基础配套设施,以特色文化资源的开发推动文化旅游产业发展,用文化旅游产业的发展反哺传统文化的研究和历史文化资源的保护。

由于文化旅游资源的开发前期投入大、收益周期长、维护成本高,因此,更需要发挥政府的主导作用。政府要把国家支持文化和旅游产业发展的优惠政策执行到位,加大对文化旅游资源开发、对文化旅游项目的支持力度。"要在用林用地、基础设施配套建设以及信贷、融资、税费等方面给文化旅游项目以支持,设置各类相关文化专项资金和旅游扶持专项资金,要将文化与旅游融合发展的相关项目纳入资助和扶持的范围。"[②]

尤其要加大对文化旅游资源开发的金融扶持,积极鼓励、引导社会资本参与文化旅游资源开发的投资与融资,"推动文化旅游企业以资本为纽带跨地域、跨所有制整合资源,培育一批覆盖旅游投资、旅游经营、文化创意、文化娱乐、影视制作等领域的综合性文化旅游企业集团"[③]。要加大金融对文旅企业的扶持,在符合法律法规规定的前提下,设立"文旅贷风险补偿资金池",引导金融机构向文化和旅游中小微企业发放贷款,设立文化旅游品牌建设扶持资金,加大对文化旅游优秀和重点项目的信贷资金支持力度。

2.文化旅游资源开发的同质化严重,效仿现象较为普遍,无序竞争激烈

由于很多文化旅游产品本身缺乏文化特色,也没有新颖的文化创意,只是

---

① 李伟山.刘三姐文化旅游开发研究综述 [J].创新,2015(04):59-65.
② 韦朝烈,陈小文.广州文化旅游深度融合发展的问题与对策研究 [J].探求,2016(04):44-49.
③ 朱耀勋.陕西旅游与文化融合发展的路径 [J].西部大开发,2018(07):36-39.

一窝蜂地模拟、仿效上马，导致很多的文化旅游目的地同质化现象严重，低层次开发和重复建设的现状，造成文化旅游资源的浪费和效益的低下。因此，对文化旅游资源的开发，要注重挖掘地域特色文化资源，丰富资源的文化内涵，开发具有文化内涵和特色的文化旅游产品，打造具有影响力的文化旅游品牌，以满足旅游者对多元化、个性化旅游产品和旅游服务的需求，尽量避免文化旅游产品的同质化，减少文化旅游企业的无序竞争现象。

目前对文化旅游资源的开发利用，还一定程度上存在着粗放化、简单化的现象。对文化旅游资源的开发往往只注重数量上的扩张，追求短期的经济效益，导致低层次、破坏性、重复性、同质性的建设屡禁不绝，造成文化旅游资源的巨大破坏和生态环境的恶化，还"造成了分流客源，分割市场，加剧竞争，浪费投资"。[1]很多文化旅游景区基本上是大同小异，千景一面，缺乏特色。

同时，在文化旅游资源的开发过程中，不少文化旅游产品单一，大都以橱窗式的陈列为主，采用碎片化的静态展示，缺乏游客的动态参与性和体验感，不仅人为地拉开了与游客之间的距离，还从心理上把游客排除在场景之外，对游客的亲和力不够，体验感不足。亲和力是指旅游产品和游客之间互相融合、互相亲近的能力，来源于旅游产品和游客之间的相互理解、相互认可和相互吸引。绝大多数文化旅游景点景区缺乏创新性、多元化、复合型、体验式的项目，只能听、看、想，不能触摸体验，好像是给游客戴上了枷锁，大大降低了吸引力。

因此，要实施文化旅游精品化战略，既要强调文化旅游产品的物化形态，更要重视文化旅游产品的内在价值，特别是要整合地域特色文化资源和区域自然禀赋资源，让地域特色文化成为文化旅游产品的核心竞争力，实现文化要素和旅游要素的完美结合，使得文化产业与旅游产业良性互动、共赢发展。

在文化旅游资源开发中，尤其要注重文化项目的体验性。随着体验经济浪潮席卷全球，旅游者不再满足于仅仅是自然景观的游览观光，而是更加注重自己的参与体验。感知异域文化特色、体验异域文化氛围的个性化旅游正在成为

---

[1] 尹华光，姚云贵，熊隆友. 旅游产业与文化产业融合发展研究[M]. 北京：中国书籍出版社，2016：69.

主流，向着更富于知识性、体验性的文化旅游转变，体验在文化旅游中变得越来越重要。文化旅游的体验主要是旅游者通过对文化旅游景点的观览或文化旅游项目的参与而获得的感受、经历和领悟。为此，在进行文化旅游资源的开发中，在文化旅游模式的选择中，要结合区域文化特色，开发出具有体验性、创意性的文化旅游产品，以满足游客的消费需求。

由于文化旅游资源是一种最贴近人类感知的旅游资源，与其他类型的旅游资源相比，具有较强的参与性，因此，"在开发人文旅游资源时，应当避免简单的展示和表演，还要注重参与性，多设计一些互动环节和参与的项目，增强游客的体验满足感"。[①] 通过精心安排各种游艺项目和游艺表演，加强游客的体验与互动，让悠久厚重的建筑文化、饮食文化、婚俗文化等变得时尚而鲜活，带给游客愉快的旅游消费体验，让游客留下难忘的旅游印象。

在文化旅游资源的开发中，尤其要注重项目的体验性和互动性，设计出参与式、体验式、互动式的文化旅游产品，通过营造氛围、制造环境或是还原过程，活化文化资源，让游客置身其中，为游客提供难忘的体验经历。文化旅游的体验设计，"包括视觉、听觉、味觉、触觉等，体验设计就是从人的需求出发，努力让游客达到最好的感觉、最丰富的体验，不需要游客走的路一步也不要多走，需要游客走的路一步也不能少走"[②]。

在当代文化旅游景区的开发建设中，还要充分应用计算机仿真技术等现代科技手段，营造出更加逼真的游览体验效果。比如通过 VR 虚拟技术、虚拟环境和 AR 增强现实技术的叠加运用，利用 VR 产业优势，开发 5G+VR 全景直播、5G+AR 慧眼、5G+AI 旅游，开发 VR 沉浸式文化和旅游体验产品，可以把景区建造历史和建造过程 360 度近距离地展现在游客面前，从而增强景区的故事性和趣味性，大大提升游客的参观浏览体验感。

3. 对文化旅游资源的保护不力，不少文化资源受到人为破坏

不少地方政府和旅游企业对文化旅游资源的开发缺乏长远眼光，往往仅关注短期市场反应和眼前经济效益，对文化资源的保护不力，使得不少文化旅游

---

① 张雪晶，徐璐，李华敏. 文化产业视野下的旅游业发展：资源开发与品牌塑造研究 [M]. 杭州：浙江大学出版社，2009：189.

② 魏小安. 景区未来的十个发展趋势 [N]. 中国文化报，2018-12-15（7）.

资源遭到了人为的破坏，有的甚至是毁灭性的破坏。

对文化旅游资源的有效保护和合理开发，是文化旅游景区能否在激烈的市场竞争中保持竞争力的关键。厚重的历史文化是中华民族的骄傲，但又是脆弱的，极容易被破坏。正如世界遗产专家邓微教授所说："世界遗产项目、风景名胜区、历史人文遗迹，叫玻璃易碎品，如果它消失了、破坏了就无法再还原历史的同等价值。"因此，要倍加珍惜我们中华民族的自然遗产、文化遗产，在文化旅游资源开发利用的时候，必须保护再保护，珍惜再珍惜。

但是，不少文化旅游企业由于单纯追逐经济利益，商业化氛围过浓，只关注文化旅游资源开发的短期市场反应和眼前的经济效益，忽略了核心文化旅游资源的挖掘，忽略了对文化旅游资源的保护，导致许多像文化遗产之类的文化旅游资源遭到了毁灭性的破坏，这与文化旅游、文化消费的宗旨相违背。我们知道，丰富多样的文化遗产是文化旅游产业发展最重要的资源，是文化旅游产业发展的基础，在对资源的开发过程中，必须把保护好文化遗产放在首位，破坏、失去了文化，那也就没有任何相关产业的发展。因此，对文化旅游资源的有效保护是实现文化旅游景区可持续发展的前提和关键。"要处理好保护好旅游资源与开发利用之间的关系，不以破坏文化旅游资源和生态环境为代价。必须遵循可持续的方针，坚持'保护第一，合理利用'的原则。"[①] 要避免对文化旅游资源的掠夺式开发，旅游开发的病态式膨胀，导致资源遭到人为严重破坏，出现以"旅游摧毁旅游"这种令人痛惜的现象。

对文化旅游资源的开发，必须秉持可持续发展的思路，坚持走可持续发展的道路，向生态化开发方式转变。要转变文化旅游资源开发方式，坚持保护与开发并重，做到合理开发，在实现文化旅游资源开发、文化旅游产业发展的同时，做到对资源的有效保护，永续利用。

要重视对各类文化遗产的深度保护。文化遗产是文化旅游的重要资源，是发展文化旅游的前提和基础。对文化遗产等文化旅游资源的开发和保护，要遵循尊重历史和事实，保持其原真性和完整性的最基本原则，保持文化遗产的本真性。因为文化遗产一旦失去了它的本真性，也就失去了记录人类文化的

---

① 厉建梅.文旅融合下文化遗产与旅游品牌建设研究——以山东天上王城为个案［D］.山东大学，2016.

价值。因此,"保护文化遗产,首要就是保存和延续文化遗产所记录的时代和区域文化背景环境"。[①] 文化遗产是对以往人类活动的记录,其中大量涉及人类过去的历史事件、行为和文化。"在开发文化遗产时,应该尊重历史和事实,不能为了适应旅游者的喜好而改变事件的历史原貌。"[②] 因此,要遵循"整旧如旧"的原则,对物质文化遗产进行修缮保护,要最大限度地保持其原始风貌,而不是"修葺一新"。因为很多的古建筑等历史文物,虽然外表已经斑驳陆离,甚至是残缺不全,但正是这种历史留下的沧桑和痕迹,能够成为历史文化的载体,展现历史进程的原貌,散发出历史的沧桑感,能给旅游者带来更多的、真切的历史感悟。要以本原式手法、原生态的形式,尽可能保存文化遗产的完整状态,呈现文化旅游资源的原貌。

要重视历史文脉的保存,重点是对历史文化街区、特色建筑、文物古迹、"老字号"品牌、名人故居等历史文物遗迹的抢救、保护和振兴,尽可能避免在老城区改造中大拆大建,拆旧建新,拆了真古迹,仿建假古董,尽可能地为后人留下数量众多、内容丰富、保存完好的文化旅游资源和文化旅游产品。

4. 文化旅游产品开发层次低,经济和社会效益不高

在不少地方,尽管有得天独厚的丰富的文化资源和独特的文化优势,但在对资源的开发上还缺乏深度与广度,对文化内涵的挖掘不深不足,文化旅游产业仍处于粗放、低效的阶段,产品的创意性不足,产业链延伸不深,产品体系不长,"一流资源、二流开发、三流服务"的现象普遍存在。富有地方特色的文化资源没有得到充分的挖掘,使得文化旅游产品开发层次较低,品位不高。要"对旅游资源的文化内涵进行深度挖掘,将体现地域性、民族性、独特性的无形文化内涵渗透到有形的景观开发建设中,将其有机结合,打造新的文化形态,并依此赋予旅游产品新的文化内涵"。[③] 因此,要扩展、延伸并不断完善文化旅游产业链及其衍生产品,利用声、光、电、模拟仿真等高科技手段,增强观赏性、趣味性,使文化古迹"活化"起来,让高深的文化内涵更加形象生

---

① 钟晟.基于文化意象的旅游产业与文化产业融合发展研究[D].武汉大学,2013.
② 张雪晶,徐璐,李华敏.文化产业视野下的旅游业发展:资源开发与品牌塑造研究[M].杭州:浙江大学出版社,2009:188.
③ 李茜燕.旅游文化品牌建设研究——以吉林省为例[J].企业经济,2014(12):84-88.

动、更加直观地呈现出来。"改变文化资源展示、陈列的单一模式,把静态的文化资源、分散的文化元素、高深的文化内涵转化为贴近游客、美味可口的文化大餐,转化为既有鲜明文化特色,又有很强参与性和很广消费面的文化休闲娱乐产品,形成特色文化旅游产业链。"①

随着旅游者对旅游购物需求的增长,旅游商品、旅游纪念品的创意开发日益成为业界关注的领域。旅游纪念品是文化与旅游产业融合的物质表现,是旅游印象的物化和旅游观览活动的延伸,也是展现地方文化特色的重要方式。要重视对旅游商品的开发与设计,设计出一批有文化创意、有文化特色和有文化内涵的旅游纪念品,以丰富旅游购物市场,提高旅游商品的文化品位和附加值。特色旅游纪念品的打造和销售对文化旅游产业的可持续发展有着重要的影响,更是旅游景区进行品牌宣传的有效手段,也是增加旅游综合收益的重要举措之一。"旅游纪念品是景区的名片,富有地域特色、民族特色、景区特色的旅游纪念品,可以突出旅游景区的主题形象,引发游客的美好回忆,极大提升旅游景区的吸引力和推介力。"②

然而在现实中,不少游客经常抱怨很难买到真正具有纪念意义的特色旅游纪念品。旅游购物作为旅游六大要素之一,是旅游活动的一项重要内容。据学者统计,大约有 2/3 的旅游者会购买旅游纪念品,因此,旅游纪念品的开发有着很高的市场价值。"除了购买旅游日用品、旅游文化用品外,主要是购买地方特色商品。将具有浓厚民族和地域特色的非物质文化遗产融入旅游纪念品的开发中来,成为当地特色商品,不仅可以推动旅游业的发展,还可成为非物质文化遗产传承和保护的有效方式。"③ 因此,要依托当地独特的人文资源优势,创意设计并制作出具有地方文化特色的文化旅游纪念品,可以拓宽文化旅游产业的价值链,增加旅游的综合收入。

然而,"在文化产业不发达、文旅融合度不高的旅游目的地,旅游景区还是主要依靠门票收入支撑景区的发展,或者是注重餐饮、住宿等产业的发展,

---

① 闫春娥.广西文化与旅游融合发展探究[J].市场周刊(理论研究),2015(6):40-42.
② 唐月民,等.文化资源学[M].济南:山东大学出版社,2014:170.
③ 刘文佳.哈尔滨市冰雪旅游文化品牌经营研究[J].冰雪运动,2017(2):82-84.

所以总是会忽略对旅游商品的设计和开发"。① 很多旅游目的地的所谓旅游纪念品、工艺品几乎千篇一律、大同小异，缺乏原创性和文化个性，缺乏创意，特色不足，体现不出当地的文化特色，并且大都制作粗糙，质次价高，工艺不精，很多都是从外边生产厂家批发来的普通商品，进行简单化的加工和包装后，再冠上景区的品牌商标就成为当地的旅游纪念品了，使游客处于"不买后悔，买了也后悔"的两难境地。因此，需要对旅游目的地的文化旅游纪念品进行大胆创新，设计制作出富有文化内涵、有地方特色，美观且有品质品位的文化旅游纪念品，或是让游客亲自参与纪念品的制作过程，增强旅游者的体验性，从而留下难忘的旅游记忆。

5. 对非物质文化遗产资源的开发不足

非物质文化遗产是文化旅游产业发展的重要资源。它所"具有的历史性、艺术性等特征成为文化旅游得以产生的主要动因"。② 所谓非物质文化遗产是指各种以非物质形态存在的，并且与百姓生活密切相关、世代相承的传统文化表现形式。非物质文化遗产的种类繁多，"包括口头传统、传统表演艺术、民俗活动和礼仪与节庆、有关自然界和宇宙的民间传统知识和实践、传统手工艺技能等以及与上述传统文化表现形式相关的文化空间"。③ 我国非物质文化遗产内涵丰富，博大精深，作为一种独特的人文旅游资源，具有形象生动、表演性强、互动性强的特点，容易开发成为文化旅游产品。同时，非物质文化遗产经过长期的日常生活积淀，存在于特定群体的生活之中，是流动的、发展的，其传承方式是祖祖辈辈的口耳传授、薪火相传，因此又是极其脆弱的，特别需要精心保护。

2003年10月17日，联合国教科文组织在巴黎通过了《保护非物质文化遗产公约》，把全世界的非物质文化遗产都纳入了保护的范畴，并于2006年正式生效。我国在2004年8月加入了该公约。非物质文化遗产相比于物质文化遗产而言，主要靠口头传承，更具有脆弱性。因此，对非物质文化遗产我们

---

① 厉建梅.文旅融合下文化遗产与旅游品牌建设研究——以山东天上王城为个案[D].山东大学，2016.

② 马建峰，杨芳.文化遗产类旅游目的地品牌个性研究——以福州三坊七巷为例[J].中南林业科技大学学报（社会科学版），2014（5）：29-33.

③ 中华人民共和国国务院.关于加强文化遗产保护的通知.国发（2005）42号，2005-12-22.

要贯彻"抢救第一,保护为主,合理利用,继承发展"的方针。首先,要做好对非物质文化遗产的抢救、保护工作,抢救是当前迫在眉睫的工作。随着现代化的迅猛发展,传统的农耕文明正快速瓦解,传统的民间文化、民间技艺正逐渐丧失其赖以生存的环境。伴随着经济的全球化,西方文化对中国文化的快速入侵扩散等,对我国非遗的传承与弘扬造成了严重的威胁,许多曾经深藏于百姓生活的民俗民间文化日益被遗弃、淡忘;不少民俗技艺伴随着老艺人的逝去而后继无人、销声匿迹。因此,加快对非物质文化遗产的抢救和保护是刻不容缓的任务。

在对非物质文化遗产加强保护的同时,也要合理利用,适度地开发。对非物质文化遗产的合理利用是保护工作可持续发展的必由之路,适度地开发、利用可以让其得到更好的传承和保护。"将非遗文化与旅游产品深度融合,不仅激发了各民族传承、发扬民族文化的积极性,也让游客体验到非遗文化的魅力。"[①]非物质文化遗产通常是文化旅游景区的灵魂,将不可移动的物质文化遗产资源整合成可移动的非遗资源,对民俗、技艺等非物质文化遗产进行开发、展示,让游客通过体验、参与达到一种互动。如"广州拥有很好的民间工艺传统,象牙雕刻、玉石雕刻、红木雕刻、广彩瓷和广绣是广州名扬四海的传统工艺产品,具有独特的南国特色和文化内涵"[②]倡导和鼓励把"三雕一彩一绣"等非物质文化遗产与文化旅游活动相结合,开展非物质文化遗产展演,让非物质文化遗产产生更好的经济与社会效益。

在文化旅游资源的开发中,特别要重视文化旅游品牌的建构,发挥文化旅游品牌的带动效应。文化旅游品牌化可以有效推动文化产业与旅游产业在更高层次上融合,产生更广泛的影响,是增强文化旅游产业吸引力、提升感染力、扩大影响力和提高竞争力的根本路径。"在文旅融合视野下的文化旅游品牌战略是解决当前旅游产业存在的诸多问题的重要途径,也是推动旅游产业供给侧改革、提供高质量旅游产品与服务的必由路径。"[③]在当今文化旅游市场激烈的

---

① 付彪.让非遗文化在旅游中发扬光大[N].中国旅游报,2019-4-15.
② 韦朝烈,陈小文.广州文化旅游深度融合发展的问题与对策研究[J].探求,2016(04):44-49.
③ 厉建梅.文旅融合下文化遗产与旅游品牌建设研究——以山东天上王城为个案[D].山东大学,2016.

竞争中，文化旅游品牌成为不可或缺的财富，是文化旅游产业能够持久发展的法宝，是赢得市场竞争的利器。文化旅游资源的开发、文化旅游产业的长远发展，必须建构独具特色、难以复制的文化旅游品牌。比如广西桂林，除了有"桂林山水甲天下"的山水风光品牌之外，又打出了"刘三姐的故乡"这一文化旅游品牌，"使桂林的旅游资源形象更加丰富多彩，尤其在海外华人世界中更添吸引力"[①]。

在文化旅游资源的开发中，具有文化创意和旅游开发才能的高素质专业人才是关键，也是文化旅游产业持久发展的前提条件。文化创意人才要具有创新精神，有新意和创造力，能够提出新点子，提供新思维，令人耳目一新。旅游开发人才则可以根据旅游市场特点将新的创意转化为产品。因此，进行文化旅游资源的开发，实现文化与旅游产业的融合，迫切需要文化创意与旅游开发这两类专业人才的通力合作。

文化旅游资源的开发，文化旅游产业的融合，人才是关键，这已成为业界的共识。目前，文化创意、旅游开发的专业人才缺乏，尤其缺乏能把文化、创意和旅游产品融合在一起的人才，在旅游业快速发展的新时代，人才的缺乏已成为制约文化旅游产品开发、创新的一个主要瓶颈。因此，要大力培养文化创意和旅游开发的专业人才，"一个产业的发展离不开人才的有力支撑和推动，尤其是文化类产业，人才更是第一要素，没有足够的、各层次的专业人才，发展文化旅游产业就成为无本之木、无源之水"。[②]文化旅游专业人才的缺乏导致文化旅游路线、文化旅游产品研发设计、宣传推介等缺少亮点，缺乏吸引力，文化旅游产品难以与市场进行有效接轨。

我们知道，文化旅游与自然景观的观光游览不同，文化旅游通常是"三分在看，七分在听"，因此，更加需要有一支有较高的文化素养、讲解内容精准、服务质量高的专业讲解员队伍，才能让游客感受、领略到博大精深的历史文化。因此，要实施文化旅游人才工程，"完善人才培育机制，拓宽人才培育

---

① 李树民，支喻，邵金萍.论旅游地品牌概念的确立及设计构建[J].西北大学学报（哲学社会科学版），2002（03）：35-38.
② 邓斐乐.文化旅游产业发展的现状研究——以无锡市为例[J].旅游纵览（下半月），2016（08）：102.

渠道，大力培养文化旅游管理人才、项目策划人才、宣传人才，为文化旅游协同发展提供智力保障"。① 针对文化创新人才缺乏的问题，在用优越的条件吸引、引进世界各地的高端文化创意人才的同时，还可以让文化旅游企业与高校进行校企合作，联合订单式培养。利用文化旅游企业作为文化旅游人才的孵化基地，发挥其辐射带动作用，培养优秀文旅产业人才。还要"完善人才激励机制，设立金牌导游、文化创意人才、优秀文化人才等奖励专项资金"。②

当然，各级政府更要加强旅游人才的培养与保障，大力实施"人才强旅、科教兴旅"战略，把文化旅游人才队伍建设纳入重点人才支持计划中。同时，要大力发展旅游教育，深化校企合作，联合培养适应文化旅游资源开发和文化旅游产业发展的高素质专业人才。

总之，对文化旅游资源的开发，文化与旅游部门要协同合作，充分发挥政府的主导作用；要实现文化旅游资源的开发方式的转变，遵循归"类"、扩"面"、延"线"、拓"链"等手法，实现由粗放型向精细化转变，由单点式向系统化转变，要充分挖掘特色文化资源和文化内涵，提高文化旅游的品位；要在对文化遗产资源实行深度保护的前提下，进行适度开发与利用，以拓宽文化旅游产业的价值链；要加大文化创意和旅游开发专业人才的培养，建构具有影响力的文化旅游品牌，提升文化旅游产品的竞争力。

---

① 钟荣丙.湖南文化旅游协同发展的路径研究［J］.湖南工程学院学报（社会科学版），2018（01）：17-26.
② 韦朝烈，陈小文.广州文化旅游深度融合发展的问题与对策研究［J］.探求，2016（04）：44-49.

第三章　文化旅游品牌概述

品牌就是商品的牌子，是有关商品、服务和企业信息的总和。文化旅游品牌是指以文化为基础与依托、彰显旅游目的地的文化特色和文化内涵、体现旅游产品个性、得到游客普遍认同的旅游品牌类别。在旅游产品日趋同质化和文化产业与旅游产业深度融合的背景下，文化旅游品牌能够对旅游者的消费选择产生重要影响，因此，文化旅游品牌的建构对文化旅游产业的发展至关重要，不断创造出具有鲜明特色的文化旅游品牌成为文化旅游产业当前和未来发展的一大趋势。

一、品牌的内涵

品牌（brand）原本是指欧洲的农场主们为了保护自己的私有财产，在所饲养的马、牛、羊等牲畜身上烙下的特殊印记，以表明牲畜的归属。20世纪50年代，美国学者大卫·奥格威（David·Ogilvy）第一次明确提出了品牌这一概念。20世纪90年代，国外学者将品牌理论引进到旅游目的地的研究。

品牌代表着消费者对产品的认知程度，不仅包括了品牌名称、包装、标志等用来区分其他商品有形的标识符号，更是一个企业综合形象的象征。美国营销专家菲利普·科特勒指出："品牌是一种商品的名称、术语、标记、符号、图案等因素的组合，用以识别某个销售者或某群销售者的产品或服务，并使之与竞争对手的产品和服务相区别。"[①]

由于学界的视角和侧重点不同，关于品牌的概念，有符号说、关系说、资源说等多种的说法。

---

① 菲利普·科特勒.市场营销管理（亚洲版）[M].洪瑞云，梁绍明，陈振中译.北京：中国人民大学出版社，1997.

符号说着重强调品牌的识别功能，强调品牌是区分不同商品或服务的差异性的标志。品牌就是一种商品或服务的个性，是具有与他者区别功能的特殊性符号。的确，品牌最根本的价值就是标志差别化的产品与服务，使之与其他同类产品很方便地区别开来。"特定品牌代表着特定的产品或服务的属性。品牌作为识别标识，不同品牌代表不同的产品或服务，消费者据此选择自己的消费行为。"① 在产品高度同质化的时代，品牌已成为区分同类产品的主要标志与手段。品牌还是一种信誉，一种信任，是企业自身形象的象征。许多世界知名品牌的标志，如耐克的钩形标志，迪斯尼乐园的米老鼠、唐老鸭造型，麦当劳的M形招牌等，都能带给消费者强烈的视觉冲击。

关系说强调产品、品牌是否能够被认同与消费者情感化的消费密不可分，认为品牌是能够同消费群体建立稳固关系的一种载体。品牌是企业对产品和服务所作出的一种持久、可信的市场承诺，也是与消费者建立的一种信任关系，是消费者对产品的总体评价与整体印象，包括对产品的认知度、美誉度、忠诚度等。品牌特别是知名品牌能够给消费者带来巨大的心理满足感和精神的愉悦感，成为身份、品位、档次的象征。品牌是"企业向目标市场传递的企业形象、企业文化、产品概念等信息并与消费群体建立稳固关系的一种载体和一种产品品质的担保及履行职责的承诺，它包括品牌名称、品牌符号、品牌标志、品牌定位、品牌文化、品牌核心理念等丰富内容"。② 一个知名品牌通常能够对产品的性能、品质、服务等提供可靠的保证，获得消费者的信任，得到顾客的肯定。企业要以品牌核心价值统率品牌的塑造，定位目标市场，建立品牌文化，塑造品牌个性，形成顾客对品牌的忠诚。

资源说则认为"品牌可作为一种资源或者无形资产，能够为企业创造价值"。③ 品牌建构不仅是短期的营销工具，更是具有长远的竞争优势和潜在升值价值的一种无形资产。

"品牌的价值是一种超越企业实体以及产品、服务以外的价值，是与品牌

---

① 包亚芳，孙治，薛群慧.旅游品牌竞争力——理论·案例[M].杭州：浙江工商大学出版社，2012：47.
② 包亚芳，孙治，薛群慧.旅游品牌竞争力——理论·案例[M].杭州：浙江工商大学出版社，2012：46.
③ 钟晟.基于文化意象的旅游产业与文化产业融合发展研究[D].武汉大学，2013.

的知名度、美誉度、忠诚度等及与消费者对品牌的印象紧密相关的、能给企业和消费者带来利益的价值，它是产品和服务属性的升华。"①

品牌最重要的部分是价值。品牌代表了与众不同、高人一筹的理念和优势，可以引领潮流，持续影响消费群体的价值观念。因为品牌承诺、代表着产品优质的性能与良好的服务，代表着企业的外在形象，成为企业的无形资产，具有很高的价值，可以给企业带来很好的经济利益。而知名度和美誉度高的知名品牌，其品牌附加值就越高。在当下品牌消费的时代，树立良好的品牌形象往往比产品和服务本身更重要，赢得消费者的心远比生产本身更重要。与一般产品靠广告和包装来打动消费者不同，由于品牌能起着明显的导向作用，决定了品牌在消费者心中具有无可替代的地位，尤其是知名品牌，向外传达出品质优良的感觉，可以让消费者对其产品质量放心，成为高质量、高信誉、高价值的标志。因此，品牌支持高价位。通常情况下，品牌产品比同档次普通产品价格要高出20%~80%，知名品牌甚至可以超出几十倍。因此，品牌具有无形的价值，可以给产品带来更高的利润，给企业创造巨大的财富。

构成品牌的要素有显性要素和隐性要素。显性要素包括品牌名称、标识与图标、标志字等，用来标记和区分品牌的外在的、直观的、具体的东西，它能够给消费者带来感觉上的、直观的冲击。

显性要素中最核心的是品牌名称。品牌名称通常可以简洁地反映产品的中心内容和企业的经营价值理念等，成为消费者记住和传播品牌的主要依据。

品牌标记、标志字是品牌中可以读出来的文字部分，它们与品牌图标、标准色等这些显性要素组合构成一个品牌的形象视觉识别系统，从而塑造出不同品牌的外在形象，显示出商品和企业的第一特征及基本气质。

品牌的隐性要素包括品牌的个性、品牌的承诺和品牌的体验等，是品牌的核心与精神。营销学者Davidson提出了著名的"品牌冰山理论"，他认为，品牌的名称、标识、图案、符号等这些显性要素，就像浮在水面上的冰山，品牌的显性要素只是冰山浮在水面上很少的一部分，大约占整体的15%左右，而品牌的价值观、品牌个性、品牌文化、历史渊源等隐藏在水面之下的隐性要素

---

① 包亚芳，孙治，薛群慧.旅游品牌竞争力——理论·案例［M］.杭州：浙江工商大学出版社，2012：48.

则占 85% 以上，隐性要素才是品牌的主体与基础，是品牌冲击力的主要来源。

品牌是一种承诺和保证，代表着特定的产品或服务的属性，好的品牌承诺会使消费者对它充满信心。对一个品牌而言，"优异的质量是品牌的立足之本，完善的服务是品牌的支持者，良好的形象是支撑品牌的脸面，深厚的文化是品牌的依托，管理是品牌持续发展的基础，传播与公关是品牌的左膀右臂"[①]。但对品牌而言，消费者才是最重要的，是品牌的拥有者和最后决定者，在品牌的成长过程中，消费者扮演了把关人的关键角色，他们对品牌的满意、信任与肯定、忠诚能够让品牌历久不衰；否则，一旦失去消费者的信任和认可，品牌成长就会受挫，甚至夭折。

文化是品牌的底蕴，也是品牌的核心。品牌文化主要包括"经济文化、民族历史文化和企业经营理念三个方面"。[②] 无数的品牌兴衰的事实都充分证明，缺乏文化根基和文化基础的品牌，同样很难有旺盛而持久的生命力。

每一个品牌都有它自己的"风格"和"个性"。品牌个性是品牌存在的灵魂，企业要重视品牌个性的塑造。所谓品牌个性就是品牌给消费者的印象和总体感觉，品牌个性最能反映出品牌与其他品牌的差异。一个具有鲜明、独特的个性的品牌，更加具有吸引力，能够加深对品牌的印象，更能让人过目不忘，从而牢牢地吸引消费者，也更容易获得消费者的青睐，使消费者最终选择该品牌并保持对品牌的忠诚。"品牌个性是品牌独一无二的品质的体现，是品牌存在的灵魂，是品牌与消费者沟通的心理基础。"[③] 从某种程度而言，品牌的价值取决于品牌个性，品牌个性是一个品牌能否具有长久生命力与活力的关键。"一个没有个性的品牌，就如同一个没有灵魂的躯壳在市场游荡，不可能有真正持久的生命力。"[④] 在现实中也可以看到，最强势的品牌往往是那些个性最丰富、最突出的品牌。"特征鲜明的品牌个性有利于同主要竞争者进行差异化，提高消费者对品牌的偏好与效用，增加品牌资产的价值，也有助于在品牌与消费者间建立更加紧密的情感联系，最终产生更高程度的品牌信赖及品牌忠

---

① 梁明珠.城市旅游开发与品牌建设研究［M］.广州：暨南大学出版社，2009：5.
② 余明阳，杨芳平.品牌学教程［M］.上海：复旦大学出版社，2009：120.
③ 包亚芳，孙治，薛群慧.旅游品牌竞争力——理论·案例［M］.杭州：浙江工商大学出版社，2012：48.
④ 余明阳，杨芳平.品牌学教程［M］.上海：复旦大学出版社，2009：103.

诚。"① 所以品牌建设的最终落脚点就是建立品牌个性，建立一个鲜明、独特的品牌个性是品牌建设极其重要的一环。

二、旅游品牌与文化旅游品牌的特征

旅游品牌是一种品牌类型，具有狭义与广义之分。就狭义而言，旅游品牌就是指某一种旅游产品的品牌；而广义的旅游品牌则"包含某一单项产品的品牌、旅游企业品牌、旅游集团品牌或连锁品牌、公共性产品品牌、旅游地品牌等"。② 因此，旅游品牌是建立在旅游资源或旅游目的地的特性、特征之上，是"整合旅游产品的品质、特色、名称、标志、个性形象及市场影响力等要素的综合性概念"③，是能够给游客带来独特精神享受的一种承诺。旅游品牌是能够区分旅游目的地的产品或服务的一种文化现象。

旅游品牌的底蕴是文化，文化支撑着品牌，旅游品牌通常蕴含着丰富的文化内涵。"文化支撑着旅游品牌的丰富内涵，没有文化含量就不可能创造旅游品牌，更不可能成就旅游品牌。"④ 旅游目的地的文化内涵和文化品位直接关系到旅游品牌的竞争实力，也直接关系到旅游产业的兴衰成败。常言道：文化繁荣才是真正的繁荣，文化是一个城市或一个旅游目的地推介旅游的金名片，是核心的旅游竞争力要素。由于文化通常具有明显的地域特征，旅游品牌可以展示地域独特的文化魅力，能够集中体现旅游城市或旅游目的地的文化底蕴与各种旅游资源，为旅游者留下最深刻、最直接的正面印象，同时体现着现代社会旅游者的消费心理和文化价值取向，因为"旅游者更倾向于消费那些与自己的文化价值取向一致的旅游品牌"。⑤

旅游品牌的重要功能是能够给游客带来更好的精神享受与更有保障的利益承诺。旅游品牌"建立在旅游资源或旅游地域的独特性之上，同某个具体旅游

---

① 马建峰，杨芳.文化遗产类旅游目的地品牌个性研究——以福州三坊七巷为例［J］.中南林业科技大学学报（社会科学版），2014，（05）：29-34.
② 蔡善柱.试论旅游品牌开发［J］.安徽师范大学学报（自然科学版），2004（03）：343-346.
③ 梁明珠.城市旅游开发与品牌建设研究［M］.广州：暨南大学出版社，2009：71.
④ 王志东，闫娜.山东文化旅游品牌战略研究［J］.理论学刊，2011（06）：106-109.
⑤ 包亚芳，孙治，薛群慧.旅游品牌竞争力——理论·案例［M］.杭州：浙江工商大学出版社，2012：48.

产品或旅游产品群相关联，并且表明了此项承诺的来源与标准。"①旅游品牌可以让旅游者产生更多的安全感和荣誉感。

旅游品牌还是一种珍贵的资源，是一种能够带来溢价、产生增值的无形资产。品牌的知名度、品牌质量、品牌形象、品牌忠诚度等是构成旅游品牌资产的基本要素。在全球经济竞争已步入到品牌竞争的时代，旅游产业的竞争其本质已转为品牌的竞争。旅游品牌的创建，"已经成为现代市场经济发展过程中的必然选择，知名品牌既是经济实力的标尺，也是市场地位的象征"。②旅游品牌一旦构建成功，便会产生良好的品牌效应，带来更多的经济效益和更好的社会效益，从而大大增加旅游产品的附加值。同时，旅游品牌还是企业的一种无形资产，彰显着旅游产品的个性，体现了游客对旅游产品的高度认同，可以提高游客对品牌的忠诚度，是现在和未来旅游企业利润的来源与保证，是实现旅游经济效益的重要载体或基础，能使旅游企业在激烈的市场竞争中占据更多的优势。旅游品牌作为旅游者识别旅游产品和服务的差异化标志，能够更好地吸引游客。旅游品牌的知名度一旦打响，美誉度一旦形成，就能够让旅游企业在激烈的旅游市场竞争中占据非常有利的主动地位。

因此，旅游品牌成为一个国家或地区旅游产业发展水平的重要标志，更是旅游企业提升整体形象、巩固拓展旅游市场、增强企业核心竞争力、促进企业快速发展的一大要素。因为，未来旅游业的竞争将不再停留在浅表层面的资源与价格的竞争，而是旅游品牌的竞争，旅游品牌将成为旅游企业最核心、最珍贵、最重要的资产。众所周知，当下拥有市场往往比拥有工厂更重要，而能够拥有市场的一个重要路径就是拥有优势的、知名的品牌。当旅游消费者对某个旅游品牌产生良好印象时，就会形成品牌忠诚度，进而信赖该品牌下的所有产品，从而为旅游企业带来更多旅游消费，创造更高的经济价值。因此，引导、培育旅游品牌的忠诚度具有重要的意义。否则，一个没有品牌的旅游企业，注定是一个做不大的旅游企业。

旅游品牌具有整体性、表面性和地域性特点。"所谓整体性，是指旅游品牌的识别性、结构性和意义。所谓表面性，是指旅游品牌具有很强的形象性，

---

① 马杰.福建旅游品牌定位研究［J］.北京第二外国语学院学报，2013（03）：73-75.
② 王志东，闫娜.山东文化旅游品牌战略研究［J］.理论学刊，2011（06）：106-109.

往往给旅游者非常直观的视觉感受。所谓地域性，是指各地在开发旅游品牌时，要根据本地特定的、在自然环境和地域文化背景中成长起来的景观个性特点，开发出具有本地特色的旅游品牌。"① 此外，旅游品牌有外形特征和鲜明特色，具有识别性，能够让消费者区别不同的品牌。

国外对旅游品牌的研究始于20世纪90年代，从那时起，旅游目的地品牌化便成为焦点之一。国内学界对旅游品牌的研究，"内容大多侧重于目的地品牌建设、品牌推广等战略制定、策略实践方面，探究品牌要素构成、品牌形成机制等理论层面研究较少，研究方法大多偏重于定性研究，缺乏与定量方法相结合的案例研究"②。

文化旅游品牌既具有旅游品牌的内涵，又具有文化品牌的特征。文化旅游品牌是指在高知名度和高质量的旅游目的地，以文化为依托，能够彰显文化内涵和文化特色，体现产品的个性和独特性，反映旅游者的高度认同的一种旅游品牌类别。文化旅游品牌能够体现文化旅游产品的个性及旅游者的高度认同，"能为游客提供与众不同、高质量的文化旅游产品和服务，从而满足游客的文化旅游需求"③。

在旅游产品同质化现象愈演愈烈的情况下，文化旅游品牌对旅游者的消费选择产生直接影响，在文化旅游业的发展中地位日益重要。在文化与旅游产业深度融合的背景下，不断打造出具有明显竞争力和较大知名度的文化旅游品牌是文化旅游产业未来发展的一大趋势。因为，打造文化旅游品牌，"能够树立鲜明的旅游形象，增强文化旅游的竞争力"④。

在我国，学界对文化旅游品牌化的研究起步较晚，研究视角无论是深度还是广度还很不够，研究成果也相当有限，对该领域的研究还有很大的提升空间。梁方先生2000年在《湖北社会科学》发表的《组构宗教文化旅游品牌是实现湖北大旅游圈的有效选择》一文中，首次提出了"文化旅游品牌"的概

---

① 蔡善柱.试论旅游品牌开发[J].安徽师范大学学报（自然科学版），2004（03）：343-346.
② 马建峰，杨芳.国外旅游目的地品牌研究述评[J].重庆工商大学学报（社会科学版），2015（03）：30-41.
③ 厉建梅.文旅融合下文化遗产与旅游品牌建设研究——以山东天上王城为个案[D].山东大学，2016.
④ 王志东，闫娜.山东文化旅游品牌战略研究[J].理论学刊，2011（06）：106-109.

念，成为学界对文化旅游品牌化进行学术研究的开端。2006年中南大学成立了中国文化产业品牌研究中心，这是我国第一个文化产业品牌研究的专门机构和学科平台，自成立以来，中心每年都编撰和发布《中国文化品牌报告》，评选、发布年度文化品牌排行榜，遴选、培育年度文化品牌，并多次举办中国文化产业高峰论坛，等等，对我国文化品牌的建设起到了积极的推动作用。

对文化旅游品牌的研究，还需要紧密结合当下文化产业与旅游产业融合发展的现状和趋势，提升文化旅游产品文化含量与品质，采取有效的文化营销模式，从推动文化旅游品牌的建构与发展等不同视域角度着手。

文化旅游品牌顾名思义，其核心当然在文化，其吸引力在资源。我国丰富的人文旅游资源和自然旅游资源为文化旅游品牌的建构奠定了坚实的基础。"把文化资源、文化内涵及文化理念以各种形式融入旅行游览过程之中，并使其精髓与整个旅游活动融会贯通，以此对游客进行文化引导和揭示，从而提升旅游过程中的文化含量与旅游产业产值和品质的生产经营活动，都属于塑造文化旅游品牌的范畴"。[1]

构建文化旅游品牌的第一步是做好品牌定位。品位定位是指在文化旅游市场上针对特定的目标消费群为文化旅游品牌树立一个明确的、能够区别于竞争对手的品牌形象。文化旅游品牌的定位，实际上是指"建立一个与目标市场有关的品牌过程与结果，是一种勾画品牌形象和提供价值的行为过程，使细分市场的消费者理解和认识某品牌区别于其他品牌的特征"。[2]文化旅游品牌定位的关键一步是要塑造文化旅游品牌的核心价值、品牌个性和品牌形象，从而在旅游消费者心中确定一个有利的位置，只有实施品牌化战略才能将文化旅游产品的差异性、文化特色和个性价值突出，才能给消费者提供差异化的、有价值的特性，从而确定品牌的目标顾客。

文化旅游品牌强调的是品牌之间的差异，能够突显其个性化特征，突出自身特色与优势，从而扩大品牌的知名度、忠诚度与美誉度。因此，文化旅游品牌的准确定位是形成品牌个性的重要基础，建构文化旅游品牌首先就要有明晰、精准的品牌定位。

---

[1] 王志东，闫娜.山东文化旅游品牌战略研究[J].理论学刊，2011（6）：106-109.
[2] 梁明珠.城市旅游开发与品牌建设研究[M].广州：暨南大学出版社，2009：71.

品牌定位是文化旅游品牌建构的关键。"只有确定了品牌定位,才能围绕定位进行品牌产品的包装、设计与营销。"① 只有先做好了文化旅游品牌的定位,才会有品牌建设后续的一切。

文化旅游品牌的建构还要有清晰的品牌愿景。品牌愿景直白地讲就是文化旅游企业的理想,通过描绘自己的"品牌想要创造什么"这一美好蓝图,勾画出未来文化旅游品牌的发展目标、使命和价值。品牌愿景可以激发企业员工对企业发展的信念,产生更好的凝聚力和创造力,推动企业和品牌不断发展。因此,品牌愿景是打造强势文化旅游品牌的核心内容。

要做好文化旅游品牌的规划设计。包括确定品牌风格、布局以及制定品牌实施效果评价指标等。品牌风格是指"品牌的一种特有的品质或特色形式,是品牌持久不变的要素和表现,它不仅能帮助企业树立品牌所特有的形象,而且还帮助消费者建立品牌意识、产生品牌认知和品牌联想,从而帮助消费者区分产品。"②

形象标识和口号是文化旅游品牌建设的内容之一,形象标识与口号是"一个国家和地区旅游品牌形象的精华提炼和重要标志,是各自地域自然风貌与历史文化特色的高度概括,也是最显著的地域文化印记和标志,具有巨大的市场号召力、凝聚力和影响力"。③ 如《印象·刘三姐》实景演出"名文化、名山水、名导演"三大品牌结合,就产生了轰动的社会效应和经济效应,引发了学术界对文化旅游品牌建设的关注。再比如"江西风景独好"这一文化旅游品牌宣传口号,就描述了江西好山好水好景色的旅游形象;同时,也是江西名贤文化、陶瓷文化、书院文化、佛道文化积淀深厚的"江西风景独好"这一品牌。

地域文化的挖掘提炼在文化旅游品牌建设中具有核心地位,地域文化在品牌形象塑造中能够起到催化剂的作用,使品牌"更加具有意蕴与韵味,让消费者回味无穷,牢记品牌,从而提高品牌的认知度、知名度与美誉度,提高品

---

① 厉建梅.文旅融合下文化遗产与旅游品牌建设研究——以山东天上王城为个案[D].山东大学,2016.
② 包亚芳,孙治,薛群慧.旅游品牌竞争力——理论·案例[M].杭州:浙江工商大学出版社,2012:53.
③ 王志东,闫娜.山东文化旅游品牌战略研究[J].理论学刊,2011(06):106-109.

牌的市场占有率"。① 比如，福建就倾力打造朱子文化旅游品牌，大力发展朱子文化旅游。朱熹是继孔子之后影响最大的思想家，是理学的集大成者，被尊称为"朱子"。著名学者蔡尚思教授曾留下了"东周出孔丘，南宋有朱熹，中国古文化，泰山与武夷"的题诗。朱熹理学在南宋以后成为官方哲学，远播东亚诸国，传入欧洲，影响深远。福建是朱熹的诞生与成长之地，也是他长眠之地，以朱子理学为核心的"闽学"，是中华文化的重要标识，更是福建文化旅游的瑰宝、福建省特有地域文化。

福建人文资源种类丰富、特色鲜明，重点围绕朱熹这一重要的历史文化名人，充分发掘朱子文化遗存，打造朱子文化旅游品牌。"目前福建省拥有关于朱子文化的不可移动文物134处和朱子家宴、朱子祭祀典礼等非物质文化遗产4处。还有朱子文化延伸的各式菜品饮食、人物事件、景物风光等旅游资源。涉及7大主类、15大亚类和31个基本类型，共151个旅游资源点。呈现出自然景观与人文景观有机结合、文化遗产和非物质文化遗产共生发展、现代社会与传统文化珠璧交辉的特点。"② 为此，福建各县市都围绕朱熹打造文化旅游品牌。作为朱熹诞生地的尤溪县，打造"朱子文化城"，修复或新建了朱熹公园、南溪书院、朱子文化广场，创建了4A级的朱子生态园的景区。作为朱熹成长、成才、成就之地的武夷山，更是朱子理学的发祥地，利用武夷山是世界文化与自然双世遗的优势，大力打造朱子这张文化牌，修缮了武夷文庙、刘氏家祠、朱子社仓、紫阳楼、兴贤书院等一批重点建筑，举办了多届朱子文化节，将武夷山打造成优秀理学文化的研学基地，朱子文化已成为福建著名的文化旅游品牌，堪称文化旅游品牌建设的成功案例。

三、文化旅游品牌的效应

文化旅游品牌可以集中呈现旅游目的地丰富的文化内涵，展现独特的文化魅力，能够给游客提供更高、更可靠的旅游质量，带来更好的口碑。文化旅游品牌还"体现了创新的活力，科学的文化旅游品牌战略使品牌的内涵和外延得

---

① 余明阳，杨芳平. 品牌学教程[M]. 上海：复旦大学出版社，2009：326.
② 刘丹丹，黄安民. 福建省朱子文化旅游开发研究[J]. 武夷学院学报，2018（04）：9-15.

以延伸，从而保持长盛不衰的活力"[①]。

文化旅游品牌是当下旅游市场竞争强有力的工具。"具有良好文化底蕴的品牌，能给人带来一种心灵的慰藉和精神的享受。"[②] 文化旅游品牌能够有效提升文化旅游资源的附加值，成为提升旅游市场竞争力的原动力，为旅游企业带来巨大的财富。文化旅游品牌已经成为旅游目的地市场竞争力的重要组成部分。比如，浪漫之都威尼斯、时尚之都巴黎、音乐之都维也纳、人间天堂杭州等，这些耳熟能详、独具魅力的文化旅游品牌，犹如一个强大的磁场，牢牢吸引着世界各地的游客，成为推动当地旅游产业发展源源不竭的动力。

现代旅游产业的竞争归根到底是文化的竞争，这已成为业界的共识，只有不断提高旅游产品的文化品位，丰富产品的文化内涵，才能对旅游者产生持久的吸引力，实现文化旅游产业的持久、健康发展。在旅游产品高度同质化的今天，赋予品牌更多的文化内涵"营造出独具特色的品牌文化，能够激发消费者的心智从而获得消费者的认同"。[③] 尤其是在知识经济化、需求个性化、竞争全球化的当代，文化旅游产业的竞争更多地体现在品牌价值的竞争之中。

由于文化旅游品牌具有良好的集聚效应，它一旦获得了社会的认可，成为知名品牌，那么社会的资本、人才、资源、政策等都会被吸引而来，使企业集聚了更为丰富的人、财、物资源，提高了核心竞争力，带来了巨大的经济效益。

文化旅游品牌还是一种识别系统，由旅游形象宣传口号、品牌名称、标志物等外在特征构成了文化旅游品牌的识别系统，能够区别此品牌与彼品牌的差异，便于消费者区分不同的品牌，并且选择自己满意的品牌。特别是具有特殊个性和强烈视觉冲击力的品牌符号，更能够帮助旅游者区别本产品和其他产品，还可以引导和帮助旅游者方便、快捷地完成旅游活动。可以"通过标准化的设计，使众多分散的视觉符号形成统一的、鲜明的形象特征，从而更清晰地表达旅游品牌定位，给予旅游者最强烈的视觉冲击力，使其产生最深刻的印象"。[④]

---

① 王志东，闫娜. 山东文化旅游品牌战略研究［J］. 理论学刊，2011（06）：106-109.
② 余明阳，杨芳平. 品牌学教程［M］. 上海：复旦大学出版社，2009：326.
③ 余明阳，杨芳平. 品牌学教程［M］. 上海：复旦大学出版社，2009：120.
④ 包亚芳，孙治，薛群慧. 旅游品牌竞争力——理论·案例［M］. 杭州：浙江工商大学出版社，2012：64.

文化旅游品牌还具有溢出效应，成为文化旅游企业潜在的具有升值空间的无形资产，是创造产品高附加值最主要的源泉。文化旅游品牌具有独特的市场影响力和独立于产品之外的无形价值，给旅游企业带来超额利润。

除了文化旅游品牌的聚合、衍生、带动效应之外，它还具有放大、吸引、宣传等诸多效应，旅游新产品能够较快地凭借品牌获得竞争优势，"通过强化品牌来体现文化旅游产品的差异，凸显其竞争优势，进而推动文化旅游产业的发展"①。正是由于文化旅游品牌的磁场效应，一旦文化旅游品牌建设成功，具有较高的知名度和美誉度之后，就能够"在消费者心目中树立起极高的威望，表现出对旅游品牌的极度忠诚，并口碑相传，影响他人同样成为此品牌的忠实消费者，形成文化旅游品牌的良性循环"②。

文化旅游品牌还具有良好的带动效应，对"产业发展、产品销售、企业经营、市场扩张都有一种持续的带动辐射效应，旅游品牌像龙头一样可以带动企业的发展和地区经济的增长"。③因为文化旅游品牌的打造建构过程，就是集聚、整合文化旅游资源，联合宣传推销的有效方式，因此，"实施品牌发展战略对于提高文化产品、旅游产品的供给质量，满足消费者的市场需求，实现供需平衡，推动我国的供给侧结构性改革具有重要的作用。因此，总的来说，品牌发展战略是当前文化产业、旅游产业进行转型升级的必由之路"。④因为旅游景区消费是异地消费，旅游者在无法提前进行实地接触和体验的情况下，往往更加关注具有良好声誉的旅游品牌，更倾向于旅游目的地品牌形象，优秀的旅游品牌具有较高的知名度和美誉度，能够受到旅游者的青睐。而且由于文化旅游品牌具有凝聚效应，良好的品牌形象不仅让旅游者更愿意作出选择，也能够使旅游企业员工产生荣誉感和自豪感，提升员工的素质，产生良好的企业归属感，增强企业的凝聚力。

---

① 王忠云，张海燕.产业融合视角下民族文化旅游品牌价值提升研究——以湘西德夯为例［J］.湖南商学院学报，2011（04）：63-67.
② 王志东，闫娜.山东文化旅游品牌战略研究［J］.理论学刊，2011（06）：106-109.
③ 王志东，闫娜.山东文化旅游品牌战略研究［J］.理论学刊，2011（06）：106-109.
④ 厉建梅.文旅融合下文化遗产与旅游品牌建设研究——以山东天上王城为个案［D］.山东大学，2016.

四、建构文化旅游品牌的价值与意义

构成文化旅游品牌的价值的要素有很多,其中创新、质量、无形资产等是构成文化旅游品牌价值的基本要素,是影响文化旅游品牌价值的重要因素。

在知识经济时代,创新是最根本、最显著的特征之一。从某种意义而言,文化旅游品牌竞争的核心就是创新的竞争,文化旅游品牌是创新活力的体现。文化旅游品牌长远持久的发展也要依靠创新。众多知名的文化旅游品牌正是在不断创新中产生、发展、壮大的。文化旅游品牌创新最核心的就是要突出景区的文化个性、特质性,要充分挖掘其文化的内涵,并加入现代元素,创造出独具特色、独一无二的文化旅游品牌。

质量是文化旅游品牌的基础和本质。一个知名的文化旅游品牌象征着高质量、高服务、高品位。文化旅游品牌的质量不仅仅是指某一种旅游产品或服务的质量,而是指所有产品或服务的质量,对文化旅游品牌质量的评判主要取决于游客的认可和满意度。

文化旅游品牌的知名度、认知度、联想度和忠诚度这四个维度是衡量文化旅游品牌价值资产的基本维度,也是进行文化旅游品牌资产价值评估的重要指标。品牌的无形资产是指超越生产、商品、厂房、设备等一切有形资产之外的资产。品牌是一种重要的无形资产,是其竞争力的客观表现,品牌竞争力决定品牌价值。文化旅游品牌资产价值的一个重要衡量指标是对旅游者的吸引力,旅游者的认可度是构成文化旅游品牌价值的关键。

文化旅游品牌的知名度是指品牌被旅游消费者知晓的程度。它"反映了消费者总体中有多少数量或多大比例的消费者知晓它,反映的是品牌的影响范围或品牌的影响广度"。[①]一个品牌的知名度越高,其经济价值也就越高,社会声誉也就越好。因此,要努力把文化旅游品牌发展成为知名品牌。

知名品牌就是在市场上具有广泛知名度和美誉度的品牌,或是说在比较大的范围内为大家一致公认的某个最好的品牌。知名品牌有着较大的知名度和较好的美誉度以及较高的忠诚度。知名品牌的发展性要强于一般品牌,能够成为市场的领导者,拥有更高的市场占有率,在旅游市场上占据主导地位,有强有

---

① 余明阳,杨芳平.品牌学教程[M].上海:复旦大学出版社,2009:51.

力的忠诚顾客,具有一般品牌所不具备的亲和力。同时也意味着知名品牌能够比一般品牌为旅游企业带来更高、更稳定的收益。

文化旅游品牌的认知度是品牌影响力的重要组成部分,代表了某一品牌在游客心目中再现能力的大小。文化旅游品牌认知是一个由浅入深的过程,"按照再现能力的强弱,分为品牌无知、品牌知晓、品牌回想、第一提及和品牌主宰五个层次。品牌认知能够引起顾客心智反应,左右顾客购买决策"。[1]

文化旅游品牌的忠诚度反映了消费者对该品牌的信任、偏爱和依赖程度,表现为旅游者对某种文化旅游品牌偏爱的心理反应,表现为重复购买同一品牌产品的过程。品牌的忠诚度可以带来丰厚的利润,获取更多的市场份额。文化旅游品牌一旦发展成熟,有了较高的知名度、美誉度和忠诚度之后,不仅会给品牌拥有者带来高额的无形资产,还会"直接或间接影响和促进周边区域相关旅游行业的发展"。[2]

上述因素最终合并形成文化旅游品牌的品牌形象。它是旅游消费者对品牌产生的整体印象,是对品牌的一种判断和感性认识,"是对品牌的无形的、整体的感知"。[3]品牌形象好,就可以得到消费者的认同和喜爱,在其心中占据着很重要的位置,获得良好的口碑。文化旅游品牌形象是评价和衡量品牌价值最重要的指标。

文化旅游品牌资产,"代表了游客对目的地品牌的综合评价及游客对目的地品牌的认可度,是衡量目的地品牌化是否成功的重要指标。旅游目的地品牌认知、目的地品牌形象、目的地品牌质量、目的地品牌价值及目的地品牌忠诚,是目的地品牌资产重要的组成部分"。[4]

建构文化旅游品牌是文化旅游产业发展的必经之路。实施文化旅游品牌战略既是提高文化旅游企业核心竞争力的有效手段,也是文化旅游产业发展到高级阶段的必然要求。因为品牌代表着更好的品质保障,能够给旅游消费者带来

---

[1] 钟晟.基于文化意象的旅游产业与文化产业融合发展研究[D].武汉大学,2013.
[2] 厉建梅.文旅融合下文化遗产与旅游品牌建设研究——以山东天上王城为个案[D].山东大学,2016.
[3] 余明阳,杨芳平.品牌学教程[M].上海:复旦大学出版社,2009:51.
[4] 马建峰,杨芳.国外旅游目的地品牌研究述评[J].重庆工商大学学报(社会科学版),2015(03):30-41.

心理上的满足感，因此，它对文化旅游产品显得非常关键，文化旅游品牌建设势在必行。只有建立了有影响力的文化旅游品牌，才能源源不断地吸引游客，才能保持在旅游市场中的不可替代和不可撼动的地位，保持在旅游市场中的竞争优势，提高旅游的增加值，实现文化旅游业的稳步发展。因此，文化旅游品牌的建构有着十分重要的意义，能够促进文化旅游产业的可持续发展，是文化旅游产业发展的必然趋势。

在当代，文化旅游产业的竞争正在从资源的竞争转化为品牌的竞争。品牌已经成为文化旅游企业的核心竞争力。所谓"招牌一响，黄金万两"。品牌作为一种无形资产，能产生较高的附加值，是文化旅游业竞争力的核心，"有助于培养消费者的信誉认知，提高知名度，并提升竞争力"。[1]企业界一直流传着"一流企业做品牌，二流企业做市场，三流企业做质量"的说法；同样，旅游企业也是"一流企业叫卖品牌，二流企业叫卖产品，三流企业叫卖资源"。文化旅游品牌可以有效增加资源的附加值，知名品牌有着巨大的市场价值和良好的口碑效应，能够树立旅游企业形象，提升竞争力，带来可观的经济效益。文化旅游品牌的建构、经营是文化旅游业发展的关键，文化旅游品牌战略也是文化旅游企业的核心发展战略。

因此，文化旅游品牌建设能够有效促进和带动文化旅游产业的稳步发展，已成为一个普遍的共识。我国旅游产业的发展，在"历经了资源竞争和产品竞争，已经进入了一个以品牌为核心的'第三代竞争'时代"。[2]因为文化旅游品牌能够使文化旅游企业获取持续巨大和差异化的竞争优势，一旦文化旅游品牌被成功塑造，具有较强的知名度和市场影响力，就能给拥有者带来巨大的溢价，产生产品之外的巨大增值和高附加值，给旅游企业带来长期稳定且高额的市场回报。在为旅游企业带来巨大的利润的同时，还能产生持久的社会影响力，有利于树立良好的旅游企业形象，成为旅游景区经济发展的重要的无形资产，因而能够从根本上增强文化旅游企业的核心竞争力。

实行文化旅游产业的品牌化战略，建构知名的文化旅游品牌，可以获得更高的超额利润，还能发挥品牌的集聚效应，集聚资本、资源、人才和技术等，

---

[1] 曾妮娜. 浅议旅游文化品牌的建设 [J]. 市场论坛，2011（03）：67-68.
[2] 王志东，闫娜. 山东文化旅游品牌战略研究 [J]. 理论学刊，2011（06）：106-109.

扩大旅游产品影响力，使企业获得更大的竞争力。文化旅游品牌的构建，还能够"有效解决旅游产品的同质化问题，成为提升旅游品牌持续竞争力的重要支点"①。

文化旅游品牌的建构还可以有效促进对历史文化资源的保护与传承。纵观巴黎、伦敦、维也纳、新加坡、北京等中外旅游发达城市，其旅游业保持长盛不衰的一个重要原因，是因为都拥有了厚重悠久的文化，拥有了享誉中外的文化旅游品牌。文化旅游品牌的塑造，必然要求合理利用和有效保护历史文化资源以及文化标志物，"其本身就是对历史文化遗存的重要保护和自然传承，为游客提供一个独特的文化空间和精神家园"。②

文化旅游品牌还能够有效延伸、拓展文化旅游产业链。文化旅游品牌是旅游产业发展的无形资产，能够产生广泛而持续的品牌溢出效应。不少相关的旅游企业和产品通过"搭便车"可以分享知名品牌带来的利益，"有助于打造和扩展旅游产业各个链条的系列产品品牌，为文化旅游品牌的成长提供有力支持"。③通过品牌延伸，有利于文化旅游企业实行网络化、集团化经营。借着知名文化旅游品牌的力量和影响，能够延伸文化旅游企业的产业链，增加文化旅游企业的市场占有率，提升文化旅游企业的盈利水平和投资收益。

---

① 韩彩霞.文旅融合背景下文化旅游品牌的构建策略探微［J］.江西电力职业技术学院学报，2018（04）：151-152.
② 王志东，闫娜.山东文化旅游品牌战略研究［J］.理论学刊，2011（06）：106-109.
③ 王志东，闫娜.山东文化旅游品牌战略研究［J］.理论学刊，2011（06）：106-109.

第四章　文化旅游品牌的建构

随着旅游者品牌意识的不断增强，一个文化旅游品牌建构、经营的时代已经到来。"21世纪旅游业的竞争将会聚焦于旅游地品牌的竞争。"[①] 旅游业界从最初的"宣传工作是带动旅游业前进的火车头"的行业口号，发展到现今普遍认同的"一流企业叫卖品牌，二流企业叫卖产品，三流企业叫卖资源"的一致共识，反映了旅游产业日益走向成熟。

一个文化旅游企业如果想在激烈的竞争中站稳脚跟，长久发展，就必须建构、经营好自己的文化旅游品牌。随着"文化旅游企业之间竞争的加剧，要求进行品牌化经营，通过品牌定位和个性特色区别于其他文化旅游产品，体现本地文化旅游产品的差异性和竞争优势"。[②] 因为文化旅游品牌具有难以复制的特性，文化旅游的品牌化有利于打造出特色鲜明的拳头旅游产品，以增强文化旅游企业的核心竞争力。文化旅游品牌化也是解决当下旅游业发展面临同质化模仿等诸多问题的有效途径。因此，必须发挥文化旅游品牌的引领作用。

一个成功的文化旅游品牌是景区发展成熟的重要标志，也是文化与旅游深度融合背景下文化旅游产业发展的必然趋势。建构、打造一个具有丰富文化内涵、知名度与美誉度较高的品牌是文化旅游产品在激烈的竞争中取得优势的重要前提，也是旅游景区进一步提升的必由之路，实现文化旅游品牌化是旅游景区未来的一个发展方向。

文化旅游品牌往往是一个旅游目的地文化内核的集中体现，突出文化主题是品牌建构的关键。"文化旅游品牌的塑造必须以区域文化内涵为依据，紧紧

[①] 李树民，支喻，邵金萍.论旅游地品牌概念的确立及设计构建［J］.西北大学学报（哲学社会科学版），2002（03）：35-38.

[②] 厉建梅.文旅融合下文化遗产与旅游品牌建设研究——以山东天上王城为个案［D］.山东大学，2016.

围绕当地文脉进行，根据市场的需求适时调整产品策略，整合优势，亮出自己的特色。"[1] 在深层次挖掘当地人文风情和厚重文化的基础上，结合当下旅游者对"体验"的强烈诉求，结合艺术表现手法，配以最新高科技呈现手段，将自身的文化特色与游客的参与性、体验性碰撞融合，才能创造、创新出一流的文化旅游产品。富有特色的文化资源同时也是一种品牌资源，是文化旅游目的地进行文化旅游品牌构建的基础。要挖掘特色文化资源的品牌价值，并进行创意、创新转化，将文化和遗产资源转化为既可以观赏，又可以体验的文化旅游产品，更好地吸引游客，塑造良好的文化旅游品牌形象，最终建构起独特的知名的文化旅游品牌。

一、文化旅游必须实施品牌引领战略

文化旅游必须实施文化旅游品牌引领战略，充分发挥品牌的引领作用。品牌是文化旅游目的地最具特色的资源，象征着旅游产品良好的品质和雄厚的实力，能够树立更好的旅游市场形象，强化产品的差异性，引导更多的旅游消费者。文化旅游品牌代表着旅游商品和服务的质量以及旅游消费者的满意度和认可度，是企业的无形资产，可以展示景区的独特魅力，树立景区良好的形象，提升景区的知名度和美誉度。打造好具有文化特色的旅游品牌，可以发挥旅游品牌的效应带动旅游业的发展，营造独特的旅游文化氛围，增强旅游企业的生命力和吸引力。因此，建构文化旅游品牌已经成为众多文化旅游景区提升知名度和竞争力的主要举措。

品牌维系着文化旅游企业的存亡。在品牌经营时代，品牌战略是文化旅游企业发展战略的中心环节，是现代旅游企业经营的核心，能为旅游企业发展打下坚实的基础，因此，必须实施文化旅游品牌引领战略。所谓品牌战略就是"企业为了提高自身的市场竞争力，围绕产品的品牌所制定的一系列长期性的、带有根本性的总体发展规划和行动方案"。[2] 品牌战略的关键，就是做好品牌定位，创造出有特色的、独立的、唯一的品牌，并通过各种营销手段，维护、提升品牌形象，扩大品牌的知名度与美誉度。

---

① 张宏瑞.文脉在文化资源旅游开发中的主导作用[J].资源开发与市场，2004(02)：156-158.
② 余明阳，杨芳平.品牌学教程[M].上海：复旦大学出版社，2009：92.

文化旅游品牌战略具有系统性、全局性、导向性、长期性与创新性等特征。

所谓文化旅游品牌战略的系统性，是指文化旅游品牌战略是一个系统的工程，涵盖着品牌的创造培育、品牌的推广发展和品牌的维护保护等一系列环节，并且每一个环节都是相互联系和相互影响的。

所谓文化旅游品牌战略的全局性，是指文化旅游品牌战略要解决的并不是某个局部或个别的问题，而是全局性的问题，是文化旅游企业为了创造、利用与扩大品牌资产，提高品牌价值而采取的整体计划或方案指南。文化旅游品牌战略的全局性需要通观全局，注重总体的协调，对各方面进行综合考虑和控制。

所谓文化旅游品牌战略的导向性，是指由于文化旅游品牌战略是站在全局高度制定的宏观总体规划，因此，对下属的各种具体措施和活动计划具有指导和导向作用。

所谓文化旅游品牌战略的长期性，是指文化旅游品牌战略主要谋划品牌的长期生存和发展大计，是一个长期的行动和概念，文化旅游品牌战略考量的着眼点不是当下眼前，而是中期或长期的行动；同时，文化旅游品牌战略不能朝令夕改，频繁变化，要具有相对的稳定性。

所谓文化旅游品牌战略的创新性，是指制定品牌战略本身就是一个创新过程，要根据文化旅游企业自身条件、所处的环境以及面对的竞争对手等，有针对性地制定战略，有特色和创新点，才能起到出奇制胜的效果。

实施文化旅游品牌战略，可以为品牌的创建、发展提供一个清晰的思路，明确要遵循的方向，降低投资风险。文化旅游品牌战略具有宏观指导性，能协调各个职能部门，更加有效地分配资源，有助于品牌的顺利成长，取得更高的市场地位。

只有实施文化旅游品牌战略，才能增强文化旅游企业的竞争力，抵御外来的跨国旅游公司来势凶猛的扩张，在国际旅游市场中找到更好的发展空间。实施文化旅游品牌战略、建构文化旅游品牌也是旅游景区实现可持续发展的一个重要举措，能有效解决好当下旅游景区所面临的同质化、低俗化等诸多发展难题。

二、创意与文化旅游品牌的生成

创新是一个国家和民族进步的灵魂,更是文化旅游产业的生命力所在。在全球化、信息化和后工业化的发展进程中,创新、创意已成为一个重要的元素。所谓创意就是创新意识或创造意识的简称,是一种创造的能力。创意是文化和创新的有机融合,是通过创新思维意识,挖掘和激活资源组合方式进而提升资源价值的一种方法。创意在牛津英语辞典中定义为"发明的,富于想象力的,展示想象力如同日常技能"。通俗而言,所谓创意就是脱离俗套、与众不同,讲究无中生有、有中生奇,正是这种别出心裁、与众不同成为创新经济价值的源泉。

创意是文化旅游产业生存与发展的灵魂,文化旅游产业最核心的东西就是创意和文化。文化的生命力在于创意,有创意才有特色,才有看点和市场。创意已逐渐成为现代文化旅游产业发展升级的主要驱动因素,成为文化旅游产业生存与发展的灵魂,成为重塑文化旅游产业核心竞争力、建构文化旅游品牌的核心驱动力。

在创新驱动的背景下,创意旅游应运而生。根据2006年联合国教科文组织曾给创意旅游下的定义,创意旅游是指一种为了参与和真实体验的旅行旅游方式。创意旅游的实质就是文化旅游的延伸,是"旅游产业与文化产业融合发展的一种旅游形式,涉及旅游过程中的文化节事、艺术、表演和工艺品制作等活动"[1]。

由于旅游产品的同质化和可替代性非常普遍,往昔以资源为基础的传统文化旅游开发模式已逐步转向以文化创意为核心的创意旅游开发模式。也就意味着以历史文化资源为主导的文化旅游产业1.0时代的结束,而开始升级为以资本、创意和科技为驱动的文化旅游产业2.0版本。文化旅游产业2.0版本讲究"无中生有,变废为宝",创意创新能力而非资源禀赋成为评判文化旅游产业的主要尺度。因此,通过凝练旅游地的核心文化价值,通过创意,开发出具有创新性、独特性和差异性的文化旅游产品,创新文化旅游产品的核心要素,从根本上提升文化旅游企业竞争力,成为文化旅游产业发展的主要方向。文化旅

---

[1] 钟晟. 基于文化意象的旅游产业与文化产业融合发展研究 [D]. 武汉大学,2013.

游产业的 2.0 版本，其核心是对文化进行有特色的创意创新，只有富有创意的文化旅游产品才能在竞争中脱颖而出，且经久不衰。

文化创意是以文化为核心元素，通过人的创造力对文化进行原创、再创与创新的过程。文化创意是文化旅游产品最主要的内涵，是驱动文化旅游产业升级发展的核心要素。文化创意能够更好地实现文化资源向文化旅游产品的转化，成为文化产业和旅游产业两大产业融合的纽带。文化创意在文化旅游品牌构建中同样具有不可或缺的地位，是十分重要的元素，只有发挥好文化创意的作用，才能"不断创造出适应市场动态变化的文化旅游产品，如此才能保证品牌的可持续发展"。① 如果缺乏文化创意，文化旅游品牌就少了内涵与灵魂。因为"文化旅游品牌的真正内涵是人们创造的精神财富，它的最终消费者也是具有丰富情感的人，只有那些让人耳目一新、独领风骚的创意才能吸引观众、占领市场"②。

在文化旅游品牌的建构中，好的创意可以使一个默默无名的品牌一夜成名，创造出更高的旅游价值，正如被称为"现代创意学大师"的美国广告权威大卫·奥格威所说："一个伟大的创意是美丽、高度智慧与疯狂的结合，一个伟大的创意能改变我们的语言，使默默无名的品牌一夜之间闻名全球。"③

正是因为文化创意使很多中国老字号焕发出新的活力。例如，文化创意产品成为故宫旅游的一个金字招牌。正是文化创意，将数百年前的故宫文化与当代人的生活有效对接，让普通旅游者深刻感受到传统文化的气息，也给故宫带来巨额的文化旅游收入，2019 年，故宫文创就产生了 15 亿的营业收入。

什么叫文化创意产品？如何研发文化创意产品？按照原故宫博物院院长单霁翔先生的理解就是："一是要深入地研究人们的生活，人们生活需要什么，就研发什么。二是深入挖掘我们的文化资源，把文化资源提炼出来，和人们的生活对接，人们才会喜欢。"④

故宫的文化创意有何特别之处？故宫博物院成立了专门的文化创意中心，

---

① 厉建梅.文旅融合下文化遗产与旅游品牌建设研究——以山东天上王城为个案 [D].山东大学，2016.
② 徐磊.西安古都文化旅游品牌建设问题研究 [D].长安大学，2008.
③ 转引自：余明阳，杨芳平.品牌学教程 [M].上海：复旦大学出版社，2009：103.
④ 张泽炎，朱玥怡.故宫文创 15 亿营收背后：跨界 +IP+ 网红 [N].新京报，2019-2-20.

"专门从事文化创意工作的工作人员达到了150多人,分布在文化创意产品策划、设计、生产、销售各个环节"。① 故宫的文创店又叫"文化创意馆",包括了影像馆、陶艺馆、丝绸馆、服饰馆、故宫书店等。正是文化创意大大提升了故宫文化旅游产品的附加值,正是由于融入了故宫独具特色的文化创意元素,使得故宫文化旅游商品表现出独特个性和不可复制性,从而获得巨大的旅游经济效益。

文化创意最关键的要素是人才,良好的文化创意需要有多元文化共生的土壤。"文化创意产业发展最重要的资源是人,而且是开放的、流动的、具有多元化视角和思维的人。人的多样性带来文化的多样性,而创意正是在这种不同文化间的交流、碰撞中产生的,这也为创意产业的发展带来了活力和动力。"② 一个好的创意的产生需要有自由宽松的文化环境,鼓励多种形式的创新,才能有效激发创意灵感,产生更多的创意产品。"竞争是创新的源动力,也是文化旅游创新的一大外部推动力。为了生存和长远的发展要走出价格战等竞争误区,坚决走创新之路。同时,技术的革新是推动旅游文化创新的重要力量。"③ 只有富于创新能力和特色的文化产业才能实现与旅游产业更好地融合,进而创造出更为优质的文化旅游产品,建构起富有特色的文化旅游品牌。

三、文化遗产对文化旅游品牌建构的作用

随着文化旅游产业的发展,"让文物活起来"和对文化遗产"活化利用"的理念与呼声日渐流行,文化遗产旅游也因此成为当下的一个旅游热点。文化遗产、历史遗存除了可以提供教育、美学、体验等功能外,作为区域文脉的主要构成要素,还是区域旅游形象与品牌塑造的重要基础。独具特色的地域文化、珍贵的文化遗产在文化旅游品牌建设中的地位越发重要,而且,由于文化遗产的唯一性、垄断性和可观赏性,容易形成区域内独一无二的文化旅游品牌。因此,要充分发挥文化遗产在文化旅游品牌建构中的作用。

---

① 博物馆的生意经:故宫文创年入10亿有啥秘诀[N].华商报,2018-9-11.
② 唐勇,徐玉红.创意产业、知识经济和创意城市[J].上海城市规划,2006(03):25-32.
③ 尹华光,姚云贵,熊隆友.旅游产业与文化产业融合发展研究[M].北京:中国书籍出版社,2016:126.

第四章 文化旅游品牌的建构

在文化旅游品牌的建构中,文化遗产通常发挥着特别的作用,往往代表着一个地区独有的特色文化,从而架起旅游者与旅游目的地之间强烈的情感纽带,在文化旅游品牌建构中起着不可替代的作用。"文化遗产不仅具有文化价值,而且日益凸显出其经济价值。文化遗产的品牌效应带来的不只是地方的荣誉、自豪感、知名度,而且还可以带来一定的经济效益。"[①] 独特的文化遗产、文化资源不仅是一个地方的文化软实力,同时也是促进当地旅游经济发展的硬实力,成为文化旅游产业发展的重要资本与依托,成为提升区域旅游竞争力、打造文化旅游品牌的前提条件。

然而,文化遗产并不能直接转化为旅游吸引物,成为旅游产品的。先要对文化遗产进行活化和利用,将其进行解释和重组,融入创意的元素,充分发挥创意的作用。对文化遗产及其相关的资源进行整合与创新,并赋予新的时代意蕴,适合当下游客的需求。利用现代化的文化表现形式和媒介传播方式,通过现代的高科技手段,对文化遗产本身的文化内涵进行挖掘,将隐性的文化外显出来、展现出来,将文化遗产转化为能够被游客观赏、体验、消费的文化旅游产品。增加参与性和体验性,使旅游者能够亲身体验文化遗产的魅力,才能实现文化遗产的活化和利用,产生更好的经济与社会效益。

运用文化创意对文化遗产进行复兴、再现,是我国文化旅游开发的一种重要模式。文化遗产的创意性开发是在对文化遗产进行有效保护的基础上,依托其独特的文化要素,运用现代科技手段和创新理念对文化遗产进行再创造,将文化遗产转化为影视、音乐、演出等各种形式的文化旅游产品的过程。比如曲阜的祭孔大典、北京的798工厂、上海新天地等。山东曲阜三孔旅游景区近几年的祭孔大典,成功实现了对孔子文化的视觉化的直观呈现,表现出庄严的仪式感。如今,祭孔大典已成为国际孔子文化节期间重要的旅游产品,产生了良好的文化旅游品牌效应,吸引了众多的国内外游客。

文化遗产品牌形象一旦建构、唱响,就能带来巨大的经济与社会效益。因此,"必须能够巧妙地利用当地所有可利用的文化资源来塑造品牌形象,独特

[①] 厉建梅.文旅融合下文化遗产与旅游品牌建设研究——以山东天上王城为个案[D].山东大学,2016.

的文化品牌能转化成巨大的旅游吸引力，进而推动整个地区旅游业的发展"。[①]云南丽江古城就是一个生动的典型案例，1997年丽江古城被列入世界文化遗产名录之后，"其知名度在全世界范围内得到提升，古城内的旅游人数迅速增长，旅游产业得到突飞猛进的发展，显示了其日益增长的品牌价值，使旅游业日益成为丽江的支柱型产业，而且还带动了旅游相关产业的发展"[②]，成为文化遗产品牌建构的一个成功范例。

四、致力建构城市文化旅游品牌

城市是人类文明的结晶。随着后工业化时代的到来，随着全球化浪潮的突飞猛进，文化对一个城市发展的综合作用日益显得重要，日益受到高度重视。城市正由功能城市转向为文化城市，城市因文化而更有魅力，文化的繁荣才是一个城市持久繁荣的真正原因。历史文化是一座城市的宝贵文化遗产和无比珍贵的历史记忆，赋予了城市鲜明的个性和独特的内涵，是城市文化旅游赖以发展的重要依托和主要吸引因素，也是彰显城市个性和城市文化旅游核心吸引力之所在。"旅游者对一个旅游地的旅游产品的认可程度，往往来源于对城市旅游品牌的认可程度。城市只有通过对自身旅游品牌形象的积极塑造，才能在竞争激烈的国际旅游市场中占据一席之地，从而以特有的品牌形象和魅力参与国际旅游竞争。"[③]因此，塑造与推广具有鲜明特征、彰显个性和特色的城市文化旅游品牌，能够吸引大量中外旅游者前来游览、观光和投资，提高城市品位，这成为提升城市竞争力的制胜法宝。因此，需要有打造城市文化旅游品牌的强烈意识，发展城市的文化旅游。

城市文化旅游品牌不仅是一个城市的形象名片，也是提升城市竞争力的关键要素。鲜明的城市品牌，可以昭示城市的文化底蕴与内涵特色，让人一目了然、印象深刻。一个响亮的城市口号，一个独特的旅游品牌，代表着这个城市特有的文化和魅力，也是一个城市推介旅游的金色名片。

---

① 谢元鲁.旅游文化学［M］.北京：北京大学出版社，2007：273.
② 厉建梅.文旅融合下文化遗产与旅游品牌建设研究——以山东天上王城为个案［D］.山东大学，2016.
③ 梁明珠.城市旅游开发与品牌建设研究［M］.广州：暨南大学出版社，2009：1.

第四章　文化旅游品牌的建构

在世界各地，有众多闻名中外的文化旅游城市，产生了不少文化旅游品牌建设的成功典范。比如音乐之都——维也纳、电影之城——戛纳、时装之都——米兰、人间天堂——杭州、购物天堂——香港、休闲之都——成都、浪漫之都——大连，等等，这些享誉全球的城市旅游品牌，吸引着一批批来自世界各地的游客。同时，提供了可资借鉴的城市文化旅游品牌建设的成功经验。

"世界音乐之都"是奥地利首都维也纳一个响亮的文化旅游品牌。维也纳是一座世界著名的音乐城市，一个国际旅游胜地，除静静流淌着的蓝色多瑙河之外，还有大批宏伟的哥特式、巴洛克式和罗马式建筑，而音乐更是维也纳的灵魂，独特的音乐文化使维也纳拥有了"音乐之都"这一世界级知名品牌。维也纳是圆舞曲华尔兹的故乡，也是欧洲众多古典音乐作品的诞生地，拥有"世界音乐名城"的盛誉。人们一提起维也纳，就会联想到贝多芬、莫扎特、海顿、舒伯特、约翰·施特劳斯等这些耳熟能详的音乐大师，就会联想到他们创作的一首首世界经典名曲。早在18世纪，这里就是欧洲古典音乐"维也纳乐派"的中心，19世纪这里又是舞蹈音乐的主要发祥地。建成于1869年的维也纳国家歌剧院，被称为世界歌剧中心，金色大厅是维也纳最古老又最现代化的音乐厅，自1939年起，每年的元旦都要在金色大厅举行"维也纳新年音乐会"，人们伴随着美妙的经典音乐，迎接新的一年。在维也纳市区遍布造型逼真的音乐家雕像，市区主要的街道、剧院、公园、会议厅等重要建筑都是以著名音乐家的名字来命名。"世界音乐之都"成为维也纳重要的文化旅游品牌。

戛纳——"电影之城"文化旅游品牌。戛纳是位于法国阿尔卑斯省会尼斯附近一个风光明媚的滨海小镇，虽然小镇仅有7万人口，却因邻近地中海，以其婆娑的棕榈、水清沙细的优美沙滩和每年5月在这里举办的戛纳电影节而闻名世界。自1939年第一届戛纳国际电影节在这里成功举办后，戛纳国际电影节成为世界上最具影响力、最为顶尖的国际电影节之一。每年5月，来自世界各地的电影工作者、记者、无数影迷如潮水般地涌向戛纳，共同期盼电影最高奖"金棕榈奖"的揭晓。海量的影迷、大批的游客慕名而至，电影节不仅给戛纳旅游业带来了巨大的收入，也带动了戛纳地区周边产业的发展，给投资者带来了海量的经济效益。

在戛纳明媚的阳光下，整座城市不仅沐浴在金色的棕榈之中，电影的气息更是随处都可以感受,无论是市内公交车的站牌,还是海滨大道上的明星手印或是小咖啡馆贴满墙上的明星照片,无不散发着浓郁的电影艺术气息。建在海滩与游艇区之间的戛纳影节宫,是每年戛纳电影节的主会场,影节宫的步行道上留有世界各国著名影星和知名导演的手印,在海滩电影院观看电影成为游客的必选项目。戛纳是一座因电影而兴的城市,也因电影衍生出了旅游业,每年电影节期间,十几万高端人群从世界各地聚集在此,既是电影的盛大节日,又让当地的餐厅、酒店以及纪念品商店大为受益,获得巨额的旅游收入。旅游业成为戛纳的支柱产业,小小的戛纳也因"电影之城"的文化旅游品牌,跻身于南欧三大游览中心之列。

新加坡"狮鱼之城"这一文化旅游品牌给世界各地旅游者留下了极为深刻的印象,具有极高的品牌价值。新加坡常住人口410万,但每年的外国游客高达800万人次,超过了本地人口的一半以上,成为世界优秀旅游目的地,并且拥有"狮鱼之城""花园城市"等知名的文化旅游品牌。除了新加坡政府的大力支持、公众的普遍认同与配合外,新加坡文化旅游品牌的创建成功还得益于合适的旅游形象设计和准确的定位,如将新加坡定位为"无限的新加坡""无限的旅游业""花园城市"等。同时,新加坡做到了旅游资源开发与城市建设同步一体化,通过举办时尚节、艺术节、电影节、"梦幻圣淘沙"激光喷泉表演等各种形式的旅游节庆活动,形成了季季有节庆、月月有高潮的浓郁旅游氛围,吸引了大量的海外游客,给新加坡带来了巨额的旅游收益,共同塑造了新加坡文化旅游的品牌价值。

虽然香港城市的面积很小,名胜古迹旅游资源寥寥无几,但是依托其特殊和优越的区位优势,成为世界重要的人流、物流集散中心,利用香港商品种类丰富、物美价廉等特色和优势,成功打造了"购物天堂"这一文化旅游品牌形象,使香港成为世界瞩目的购物中心和旅游中心,发达的旅游业每年为香港创造了巨额的财富。

杭州打造了"人间天堂"这一文化旅游品牌。杭州以其丰富的自然与人文历史资源、深厚的文化底蕴以及优良的生态环境、宜居闲适的生活方式,获得了"人间天堂"的美誉,杭州也因此而蜚声海内外,成为人人向往的著名旅游城市。随着假日经济的兴起,杭州已不再满足和陶醉于"人间天堂"的城市形象，而是将杭州打造成中国和世界未来的"休闲之都"。

陕西西安既是中国西部最大的城市，也是丝绸之路的起点，更是闻名中外的历史文化名城和拥有3100多年建城史的十三朝古都，周、秦、汉、唐等13个王朝先后在此建都，西安作为国都前后长达1000多年。因此，西安积淀了十分厚重而丰富的文化旅游资源，具有文化旅游得天独厚的优势，且文化与旅游产业基础好，西安及其周边有秦始皇兵马俑、大雁塔、碑林、秦始皇陵、乾陵、法门寺等一批驰名中外的文化遗址遗迹，拥有众多在全国乃至世界具有影响的人文旅游资源和旅游产品，如被称为世界八大奇迹之一的兵马俑、闻名遐迩的西安半坡遗址，等等。

尽管有着如此丰富的文化旅游资源，但西安文化旅游的品牌仍然不够响亮，仍然显得苍白，主要表现在品牌形象定位不够准确、形象口号不够鲜明、品牌核心价值不够突出，而产品形象却比较突出，不少国际游客来中国之前只知道有兵马俑，而不了解西安。但是，兵马俑只是西安的一个旅游产品，并不能代表西安的旅游形象，也不是西安的旅游品牌。因此，西安文化旅游的当务之急是要加强品牌建设，实施品牌发展战略，要紧紧围绕"最具东方神韵的世界古都旅游目的地城市"，努力唱响"华夏五千年，寻根在西安"的旅游形象口号，建构起西安古都文化旅游品牌。这是西安文化旅游产业发展的突破口和促进文化旅游产业提高档次和加速发展的有效途径。

打造城市文化旅游品牌，要以城市历史文化底蕴为依托，充分挖掘城市最具特色的文化资源，提炼出鲜明有力的城市宣传口号，这是提升城市核心竞争力的有效手段。要"充分挖掘、利用城市主题文化打造旅游品牌形象，凝练形象形成口号，成为新的城市文化标志、文化精神和文化根脉，带动文化旅游产业发展，成为推动城市旅游发展的软实力"。[①] 要围绕"城市即文化，文化即城市"的理念，依照唯一性、排他性、权威性的原则，寻找到城市的个性、理念和灵魂，利用城市所具有的独特的资源禀赋，设计出城市的形象，打造出城市文化品牌。

"文化旅游发展既是城市品牌营销的重要手段，也是城市品牌营销的目的，

---

① 王志东，闫娜.山东文化旅游品牌战略研究［J］.理论学刊，2011（06）：106-109.

它可以放大城市的品牌效益，将品牌宣传落到实地——让城市成为人人向往之地。"[①] 一个具有魅力的城市品牌，能够为区域旅游发展提供强大的招徕力。如山东省"好客山东"文化旅游品牌的成功营销，就极大地带动了山东各地旅游业的发展，成为文化旅游品牌建构的典型案例。

五、文化旅游品牌建构中存在的问题

众所周知，虽然我国是历史悠久、底蕴深厚的文化旅游资源大国，但同时也是文化旅游品牌弱国，在文化旅游品牌建构、运营、保护和提升等方面，仍处于行业曲线的谷底。在文化旅游业以品牌为核心竞争力的新时代，我国文化旅游品牌建设面临着深层次挑战。

在文化旅游品牌建设上，依旧存在品牌意识薄弱、短期行为严重的现象；品牌定位不清，脱离企业实际；品牌推广不力，过度依赖广告，增加了品牌建设成本；品牌缺乏创意，同质化现象严重；品牌建设的碎片化、品牌营运的随意性、品牌保护的空白化等问题，成为制约文化旅游品牌发展的瓶颈。

一是品牌意识薄弱，短期行为严重。面对文化旅游市场日趋激烈的竞争，绝大多数旅游企业都对旅游宣传营销的重要性有清醒的认识，利用各种手段进行旅游信息的传播和宣传，日益注重旅游产品的包装，但对文化旅游品牌建构的意识依旧淡薄，对品牌重要性认识不足，文化旅游品牌建构仍处于起步阶段。"对品牌建设这一当代和未来行业竞争的关键点，关注得少。旅游品牌建设存在着'三重三轻'的问题，即重景区建设轻品牌打造、重产业发展轻品牌设计和重短期效益轻品牌效应。呈现出'热热闹闹搞产业，冷冷清清看品牌'的现状。"[②] 不少文化旅游企业混同产品与品牌、产品竞争力与品牌竞争力的关系，认为做好了旅游产品就做好了旅游品牌，拥有了产品竞争力就拥有了品牌竞争力。在文化旅游资源的开发中，过度重视硬件的开发和传统旅游要素的打造，忽略了品牌这一更高端竞争力的培育，没有依据资源优势建立独具特色的文化旅游品牌，没有形成品牌合力。

忽视文化旅游品牌成长、发展规律，看重短期效益，缺乏品牌建设的长远

---

① 朱运海.基于文化旅游视角的城市品牌建设研究［J］.中国经贸导刊（中），2018(35)：84-85.
② 王文乐.江西旅游品牌管理与发展路径［J］.企业经济，2018（07）：83-88.

眼光。不少的文化旅游企业大都是从旅游营销层面进行产品营销宣传和企业形象打造，关注的是眼前的直接营销效果，看重的是给企业带来的短期经济指标，很少从文化旅游品牌建设的高度，以长远的眼光去认识文化旅游品牌建构的战略意义，并没有从品牌战略的高度进行把握和理解，不同程度存在着经营上的短期行为。这样就导致在文化旅游品牌建设中，"具有国际重大影响力的文化旅游品牌不多，文化旅游品牌在促进城市更新、提升城市形象方面的作用还有待进一步提高"。[①]一部分文化旅游企业急功近利的短期行为，也制约和影响了文化旅游品牌尤其是知名品牌的打造培育与成长。众所周知，一个文化旅游品牌的成功开发是一个长期的过程，需要久久为功，文化旅游品牌建设"既不是一朝一夕可以完成的，更不是开发工作的完结就结束，要维护一个旅游品牌需要坚持不懈地长期努力"。[②]因此，在文化旅游品牌建构中，要因势利导，克服急功近利的思想，防止品牌建设的庸俗化，尤其要防止对文化旅游资源的盲目和过度开发，为获得短期有限的经济效益而付出高昂的文化损失的代价，这样会导致文化旅游品牌的生命力减弱，甚至使品牌走上不可逆转的覆灭歧途。

　　二是文化旅游品牌的定位不清。做好品牌定位是建构文化旅游品牌的首要任务，是品牌建设的基础和前提，因此品牌定位是品牌战略的核心，是构建文化旅游品牌的第一步，也是后续一切建设的关键步骤。文化旅游品牌定位是在做好市场调研、进行调研分析的基础上，按照唯一性、排他性和权威性的原则，针对特定的目标消费人群，为文化旅游品牌树立一个明确的、有别于竞争对手的品牌形象，确立品牌的核心价值，塑造品牌的鲜明个性，形成品牌的独特理念，寻求到品牌形象与目标市场最佳的结合点。其实质就是向外部世界表达文化旅游品牌的特征和个性，确定文化旅游产品的特色并把它与其他竞争对手做有效区别，以便更好地把品牌传递、提供给消费者的过程。准确的品牌定位可以说是品牌建构成功了一半，要有明晰、精准的品牌定位。"只有确定了

---

① 王志东，闫娜.山东文化旅游品牌战略研究［J］.理论学刊，2011（06）：106-109.
② 蔡善柱.试论旅游品牌开发［J］.安徽师范大学学报（自然科学版），2004（03）：343-346.

品牌定位，才能围绕定位进行品牌产品的包装、设计与营销"，[①]才能对品牌化战略的有效实施提供有力的支持。

但是目前对文化旅游品牌仍然存在定位不准确、有很大的盲目性的情况。主要在于对文化旅游客源市场的细分不够，差异化不足，项目较为单一，难以满足旅游者多样化和多层次文化旅游需求。中低档文化旅游产品多而高档文化旅游产品开发较少，对高层次的文化旅游者吸引力不够。由于文化旅游品牌定位的不精准，导致文化旅游整体档次偏低，品牌的市场竞争力不足。

文化旅游品牌定位应遵循以下原则：

一是个性化原则。在进行文化旅游品牌定位时，必须坚持个性化的品牌定位原则，塑造出品牌的个性，才能彰显品牌的特色。尤其要深入挖掘地方文化内涵与文化特色，才能形成文化旅游品牌的个性，提高品牌的价值。

二是消费者导向原则。文化旅游品牌的定位要以旅游消费者的需求为出发点，要以游客为导向，要以为旅游者提供文化旅游品牌价值为核心。因此，对旅游者的消费需求、消费心理、消费行为等了解、把握得越准，文化旅游品牌的定位也就越准。

三是差异化原则。文化旅游品牌定位的差异化就是要把地方文化特色融入到文化旅游品牌之中，使其具有独一无二的文化价值，才能体现出品牌的差异性，才能将本品牌与其他的品牌相区别，才能给旅游者一个与众不同的品牌印象，并烙印在旅游消费者心中，从而增强文化旅游品牌的吸引力。

文化旅游品牌的定位除了有一般品牌定位共同的原则之外，还有它的特别之处，那就是要遵循民族化与地域化的原则。地域化就是要抓住地方文化特色，以地方独特的文化作为品牌的灵魂，提高品牌的文化内涵。民族化、差异化的地域文化是做好文化旅游品牌定位的重要基础。但是，不少文化旅游品牌存在定位上的认识误区，将文化旅游品牌建设简单等同于文化旅游品牌的营销传播，忽视了文化旅游品牌的核心内容，没有对地域特色文化进行深入挖掘，使得文化旅游品牌缺乏文化吸引力。因此，文化旅游品牌一定要有独特的地方文化作为支撑。要结合当地的特色文化，深入挖掘其文化内涵，为文化旅游的

[①] 厉建梅.文旅融合下文化遗产与旅游品牌建设研究——以山东天上王城为个案[D].山东大学，2016.

定位做好基础工作。

除了定位不准之外，还存在着文化旅游品牌延伸不当等问题。文化旅游品牌的延伸是"将原品牌运用到新产品或服务中以期望减少新产品进入市场风险的营销策略。品牌延伸有助于深入挖掘文化旅游产品的品牌价值，减少建立新品牌的风险，实现利润最大化。对品牌的延伸不足，影响品牌价值潜力的发挥"。[①]不少文化旅游品牌都有进一步延伸的潜力，可以借力"搭车"已经成熟成名的品牌，使自己产生更大的品牌溢价，提升文化旅游品牌和企业的利润空间。

三是在文化旅游品牌的推广中，品牌宣传力度不够，或是过度依赖广告宣传，提高了品牌建设成本。当然，文化旅游品牌的广告宣传是扩大品牌影响力的重要手段之一，需要进行适当的广告宣传，向潜在的旅游消费者传达产品和品牌的信息，促使消费者作出消费选择。但是一些文化旅游企业往往过于注重产品的营销和广告投入，很多旅游景区认为品牌是靠广告堆出来的，通过"烧钱"、大量做广告就可以建立一个知名的品牌，这种认识是片面的，是一种误区。

文化旅游品牌建设需要企业的综合实力做支撑，如果只是增加广告投入而忽视景区经营、服务，不但无法获得游客的喜爱和信赖，即使广告效应使景区一下"火爆"了、"知名"了，也会很快"昙花一现"，树立品牌更是一句空话。所以，文化旅游品牌仅靠砸钱做广告是堆不出来的，也不是如很多企业所认为，品牌是评出来的。诚然，企业可以通过参加各种评选、参加各种比赛来宣传推介自己的品牌，提高知名度。但事实上，文化旅游品牌不是靠评选评出来的，而是在激烈的旅游市场竞争中产生出来的，靠的是实力、文化和创意。"过分地依赖于广告，大大提高了品牌建设的成本。把品牌单纯地理解成为企业的一个招牌名号，并通过广告的形式对其进行宣传。"[②]同时，宣传手段的单一也严重制约着文化旅游品牌形象的塑造，使得品牌的整体形象不够突出鲜明。在文化旅游品牌的营销中，品牌的文化标识系统不健全，缺乏恰当的整体形象宣传口号等，都会制约文化旅游品牌的塑造，影响品牌的知名度。

---

① 曾妮娜. 浅议旅游文化品牌的建设[J]. 市场论坛，2011（03）：67-68.
② 罗英. 旅游品牌的营销策略研究[J]. 赤峰学院学报（自然科学版），2016（18）：32-34.

尤其是文化旅游品牌的对外宣传上，宣传主体、模式较为单一，"外宣模式还是以政府官方投资为主要形式，以电视、报纸、书籍等传统媒介为主要宣传途径。传播渠道陈旧，尚不能与新媒体有效结合"。①从而使品牌知名度的提升受到制约。

文化旅游品牌的宣传口号"在旅游形象建设中起到了排头兵与领跑者的作用，会成为所有宣传策略的出发点和立足点。"②一个响亮的形象宣传口号，是一个文化旅游景区的经典名片，是唱响文化旅游品牌的关键一环，在文化旅游品牌传播过程中具有重要的作用，能起到很好的传播效果。形象宣传口号要注重独特性、简洁性、辐射性，彰显出深厚的文化底蕴，才能具有强大的吸引力。

在文化旅游品牌的宣传推广中，要广泛利用网络、电视、节庆、推介会等各种各样的媒介来扩大品牌影响力，提升品牌的知名度。在当今网络信息技术大发展的时代，网络已成为人们生活中必不可少的一部分，应当充分利用这些现代媒体进行文化旅游品牌和文化旅游产品的宣传。还可以通过推介会、各种公关活动引起新闻媒体和公众的关注，"利用公共宣传提高品牌知名度，以赞助名义提高品牌美誉度。公关与广告不同，广告是让人们'买我'；公关是让人们'爱我'，然后'买我'。公关比广告有更高的可信度"③。

四是文化旅游品牌创意不足，缺乏个性与特色。在文化旅游品牌建设中依旧存在着缺少品牌个性、缺失文化内涵、缺乏鲜明特色，文化创意不足，产品趋众性明显，景观相似，故事雷同，各景区相互模仿、盲目复制、恶性竞争等问题。文化旅游产品同质化现象严重，导致一些毫无创意、全无特色的文化旅游产品盛行。缺乏创意的文化旅游品牌很难对旅游者产生强大而持久的吸引力，使得文化旅游品牌缺乏影响力，文化旅游产品缺乏竞争力，无法产生良好的品牌效应。"呈现出'有世界级资源，无世界级产品，更无世界级品牌'的

---

① 董秀静.山西文化旅游对外宣传问题及策略研究［J］.山西高等学校社会科学学报，2018（11）：95-98.

② 许建根，聂泠然.安徽旅游文化品牌的塑造、传播与感知：基于安徽旅游宣传口号"美好安徽 迎客天下"的分析［J］.视听，2018（10）：186-187.

③ 余明阳，杨芳平.品牌学教程［M］.上海：复旦大学出版社，2009：194.

现象。由资源转化为产品的能力偏弱,由产品转化为品牌的能力更为薄弱。"①

文化旅游品牌的碎片化严重,没有开展整合工作,区域性文化旅游品牌尤其缺乏。由于"现有的旅游资源开发以行政区域划定进行单点开发已成常态,一个景点一个品牌,一个品牌一个行政区,导致景点分散化、品牌碎片化。在景点景区雷同的背景下,管理与宣传却各自为政、重复运营,导致成本上升而效率下降。多个品牌无整合效应必然减少品牌的协同性,形成品牌之间的内耗,最终导致品牌平均价值的下降"。②要建构起区域文化旅游品牌,实现品牌的规模效应,发挥品牌的辐射功能和空间拓展能力,从而提升区域整体的竞争能力。但不少地方还是各自为政,联合开发力度弱,区域合作性不强,很难形成具有影响力的区域文化旅游品牌。因此,要打破各自为政的壁垒,树立一盘棋的整体理念,才能实现文化旅游资源优势互补,提高区域整体的竞争能力。

城市文化旅游品牌建设依旧薄弱。文化旅游品牌是一个旅游城市的无形资产,是提高城市竞争力的重要筹码。城市是旅游人口最集中的区域,通常还是旅游景区、景点的进入口。城市的文化旅游品牌蕴涵着巨大的经济与社会价值,能够扩大城市的知名度和美誉度,提升城市的综合竞争力。很多旅游城市已经意识到品牌的重大意义,纷纷打出了自己的城市品牌,明确了品牌定位,如南昌为"英雄城市",大连为"浪漫之都",深圳为"精彩深圳,欢乐之都",杭州是"世界休闲之都",香港为"购物天堂""动感之都",等等。但是,城市管理部门的品牌意识还不很强,还没有认识到城市品牌与景点景区之间的高度关联性。

对文化旅游品牌的保护力度不够。文化旅游品牌有了一定的知名度和美誉度之后,就会产生品牌价值,就会成为一种无形的资产。为了在竞争激烈的旅游市场中维护品牌资产,实现品牌的可持续发展,就需要进行品牌的管理与维护。如果对品牌保护力度不够,就很容易被竞争对手模仿、复制,因而失去品牌优势和价值。出于经济利益的考量,一些城市纷纷抢占文化旅游品牌,甚至打起了"品牌官司",造成了文化旅游品牌的恶性和无序竞争,破坏了文化旅

---

① 王志东,闫娜.山东文化旅游品牌战略研究[J].理论学刊,2011(06):106-109.
② 王文乐.江西旅游品牌管理与发展路径[J].企业经济,2018(07):83-88.

游品牌的整体形象，甚至导致了文化旅游品牌的空壳化。在一些地区，"有品牌、无企业、无产品、无服务的区域文化品牌空壳化现象相当严重，导致部分文化旅游品牌不断弱化，甚至空壳化"①。

六、文化旅游品牌建构的重点与关键

文化旅游品牌是靠"打"出来的。通常所谓的"打品牌"，就是"规划、开发、宣传品牌的过程。经过市场开发和定位的旅游地形象才能成为旅游地品牌"②。

文化旅游品牌的建构是一个系统工程，要经过"品牌定位、品牌设计与开发、品牌营销与传播、品牌管理和维护等几个环节"③。文化旅游品牌的建构要"以旅游景区品牌资产为核心，通过品牌定位、品牌设计、品牌传播、品牌保护、品牌延伸和品牌创新这六位一体的管理体系，提高景区在旅游者心目中的知名度和美誉度，扩大品牌的号召力和影响力"。④要提升文化旅游景区的形象和地位，增强其核心竞争力。一般而言，建构一个成功的文化旅游品牌，需要具备四个基本要素，即核心的景区价值、健康的景区文化、卓越的形象传播载体以及健全合法的品牌保护。

文化旅游品牌战略的核心是"如何为品牌赋予它应有的功能、情感、文化、价值与精神的内涵，并合理地传播，使品牌健康快速地发展"。⑤实施品牌战略，首先要挖掘地方文化特色，做好品牌定位。进行文化旅游品牌的定位，就是在对旅游市场细分的基础上，确定目标游客，并明确其在游客心目中的形象与地位。"萃取旅游地最具特色的、最具鲜明个性的内容，通过准确的品牌定位确定品牌形象，引起游客的心理认同和情感共鸣，形成旅游品牌的竞

---

① 钟荣丙.湖南文化旅游协同发展的路径研究［J］.湖南工程学院学报（社会科学版），2018（01）：17-26.
② 李树民，支喻，邵金萍.论旅游地品牌概念的确立及设计构建［J］.西北大学学报（哲学社会科学版），2002（03）：35-38.
③ 厉建梅.文旅融合下文化遗产与旅游品牌建设研究——以山东天上王城为个案［D］.山东大学，2016.
④ 朱强华，张振超.旅游景区品牌管理模型研究［J］.桂林旅游高等专科学校学报，2004，15（06）：27-31.
⑤ 张翔云.旅游地品牌化的路径选择与实现［J］.社会科学家，2018（01）：105-111.

争优势。"①

　　文化旅游品牌定位不仅要立足本身的资源特色，更要以游客为中心，从游客的角度出发，以游客的文化体验和心理诉求为出发点。文化旅游品牌定位"要站在消费者需求满足的高度，从消费者的内心出发，实现从产品定位到消费者心智定位的升级，从卖产品到卖给消费者心智需求"。②这是一个重要的转变，文化旅游品牌定位要从突出旅游资源的独特性，转向旅游产品能带给游客带来什么样的文化或情感的体验，满足游客哪些利益诉求，给游客带来什么样的旅游感受。以产品带给消费者的核心价值来进行品牌定位，这也是文化旅游品牌打造的关键。

　　在进行文化旅游品牌定位时，要挖掘文化特色，可从历史文化底蕴、自然地理特征、人文民俗风情等入手，提炼品牌的形象和口号，通过一句精练的文句，画龙点睛地刻画出生动而富有魅力的旅游地形象，高度概括地域自然风貌与历史文化特色，形成具有地域特征的文化旅游品牌形象，往往可以打动旅游者，激发其旅游动机，产生巨大的市场影响力。

　　旅游地形象是文化旅游品牌的重要组成部分，是文化旅游品牌的心理载体，也是品牌战略制定的基础与前提。文化旅游品牌就是游客心目中的形象，是游客的口碑，而打造文化旅游品牌的过程也就是树立景区形象的过程。旅游地形象是"旅游者对旅游地的感知，是对旅游地各种要素产生的印象总和"。③旅游地形象是吸引和影响游客是否前往旅游地旅游的重要因素。在文化旅游品牌的打造中，旅游地形象"涵盖了一个地区的人文、自然、科教、经济等多重要素，通过对一个地域的旅游形象的塑造与宣传，我们能够集中地感知该地最显著与突出的魅力与优势，因此旅游地形象的建设在区域品牌形象的打造中发挥着重要作用"④。

　　文化旅游品牌形象是其在旅游市场及游客心目中所表现出来的个性特征，体现了旅游消费者对品牌的评价与认知。"品牌形象反映了游客对目的地基础

---

① 梁明珠.城市旅游开发与品牌建设研究［M］.广州：暨南大学出版社，2009：71.
② 孙文广.新媒体时代，如何打造旅游品牌［N］.中国包装报，2012-12-21.
③ 梁明珠.城市旅游开发与品牌建设研究［M］.广州：暨南大学出版社，2009：40.
④ 许建根，聂泠然.安徽旅游文化品牌的塑造、传播与感知：基于安徽旅游宣传口号"美好安徽 迎客天下"的分析［J］.视听，2018（10）：186-187.

设施、接待服务设施、旅游资源、城市风貌等的整体看法，带有较强的主观性。目的地品牌形象被认为是目的地品牌个性主要的先前表征，能够对目的地品牌个性的形成发挥显著作用。游客用于对目的地做出评价的各种要素中，目的地形象及旅游产品质量是最重要的两个要素。"[1] 品牌形象在体现景区核心价值、实现品牌传播等方面具有重要的意义。

七、文化旅游品牌的建构举要

如今，文化旅游品牌的建构越来越受到地方政府和企业的重视，很多地方都成功打造出具有鲜明特色、响亮的文化旅游品牌。"万绿之宗，彩云之南""清新福建""好客山东""晋善晋美"等口号成为了大家耳熟能详的文化旅游品牌。

云南省提出的"万绿之宗，彩云之南"的品牌形象定位，就很好地抓住了云南省旅游资源的精髓，勾起了旅游者对于云南独特之美的想象。福建省在2012年推出"山海画廊·人间福地"的旅游品牌形象，紧紧抓住了福建省的一个福字，体现了八闽大地山海相依、福气润泽、生机盎然的人文特点。2013年，"又以'清新福建'作为福建省旅游品牌进行推广，包含生态清新和人文清新的内涵，高度概括了福建总体旅游形象的生态文化旅游品牌，让游客感受到福建清新的生态环境与清新的人文环境，把清新带回家"[2]。

山东省具有令人骄傲的悠久历史、灿烂而厚重的文化底蕴，黄河从这里入海，东岳泰山从这里崛起，又是孔子的诞生之地。以泰山、黄河和儒家文化为代表的自然与人文资源是山东标志性的独特而深具文化内涵的旅游资源。1984年，山东省因而提出了"一山一水一圣人"的文化旅游口号，产生了深远的影响，对于树立山东的旅游整体形象和促进旅游产业的发展起到了重要作用。

2008年奥运会在北京举行，山东青岛作为协办城市之一，是奥运会帆船比赛项目的主办地。为此，从2002年开始，山东又推出了"走近孔子，扬帆

---

[1] 马建峰，杨芳.国外旅游目的地品牌研究述评[J].重庆工商大学学报（社会科学版），2015（03）：30-41.

[2] 陈肖利.基于游客体验的区域旅游品牌建设效果研究——以"清新福建"旅游品牌为例[J].武夷学院学报，2017（08）：37-44.

青岛"的文化形象宣传口号,借力于北京奥运会,向世界推广宣传山东的文化旅游产业,充满与时俱进的时代气息。

2008年奥运会结束之后,山东省又适时提出了"好客山东"这一著名的文化旅游品牌,并通过央视等媒体反复播放,给人们留下了深刻的印象,引起社会的强烈反响,取得了巨大的成功,引领了各地的旅游形象宣传的新潮流。简洁有力,短短四个字的"好客山东"文化旅游品牌形象口号,凸显了山东"豪放、热情、好客的形象,塑造了独具魅力的旅游品牌形象,大大提高了旅游吸引力和竞争力"[1],让人印象深刻。"好客山东"这一品牌,"体现出山东'以人为本'和'有朋自远方来,不亦乐乎'的传统文化内涵。从旅游消费者的角度进行设计和开发,不断满足消费者对旅游产品和服务的高品质需求"[2]。同时,也体现了山东齐鲁文化"好客"的鲜明特色,"好客文化"也因此成为"好客山东"文化旅游品牌的核心价值。并且通过在中央电视台高密度播放"好客山东"旅游形象宣传片,使"好客山东"的口号深入人心,大大提升了山东文化旅游的知名度和美誉度。

"好客山东"文化旅游品牌,实现了中华优秀传统文化与现代旅游产业的有机融合。这一品牌既凝练、彰显出了山东地域文化的鲜明特色,将延续数千年的山东好客文化的特色揭示了出来,同时,也适应了现代旅游产业的发展趋势,体现了以人为本的发展理念。"好客山东"文化旅游品牌可谓是中华优秀传统文化与现代旅游产业融合发展的成功样本。

受益于"好客山东"文化旅游品牌的影响力,山东形成了文化旅游品牌良好的整体形象。全省包括全部17个省辖市在内,共有35个城市荣膺"中国优秀旅游城市"称号这一金字招牌,总数位居全国第一,形成了全国最大的"中国优秀旅游城市群"。山东17个省辖市全部提出了各具特色的品牌口号,如济南市的"泉水之都,天下泉城"、临沂市的"灵动山水,亲情沂蒙"、烟台市的"山海福地,魅力烟台"、泰安市的"中华泰山,天下泰安"、潍坊的"风筝之都",等等,"全省旅游系统已经形成了旅游目的地品牌形象建设的框架

---

[1] 马杰.福建旅游品牌定位研究[J].北京第二外国语学院学报,2013(03):73-75.
[2] 厉建梅.文旅融合下文化遗产与旅游品牌建设研究——以山东天上王城为个案[D].山东大学,2016.

体系"①。

  "表里山河，人文祖地"的山西作为华夏文明的摇篮，有着深厚的文化底蕴，是一个文化旅游资源大省。山西有着"晋商、关公、五台山佛教文化三张具有国际影响力的文化名片，五台山、平遥古城和大同云冈石窟已列入世界文化遗产名录"。②"华夏古文明，山西好风光"这一口号是对山西文化旅游资源的高度概括和凝练。2012年，山西又提炼出了"晋善晋美"这一文化旅游主题品牌，通过央视等媒体的全面宣传，扩大了"晋善晋美"文化旅游品牌的影响力，对游客产生了很强的吸引力。

  陕西作为中华民族和华夏文化重要的发祥地之一，文化资源和旅游资源都十分丰富，是文化旅游资源大省，在全国旅游格局中具有重要地位。截至2018年年底，陕西有秦始皇帝陵博物院、华清宫文化旅游景区、西安大雁塔—大唐芙蓉园景区、法门寺文化景区、太白山国家森林公园、华山景区、黄帝陵景区、金丝峡景区、西安市城墙·碑林历史文化景区等9家5A级景区，5A级景区数量位于全国前列。

  陕西依托其丰厚的历史文化资源，围绕建设"国际一流文化旅游中心"的目标，利用周、秦、汉、唐等独具特色的历史、民俗与宗教文化，整合陕西文化旅游，提出打造"文化陕西"这一文化旅游品牌。

  从上述成功的文化旅游品牌建构中可以看出，在建构文化旅游品牌时，要特别注重挖掘品牌的文化内涵、文化特征。构建文化旅游品牌应从文化视角出发，深入挖掘和开发地域特色文化，才可以提升文化旅游品牌的活力、品位与级别，展现其独特的文化气质与文化氛围，塑造出鲜活的灵魂，使文化旅游产品更具有灵气，更具市场竞争力。

  文化旅游品牌的核心与关键在文化，文化旅游品牌的建构越来越依赖于具有鲜明文化主题和特色的旅游产品和服务，要突出文化主题，只有将文化特色注入文化旅游品牌的形象、对外宣传之中，利用文化特色树立起品牌形象，才能塑造出知名品牌，才能在众多旅游目的地中脱颖而出，建构起具有核心竞争

---

① 王志东，闫娜.山东文化旅游品牌战略研究［J］.理论学刊，2011（06）：106-109.
② 董秀静.山西文化旅游对外宣传问题及策略研究［J］.山西高等学校社会科学学报，2018（11）：95-98.

力和影响力的文化旅游品牌。假如一个文化旅游品牌没有核心与灵魂，就无法形成强大的吸引力、无法保持强劲的生命力，也就没有品牌的竞争力。可以说，地域文化特色是文化旅游品牌的价值基础。文化如水，具有很强的穿透力与渗透性，特色文化资源是文化旅游目的地文化旅游品牌建构的基础，用文化包装品牌，用品牌承载文化，讲好品牌的故事，才能打造卓越的文化旅游品牌形象。建构出具有深厚文化底蕴，具有较高知名度、满意度和影响力的文化旅游品牌成为旅游业界共同的目标。

旅游六要素中，旅游购物是旅游活动重要的一环，是旅游活动的延伸和物质表现，是对文化旅游品牌无声无言的宣传。旅游商品、旅游纪念品质量的好坏也直接影响着游客对景区的口碑与印象。旅游商品作为展示景区品牌形象和对外传播的媒介，也是文化旅游品牌建构的重要方面。旅游购物"不仅是一个国家或地区的文化艺术、传统习惯的生动反映，还可满足旅游者纪念、欣赏、炫耀、提高地位、自我满足等心理和精神上的需要"。[①] 旅游商品可以树立景区的良好形象，助力景区知名度的提高。

旅游商品、旅游纪念品在文化旅游品牌的传播中，可以起到潜移默化的宣传效果。要加大对文化旅游商品的系列化、品牌化开发，注重商标注册，保护知识产权，形成自己的品牌。"这既能拓展旅游商品的销售市场，同时也能起到传播、营销旅游目的地的作用。"[②] 旅游购物可以增加游客的购物体验，满足游客购买旅游纪念品或地方特产的意愿，把富有地方特色的旅游商品带回去给亲朋好友，能够宣传、提升旅游景区的品牌形象。旅游商品不仅可以提升和丰富景区文化旅游品牌的内涵，而且可以延长文化旅游景区的产业链，增加旅游的综合收入。未来文化旅游景区的发展趋势应该是全产业链的商业模式，门票只是其旅游收入的一个组成部分，增加文化旅游商品的收入占比，延伸和拓展文化旅游产业链是文化旅游景区转型升级的关键。

文化旅游品牌的建构离不开营销宣传这一重要手段。要加大对文化旅游品牌的策划、营销和宣传，进行全面、全方位的营销推广，扩大文化旅游品牌的

[①] 尹华光，姚云贵，熊隆友.旅游产业与文化产业融合发展研究［M］.北京：中国书籍出版社，2016：21.

[②] 桑彬彬.旅游产业与文化产业融合发展的途径［J］.旅游研究，2016（05）：3-5.

影响。"一方面是加大营销投入,树立旅游地主题形象。另一方面是围绕主题品牌进行资源开发整合,提高旅游地的旅游环境质量。"①

文化旅游品牌的附加值存在于旅游消费者的认知之中,要通过广告宣传、营销公关等方式大力进行文化旅游品牌的推广。广告具有传递信息快、覆盖范围广、效果明显的传播特点,是实现品牌定位、提升品牌知名度的重要手段,是将品牌定位、产品信息等快速传播给旅游消费者的一个重要环节。在文化旅游品牌的宣传中,可以通过一句精准、响亮的宣传口号及一个宣传网站、一张景区宣传光碟、一套景区解说词、一本宣传手册、一张导游图、一系列旅游节事活动等,进行全方位、立体化、多角度的营销宣传活动。在文化旅游品牌的宣传中,要整合资源,聚合力量,加强重要媒体的战略合作,切忌搞各自为战、零打碎敲的无效投入。另外,要善于利用媒体宣传造势,通过媒体进行文化旅游品牌形象的宣传。还要从保护和挖掘文化资源、开发特色文化旅游产品和文化创意旅游商品、加强网络营销和文化营销等多个维度对文化旅游品牌进行战略提升,文化旅游企业要树立品牌战略意识,进行文化旅游品牌的战略谋划,制定中、长期文化旅游品牌发展规划,合理实施品牌扩张,延伸品牌产业链,做强文化旅游品牌。

八、文化旅游品牌建构的基本原则

文化旅游品牌的建构有其基本的原则,在建构文化旅游品牌时,要遵循文化保护、创新创意、差异性个性化、市场导向、质量第一和协调发展等基本原则。

文化保护原则。在建构文化旅游品牌时,要以保护文化为品牌建设的前提。众所周知,文化是人类文明的载体,各种人文资源保留着人类生存活动的各种痕迹、信息,是人类的精神家园,且具有不可替代性和不可再生性。因此,对文化必须加以保护,走可持续发展之路。在文化旅游品牌的建构中,文化和文化遗产的保护是前提和依托,必须在保护的前提下开发文化旅游资源,决不可以以破坏文化资源为代价进行无限度地开发,造成文化和文化遗产资源

---

① 李树民,支喻,邵金萍.论旅游地品牌概念的确立及设计构建[J].西北大学学报(哲学社会科学版),2002(03):35-38.

不可挽回的损失。文化资源的开发利用、文化旅游品牌的建构要把眼前的短期利益与未来的长远利益相结合,"着眼于文化旅游品牌建设对当地人民生活水平提高和区域经济发展的推动作用,品牌建设要注意保护传统文化也要注意保护生态环境"。①

创新创意原则。"创新"这个词最早由美籍奥地利经济学家熊彼特提出,其意就是突破已有的惯例、模式,创建新的模式,通常分为制度创新和技术创新。创新是第一推动力,创新推动了中华优秀传统文化的发展繁荣,创新也推动了文化资源的创造性转化。尤其是文化旅游品牌的建构更需要有创新意识和创新思路,更需要有新的视野、新的理念,需要围绕历史文化遗存、地方文化特色来创造性地打造文化旅游品牌。创新创意是文化旅游品牌构建中不可或缺的元素。"无论是文化旅游活动的策划、景观的规划,还是体验项目、纪念品的研发,都要面向游客需求,积极融入创意性元素,逐步打造出与市场相适应的文旅产品,方可确保文化旅游品牌的持续、稳定发展。"②在文化旅游品牌的建构中,要有创新意识,开发富有创意性的产品,以形成"人无我有,人有我优,人优我特"的吸引力和竞争力。由于每一个文化旅游品牌都有其自身的生命周期,因此,文化旅游品牌的建构,也要遵循继承创新的原则。

建构文化旅游品牌要遵循差异性原则,突出个性化。要依托独特的文化底蕴,打造具有个性,具有差异性、知名度、影响力的文化旅游品牌,以增强对游客的吸引力。在确立文化旅游品牌的核心价值时,必须遵循差异性原则,遵循一定程度的排他性原则,突出品牌和产品的个性,突出原生性和唯一性。文化旅游品牌的个性和特色是品牌成功的关键,特别是在产品高度同质化的今天,具有个性化的文化旅游品牌尤其显得重要。地方独有的特色文化是彰显品牌个性的首要元素,也是品牌的生命力源泉。挖掘文化内涵,提炼文化旅游特色,以独特的文化吸引游客、占领市场,是文化旅游品牌建构中必须关注的问题。

文化旅游品牌的建构要始终坚持市场导向原则。要依托旅游市场主体,着

---

① 曾妮娜.浅议旅游文化品牌的建设[J].市场论坛,2011(03):67-68.
② 韩彩霞.文旅融合背景下文化旅游品牌的构建策略探微[J].江西电力职业技术学院学报,2018(04):151-152.

眼于满足游客的文化需求，整合特色与资源，明确品牌建设的方向。通过文化发力，培育、构建有持续成长性和核心竞争力的文化旅游品牌。因为一旦文化旅游品牌与旅游者内心认同的文化发生共鸣时，就能更好地引起旅游者的兴趣，激发潜在的旅游需求，增加对品牌的忠诚度，使文化旅游品牌立于不败之地。

文化旅游品牌的建构必须坚持质量第一原则。始终牢记质量是文化旅游品牌建构的永恒生命，是品牌建设的基础。"以质取胜"是永不过时的真理，"质量第一"也是维系文化旅游品牌的根基。好的品牌是"依托口碑的力量自然生成的，其基础是优质的产品和优质的服务。这样的品牌是市场造就的，具有持久的影响力"。[1]因此，必须努力提高文化旅游的服务质量，着力提升文化旅游服务水平，优质的人性化的服务也是建立品牌价值的记忆符号，要以优质的服务树立、维护品牌形象，提升文化旅游品牌的美誉度。要妥善解决好游客在旅游中遇到的问题，畅通投诉通道，建立高效的游客反馈机制，认真听取游客意见，真诚处理游客投诉，把负面的事件、负面的影响消灭在萌芽之中，挽回旅游者对旅游景区的不良印象。通过人性化、个性化、亲情化的优质服务来维持、提高顾客对品牌的忠诚度，打造具有高知名度与高美誉度的文化旅游品牌。

文化旅游品牌建构还要遵循协调发展的原则，做好品牌的整合工作。要对现有品牌进行分类重组，提炼旗帜品牌或核心品牌，围绕旗帜品牌重新配置，整合文化旅游资源，使品牌与资源协调发展，形成品牌合力和品牌协同效应。

文化旅游品牌的建构不是一蹴而就的，也不可能一劳永逸，必须经过一个阶段性、渐进性的漫长过程。要不断加强品牌的管理，及时进行品牌的维护。无论是扩大文化旅游品牌的知名度，还是维持品牌忠诚度，抑或是改善品牌的品质形象，都需要不断进行文化旅游品牌的精心维护与精致管理。

文化旅游品牌从创建、成长、发展到成熟是一个长期的过程，是一个从小到大、从陌生到熟知并获得广泛认同、产生好感的循序渐进过程。一个文化旅游品牌创建后，一般是先从某一区域的地区品牌，然后拓展、成长为全国品

---

[1] 邢启顺.从"金海雪山"品牌价值收获看"农、旅、文"深度融合发展[J].贵州师范学院学报，2016（08）：40-44.

牌，再在国际市场的竞争中发展为国际品牌、全球品牌。文化旅游品牌的建构应从挖掘优势资源入手，充分利用已经拥有的优势资源和已经打响的有较高知名度的旅游品牌，依托品牌效应的辐射力，使新建构的文化旅游品牌得到良好的成长。

由于每一个品牌都有从问世、成长到成熟、衰退并逐渐消失的生命周期，如果缺乏对品牌的管理经营和维护，则会加快品牌的衰落速度。因此，必须做好文化旅游品牌的管理与维护，保持品牌更持久的生命力。

实施文化旅游品牌管理的目的，"在于维系品牌塑造系统的正常运转，不断升级、壮大品牌实力，使品牌具有可持续发展空间"[①]，形成品牌的辐射力与凝集力，最大限度地提升品牌的价值。因为一个品牌在刚刚创立时可能没有什么价值，只有随着知名度的提升，才能提升品牌的价值。文化旅游品牌，即使是知名品牌，它的价值也不是单向直线上升的，而是上下波动的。同时，文化旅游品牌又是"易碎品"，在瞬息万变的商海中，一旦遇到突发事件，稍不留意，就有可能对品牌产生灾难性的后果，使品牌的价值急剧下降，甚至让品牌资产化为乌有。比如"青岛大虾"事件，就差点给"好客山东"这一文化旅游品牌带来毁灭性的打击，因此，必须不断进行文化旅游品牌的维护和管理。

文化旅游品牌的保护，其重点就是保护品牌的知识产权，即对品牌的商标、专利、域名等进行保护。品牌保护也是品牌运行的关键环节之一。随着品牌知名度的提高，他人便会群起而仿冒。因此，就需要对品牌进行商标注册，保护知识产权，用法律武器保护品牌，保护品牌的名誉和商业价值，避免品牌被侵权或因不正当竞争而受到损害，导致品牌无形资产流失。不能仅仅重视品牌建设、品牌推广，而不注重品牌的保护。

要加强文化旅游品牌的危机管理，应对市场环境变化进行应急处置，注重品牌危机管理。特别是随着科技的发展，进入了全民网络的时代，人人都是"自媒体"，"网络是一把双刃剑，既可以让某一主体一夜成名，也可以让某一品牌毁于一旦。由于旅游业有较强的关联性、服务性、综合性与复杂性，因此，只要其中的一个环节出现失当行为，经过互联网的发酵，就会产生严重的

---

① 赖坤，张鼎灵."两山一湖"格局下宣城旅游品牌塑造研究[J].安徽师范大学学报（自然科学版），2003（04）：406-409.

多米诺骨牌效应,进而影响旅游业和其他行业的进一步发展。如'青岛大虾'事件,其负面影响波及的是整个旅游地品牌,使'好客山东'这一品牌成为网上流传的'宰客山东',给山东旅游带来很大的负面影响"。[①] 因此,要制定品牌突发事件应急预案,建立有效的危机管理团队,化危机为转机。

要建立省级、地市、景区的三级文化旅游品牌管理系统,"在各级管理系统之下可根据情况设立品牌支持、品牌运营、品牌保护和品牌质量标志子系统"。[②] 品牌保护系统包括品牌商标注册保护、品牌侵权保护、景区违法行为制止和游客投诉接受与处理等主要功能与要素,消除损害品牌价值的隐患。

总之,政府和企业管理者要实施文化旅游品牌引领战略,最大限度地发挥文化旅游品牌的价值。但是,文化旅游品牌的建构是一个系统工程,有其自身的成长规律。文化旅游资源是建构文化旅游品牌的生命载体,独具特色的文化是文化旅游品牌建构的灵魂,在文化旅游品牌建构时,要注重挖掘当地独特的文化内涵,并进行创意创新,才能彰显出文化旅游品牌的独特价值。

[①] 张翔云.旅游地品牌化的路径选择与实现[J].社会科学家,2018(01):105-111.
[②] 王文乐.江西旅游品牌管理与发展路径[J].企业经济,2018(07):83-88.

第五章　文化旅游品牌的营销传播

建构文化旅游品牌是解决当下旅游景区同质化、低俗化、低水平竞争等现象的有效途径，是景区可持续发展的重要举措，这在业界已形成了共识。通过各种营销手段，进行文化旅游品牌的营销传播是建构品牌的必要环节。文化旅游品牌从建构到成长、成熟都离不开成功的营销传播手段。

一、品牌的本质是营销

品牌的本质是营销。文化旅游品牌建构之后另一重要任务是将其传播推广，让旅游消费者能够在日常生活中对文化旅游品牌有正面、积极的印象，才能进一步扩大品牌的影响。因此，在文化旅游品牌的建构过程中，如何将品牌形象、品牌文化、品牌产品等通过各种营销手段，传播给潜在游客，就成为品牌建构的必要环节和重中之重。品牌形成的过程也就是它在消费者中的传播、认知、接受的过程。文化旅游品牌的创建、成长、成熟离不开恰当的营销手段。成功的营销、传播手段，能大大提升文化旅游品牌的影响力，为品牌的健康成长创造更广阔的空间，提升传播速度。

在文化旅游品牌建构的过程中，营销传播起着极为重要的作用，已成为文化旅游品牌生存的必要手段之一，提升文化旅游品牌的影响力离不开充分且有效的营销传播。

文化旅游品牌的营销传播，"包括景区内部传播和外部传播，目的是通过一切可以传播的渠道和手段将旅游景区的产品和形象传播到游客，增强旅游景区品牌的影响力和吸引力"。[①]

[①] 厉建梅.文旅融合下文化遗产与旅游品牌建设研究——以山东天上王城为个案［D］.山东大学，2016.

曾经有所谓"好酒不怕巷子深"之说，但在今天的信息社会，"酒香不怕巷子深"的时代已经过去。"认为'酒香不怕巷子深'，不必花很大力气在营销上；认为景区营销是形象工程，投入多收效微，得不偿失；认为营销就是夸大宣传、断章取义，结果错误营销引起了游客反感。将营销与盈利画上等号，一心只想卖产品，却没有品牌意识和服务意识。"[1]这些都是文化旅游产品和文化旅游品牌营销的误区。如果文化旅游产品缺乏有效营销，就只能"养在深闺人未识"；如果不重视品牌的营销传播，那就只能是"好酒锁在深巷中，酒客欲饮无门径"。因此，必须重视文化旅游产品和文化旅游品牌的营销。

文化旅游品牌营销传播的核心目标在于让品牌对游客的意识产生深刻的影响，最终让游客接受品牌，购买旅游产品。通过营销传播，将文化旅游品牌的个性、品牌形象等快速传递给潜在的旅游消费者，帮助他们更好地接触、理解并接受品牌，最终认同品牌，并从内心里产生对品牌的信任，从而接受该品牌及其文化和价值理念，形成对品牌的忠诚。

在文化旅游品牌的营销和传播过程中，要采取文化营销模式。由于文化旅游产品不仅要满足游客感官上的体验，更要能满足游客精神上的享受。因此，文化营销模式越来越多地被旅游企业所采用。"这是因为文化对消费者的渗透力和影响力更能够对消费者产生潜移默化的影响，使得消费者在内心产生认同和想要去旅行的渴望。文旅融合背景下的文化旅游营销可以利用文旅融合，充分发挥文化产业对旅游产业的文化重塑和文化传播作用，通过电影、电视、节庆、会展、演艺、动漫等方式宣传旅游品牌文化和品牌产品。"[2]在文化旅游品牌的营销中，要综合运用各种传播手段和传播渠道，如新闻、电视、报纸、杂志、广播、户外广告、影视传媒、文化演艺、新媒体等，结合文化节庆、会展、促销等营销手段，多渠道、多角度、多层次、全方位地进行文化旅游品牌的宣传和推广，与现实和潜在的旅游消费者进行沟通，扩大文化旅游品牌的传播范围、扩大文化旅游品牌的影响力，使旅游者熟悉该品牌，了解品牌包含的信息，提升品牌知名度，增强品牌的影响力，树立品牌的正面形象，从而吸引更多的

---

[1] 曹雪文.文旅融合新时代 走心营销才能更好"赢销"[N].中国旅游报，2018-12-07.
[2] 厉建梅.文旅融合下文化遗产与旅游品牌建设研究——以山东天上王城为个案[D].山东大学，2016：171.

旅游者，增强品牌的竞争力，最终获得旅游消费者的认可并购买旅游产品。

文化旅游品牌的营销传播通常分为内部传播和外部传播两大范畴。文化旅游品牌的内部传播是指"通过景区的内部载体将品牌的名称、符号、标识、理念、文化等构成要素呈现出来的过程"。这种内部传播，主要是在文化旅游景区内传递、传播品牌的文化内涵，让游客在到达旅游目的地之后，能够感受到品牌的影响力。文化旅游品牌内部传播的途径和载体，"主要是景区的旅游产品和服务、游客中心、门票、宣传册、宣传栏、标志牌、解说展板、导引牌、导游、工作人员的穿着和言行举止等"。文化旅游品牌的外部传播是指"借助各种可以利用的传统和新兴媒体，将景区品牌及其所蕴含的自然和人文特色、景区的主打产品品牌传播出去的一个过程。即是通过电视、报纸、期刊、杂志、互联网、在线旅游平台、其他门户网站、户外广告、车载广告、车站、社交平台等方式实现外部传播，将品牌的内涵传达给潜在的游客"。①甚至名片、信封、信纸等旅游企业的办公用品，也可以从细微处向外传递文化旅游企业的品牌形象。

营销也是一种传播的手段。要创新营销方式，综合运用网络营销、节庆营销、公众营销等多种营销方式，借助新媒体、大数据分析等高新技术手段，进行市场调研，合理定位消费受众，注重精准营销。此外，还要完善营销机制，"建立政府、行业、媒体、公众等共同参与的整体营销机制，整合利用各类宣传营销资源和渠道，建立推广联盟等合作平台，形成上下结合、横向联动、多方参与的全域旅游营销格局"。②因为仅靠单一的、分散的营销手段很难达到品牌营销的目的，难以取得良好的营销效果，因此，必须综合运用各种手段，实行整体营销、综合营销。

二、文化旅游品牌的营销与传播

品牌传播是品牌与消费者建立联系的重要中介，是品牌发送者通过一定的

---

① 厉建梅.文旅融合下文化遗产与旅游品牌建设研究——以山东天上王城为个案［D］.山东大学，2016.
② 国务院办公厅关于促进全域旅游发展的指导意见［J］.中华人民共和国国务院公报，2018（10）：26-32.

媒介手段把品牌信息传输给目标受众，并且积累品牌资产的过程。文化旅游品牌传播最核心的是将品牌的定位、品牌的宣传口号等迅速、准确、全面地传达到旅游消费者心中，从而使旅游消费者形成对品牌的认知和联想。文化旅游品牌传播是为了达到"最优化地提高品牌在目标受众心目中的认知度、美誉度、和谐度，树立差异化的形象与口碑，激起消费者的信任和购买欲望"。①

随着科技的进步、人们生活方式和生活节奏的转变，文化旅游品牌营销的手段和载体也在不断进步。从20世纪80年代至今，文化旅游品牌的营销经历了三个发展阶段：文化旅游品牌营销的第一个阶段是以电视、报纸、杂志等平台为主的广告宣传阶段，可称为营销的1.0时代。第二阶段是以户外广告牌、车体广告、电梯广告等户外广告为主的宣传阶段，可称为营销的2.0时代，此时的营销手段呈碎片化状态。第三阶段则是以网络平台为主要营销手段的3.0时代，也就是文化旅游品牌营销的互联网时代，互联网时代的营销更加注重线上与线下活动的相互配合和协调。

文化旅游品牌营销的根本任务是让文化旅游产品的文化价值能够满足旅游者的文化需求，产生共鸣，最终使游客了解文化旅游产品，认可品牌，接受旅游服务。所以，文化旅游品牌的营销传播，除了新颖的营销手段和合适恰当的营销载体之外，更离不开先进的服务理念，而以游客需求为中心是营销之根本。"从以产品为中心，转变为以游客需求为中心，引爆旅游营销导火索。以游客需求为中心是营销之根本，以回归自然为指向是其催化剂。"② 在传统的营销模式下，旅游企业强调以产品为中心，只注重对文化旅游产品的内涵建设与宣传推广，而不太注重与旅游消费者的互动与沟通，使"消费者在文化旅游中处于某种被动地位，被动接受旅游企业所要传达的关于景区和品牌的认知"。③ 如今，文化旅游品牌营销以游客为中心，满足游客的心理需求，重视游客物质产品需要背后的文化需求，更好地提供能满足旅游者精神和文化享受的旅游产品。

---

① 包亚芳，孙治，薛群慧.旅游品牌竞争力——理论·案例［M］.杭州：浙江工商大学出版社，2012：56.

② 尹华光，姚云贵，熊隆友.旅游产业与文化产业融合发展研究［M］.北京：中国书籍出版社，2016：159.

③ 厉建梅.文旅融合下文化遗产与旅游品牌建设研究——以山东天上王城为个案［D］.山东大学，2016.

第五章　文化旅游品牌的营销传播

巧妙、得体的营销手法，往往能让景区文化旅游品牌的推广起到事半功倍的效果。但无论是哪种营销手段或营销方法，用心营销、走心营销才能更好"赢销"。在旅游业界每年都有不少暖心营销的成功案例，如在 2018 年国庆节期间，河南老君山旅游景区推出"无人值守 1 元午餐"公益活动，即游客只需要花一元钱，就能吃到一个馒头、一碗糊涂面和一根烤肠。景区的这一做法，很快引发了全网的热议，绝大多数游客对此赞不绝口，各路媒体也争相报道，闻讯而来的游客更是络绎不绝，"虽然这是老君山景区策划的一次公益活动，未曾想借此盈利，但从营销推广的角度来说，这次活动非但没有赔本，反而赚足了人气和口碑，是一笔划算的'买卖'"[1]。

在互联网时代，人们接受信息的方式发生了根本性的改变，网络的互动性和时空性优势日益彰显，互联网以其快捷、实时、交互性、灵活性、受众广泛性、低成本，成为新一代的营销和传播的主渠道，也改变了传统文化旅游品牌营销方式过分依赖于导游指南、旅游手册、报纸、电视、广播等传统媒体的营销宣传手段。

在当今的全民网络时代，互联网已成为旅游者获取旅游信息最重要的渠道，也是旅游者传播各种旅游信息的第一平台。越来越多的旅游者已经习惯运用现代交互式的网络平台来分享、表达自己的旅游体验与心得，推荐自己喜爱的旅游目的地。网络营销成为旅游市场营销的主要工具，旅游+互联网营销模式成为文化旅游景区发展的必由之路。"利用互联网塑造和推广旅游品牌，具有范围广、传播及时、更新快捷等特点，且能让旅游者获得融图、文、声于一体的全方位感受。"[2]

因此，文化旅游品牌的营销中，要导入互联网思维，借力于现代网络营销，充分发挥网络受众群体庞大、信息传播快、推介费用低的优势，利用好互联网这一新媒体，拓宽营销渠道，提高营销效果，扩大文化旅游品牌的影响和效应。"相比较以往的传统媒体，新媒体有着更快、更广、更便宜的特点，是

---

[1] 曹雪文.文旅融合新时代 走心营销才能更好"赢销"[N].中国旅游报，2018-12-07.

[2] 包亚芳，孙治，薛群慧.旅游品牌竞争力——理论·案例[M].杭州：浙江工商大学出版社，2012：66.

现代社会宣传的一种很好的工具。新媒体有其独特的传播效果和途径，如微信、QQ、微博等。利用微信平台做文化的宣传和推广，通过游客关注当地旅游文化的微信和推广到朋友圈中，可以采用打折优惠或送门票的形式。"① 互联网时代的旅游营销要利用好微信公众号、微电影等新技术和新手段，多渠道、高密度地立体推进，实现旅游营销各要素、各手段的全覆盖。因此，文化旅游企业要加强与游客在网上的互动交流，建立与游客互动的平台，发挥互联网+时代网络新媒体的作用，正如中国社科院旅游研究中心李明德副主任所说："我们是在新媒体的支持之下发展，谁不重视媒体谁就不能拥有品牌。"如今，互联网、大数据等都是进行文化旅游品牌营销推广时应该积极去争取、去依靠的基本力量，因为媒体推动了品牌的成立，媒体更推动了品牌的成功。

在互联网时代，互联网成为文化旅游产业营销的重要渠道。人们的出游方式也发生了根本的变化，游客通过旅行社进入景区的比例已经大幅下降，而是越来越依赖网络上的旅游攻略、旅游评价来获取旅游产品的信息，各种博客、论坛等对旅游目的地、旅游景点、旅游服务的评点介绍，成为影响旅游者选择旅游目的地和旅游产品的一个非常重要的因素。游客出行首先找的不是旅行社，而是查阅携程网、去哪儿网等旅游门户网站，从游客的预订到日常服务管理，都向着网络化发展。互联网在当今文化旅游产业的经营活动中，起到了越来越关键的作用，在线旅游预订近年来一直保持每年30%左右的增长速度。因此，必须把握互联网这一营销的主动脉。

早在2015年8月国务院办公厅发布的《关于进一步促进旅游投资和消费的若干意见》中，就提出了"互联网＋旅游"这一概念，要求"积极发展'互联网＋旅游'。积极推动在线旅游平台企业发展壮大，整合上下游及平台企业的资源、要素和技术，形成旅游业新生态圈，推动'互联网＋旅游'跨产业融合"。② 同年9月，在江苏常州召开的2015中国"旅游＋互联网"大会上又发布了《"旅游＋互联网"行动计划》，提出要实施"智慧旅游"战略，推进"文化＋旅游＋互联网"行动，创新旅游网络营销模式，利用互联网开展旅游

---

① 何燕燕."一带一路"背景下江西文化旅游品牌构建研究[J].智库时代，2017(11)：107-109.
② 国务院办公厅关于进一步促进旅游投资和消费的若干意见[J].中华人民共和国国务院公报，2015(24)：13-17.

营销信息发布，旅游业各领域要实现与互联网的全面融合，旅游目的地要"利用旅游大数据挖掘分析手段，建立广播、电视、报纸、多媒体等传统渠道和移动互联网、微博、微信等新媒体渠道相结合的旅游目的地营销体系"。①

如今，"旅游+""互联网+旅游"的概念以其强大的渗透力深刻影响并推动着旅游产业的发展，二者的深度融合带来了旅游产业的转型升级，实现了旅游产业的"革命"。互联网以其无所不包的融合能力，促进了旅游大数据时代的来临。因此，在大数据时代，要"尽快建设旅游数据中心、旅游监管指挥中心、景区动态监测系统，建立旅游城市大数据合作联盟，大量建设文化旅游的运行监管及安全应急管理联动指挥网络平台、行业管理网络平台、市场营销网络平台，实现'在线购、在线行、在线游'"。② 大力开展智慧旅游，如江西就持续推进和优化"一部手机游江西"综合智慧平台和智慧旅游景区建设，引导游客采用微信、手机 APP、互联网等多渠道进行票务预约、景区信息查询、旅游特产购买等。

基于互联网和移动终端的营销方式是当下文化旅游市场营销的主战场。文化旅游企业要与在线旅游网站进行合作，如与同程网合作实现购票渠道的多元化、网络化、便捷化。游客可以在同程网上订票，然后到景区专门的在线支付取票口取票，只要直接扫二维码就可以出票，迅速便捷。同时，文化旅游企业要"建立自己的官方网站，开通腾讯官方微博、新浪官方微博、微信公众号，发布景区的信息，通过关注率和扩散率来吸引用户群的注意。随着智能手机的普及和网络环境的优化，人们使用移动微信的频率更高，因此景区更多地开始通过微信平台进行营销和传播"。③

互联网已成为文化旅游品牌推广的新利器，在品牌的传播中其地位越来越重要。文化旅游企业要以互联网的思维方式进行文化旅游品牌的宣传营销。"电子商务技术及时、快捷与无处不在等优点为旅游目的地品牌建设提供诸多便利。网络在吸引游客、简化出行计划及旅行预订过程中发挥着重要作用，旅

---

① 关于实施"旅游+互联网"行动计划的通知［J］.国家旅游局，2015-09-22.
② 钟荣丙.湖南文化旅游协同发展的路径研究［J］.湖南工程学院学报（社会科学版），2018（01）：17-26.
③ 厉建梅.文旅融合下文化遗产与旅游品牌建设研究——以山东天上王城为个案［D］.山东大学，2016.

游目的地网站已经成为目的地进行品牌化的重要渠道。"①

在2014年4月举行的第二届中国文化旅游品牌建设与发展峰会上,中国社科院旅游研究中心李明德副主任对新媒体时代如何打造文化旅游品牌发表演讲,强调打造文化旅游品牌要争取名誉,重视媒体,最终通过现代服务形成旅游者心中的口碑。如果做到这三点,就能够拥有品牌,拥有世界。

常言道:"金杯银杯,不如百姓的口碑。"同样,游客的口碑在文化旅游品牌的营销传播中可以起到非常重要的作用,口碑与广告一样,都是品牌传播的主要形式,而且在文化旅游品牌的建构过程中,一个非常重要的目标就是最终形成旅游者心中的口碑。

在大众传播时代,舆论领袖占有着重要的地位,他们也往往起到向大众传播相关信息的关键作用,特别是当今微博或者小红书等平台推出的"网络红人"或者"网络达人"等,他们对于品牌口碑具有重要的影响力。随着智能手机的普及,每位游客都可以通过微信、微博、贴吧、小红书以及在线旅游平台和其他旅游网站来分享、传播和评价自己的旅游体验活动,而且这种游客的自发传播行为,已经能够影响其他游客的出行旅游选择。游客在出发前,往往要做些"功课","通过互联网事先对旅游目的地进行了解,进而形成初步的目的地品牌形象,而目的地旅游官网、游客博客、网友日志、个人空间等在此过程中发挥着十分重要的作用"。②因此,在随时随地都可以使用网络进行云旅游的时代,智慧旅游是一种结合了电子商务的新型旅游系统,它可以借助手机等终端设备及时发布旅游的相关信息,"游客可以主动感知旅游资源、旅游经济、旅游活动等相关信息,进而调整出行计划"。③因此,在智慧旅游时代,更要充分利用网络旅游信息平台,进行文化旅游品牌的营销与推广。

三、文化旅游品牌的营销手段和传播渠道

文化旅游品牌的传播要借助于各种媒介和传播渠道。媒介是文化旅游品牌

---

① 马建峰,杨芳.国外旅游目的地品牌研究述评[J].重庆工商大学学报(社会科学版),2015(03):30-41.
② 马建峰,杨芳.国外旅游目的地品牌研究述评[J].重庆工商大学学报(社会科学版),2015(03):30-41.
③ 何燕燕."一带一路"背景下江西文化旅游品牌构建研究[J].智库时代,2017(11):107-109.

传播的助推剂。一般而言，在传统的营销媒介中，"广告、销售促进、公共关系与宣传、人员推销、直接营销是5种常见的品牌传播推广工具"。① 广告传播、旅游出版物、互联网技术都是文化旅游品牌推广传播的重要方式，但往往并不单纯依赖某一种形式，而是采取文化旅游品牌的整合营销传播。一个景区文化旅游品牌的整合推广传播主要包括五大部分："广告、节庆活动、公共关系、口碑传播、数据库营销。"② 随着科技的突飞猛进，能够全面提升文化旅游品牌的知名度和美誉度，品牌的传播营销手段也与时俱进，在互联网时代，文化旅游品牌的营销推广需要利用好媒体和网络平台，使用多元化的营销手段和方式，完善文化旅游品牌的传播和推广渠道。

1. 文化旅游品牌的广告传播

尽管文化旅游品牌营销传播的方式多种多样，但广告还是最重要的营销方式之一，甚至有人认为，品牌就等于产品加广告。广告是向消费者传递品牌信息、塑造品牌个性的重要工具。质量和口碑较好并且长期进行广告投放的品牌，很容易给旅游消费者留下正向的印象，甚至在一定程度上会影响旅游消费者的选择偏好。

打造正面、积极的品牌形象是现在文化旅游广告投放的重点，而不是只注重于宣传旅游线路和旅游产品。对于文化旅游目的地和企业而言，在保证产品质量的前提之下提升品牌的知名度和美誉度，才能激发游客的消费欲望，从而建立品牌的忠诚度，增强品牌的市场竞争力。

广告是文化旅游品牌传播最常见也是最主要的方式之一。广告是属于高度公开的一种大众传播方式，是"专业化的媒介组织利用领先的传播科技和产业化手段，以社会上的一般大众为对象而进行的大规模的信息生产及信息传播活动"。③ 现代广告对于文化旅游企业的形象塑造、对于文化旅游品牌的推广传播和维系起着不可低估的作用，是助力文化旅游企业成功的利器，能够在较短的时间内将品牌信息传播给旅游消费者。因此，广告成为品牌诞生后最常用的传统主流传播推广工具和大众传播媒介，在文化旅游品牌营销中起着重要的作用。

---

① 余明阳，杨芳平.品牌学教程［M］.上海：复旦大学出版社，2009：186.
② 吴松.旅游景区的品牌整合推广策略［J］.天府新论，2008（S1）：103-104.
③ 王志峰，吴颖.《又见平遥》创新文化旅游产业模式［J］.经济问题，2016（10）：110-113.

绝大多数文化旅游企业都是通过广告来获得公众认同并建立品牌忠诚度。广告学大师大卫·奥格威曾说："每个广告都是对品牌印象的长期投资。"从这个角度而言，广告是战略性的，销售促进是战术性的。现代广告不是重点介绍旅游产品，而是注重把品牌形象放在醒目的位置，注重对文化旅游品牌长期性的塑造与传播。广告"能够不断加深品牌在消费者心中的印象，引导消费者在品牌选择中建立品牌偏好，逐步形成品牌忠诚"。[1]

文化旅游企业品牌推广的目标是以最低的成本和最小的浪费，尽可能最大限度地把品牌信息传播给目标消费者或潜在的目标消费者。然而，广告宣传也有明显的弱项，一是广告宣传费用昂贵，投入大；二是广告宣传的效果难以评估。因而文化旅游企业"应认真规划广告活动，以尽可能地提高品牌传播的效果"。[2]

电视、广播、报纸、杂志等都是文化旅游品牌营销传播的传统广告形式，利用这些广告宣传，能使旅游产品全面、形象、直观、立体地展示在消费者面前。要注意选择公信度高、影响力大的媒体制作、投放旅游形象广告，以增加广告的可信度和公信力。但是不同的广告媒体在传播文化旅游品牌时，也具有各自的优缺点。由于每一种媒体都有其独特的优势，因此，在品牌营销推广中，往往采用多种媒体组合，以起到更好的传播效果。

电视广告是最普遍、最常见的形式，由于电视广告可以将视觉形象与听觉综合一体，且做到声情并茂，极具情感煽动性，因此，在营造气氛方面比其他媒体更有优势，能最直观、最形象地传递产品信息。电视广告还有"覆盖面积大、接触率高，有光、声、动态的影响，声望高、易引起注意、千人成本低"[3]等优点，但也存在着信息生命短、绝对成本高等明显缺点，电视广告太多，频道也多，很多观众一看到广告就切换频道。因此，在进行电视广告宣传时，要聚焦恰当的目标市场，有针对性地向潜在的旅游消费者传播关于品牌的理念、文化服务等，避免硬性的产品宣传。品牌宣传要有创意，简单明了，以

---

[1] 余明阳，杨芳平. 品牌学教程［M］. 上海：复旦大学出版社，2009：206.
[2] 包亚芳，孙治，薛群慧. 旅游品牌竞争力——理论·案例［M］. 杭州：浙江工商大学出版社，2012：65.
[3] 余明阳，杨芳平. 品牌学教程［M］. 上海：复旦大学出版社，2009：187.

在最短时间内吸引观众的注意力，尤其要清晰呈现文化旅游品牌的标识，让观众能对品牌产生联想与认同。

广播广告也是一种常用的广告形式，具有成本低廉、接触频率高、能有效覆盖、受众可以充分细分等优点。但广播广告的缺点也很明显，只有听觉效果，不能呈现出立体画面，不易引起听众注意，且受众面少，信息易逝。因此，在使用广播进行文化旅游品牌广告宣传时，要尽早提出品牌名称，反复提到品牌的利益点，广告要做到口语化，通俗易懂，且语速适中，发音清晰，使听众能够在短时间内听清楚广告所要表达的意图。

杂志广告其优点在于容易做到对目标受众的细分，信息容量大，且可以进行重复阅读等。但其缺点则是需要有较长的出版周期，广告只有平面视觉效果，不能立体呈现。因此，在使用杂志广告推广文化旅游品牌时，品牌相关信息要直观清晰，使读者一眼就能看清，尤其要将品牌的宣传点放在最显著位置，以吸引读者的注意，还要充分展示出品牌的标识。有时在杂志上刊登软性广告往往比硬性广告能起到更好的效果。

报纸广告更加常见，其优点是覆盖面广，成本低廉，更新速度快，广告能发布在读者感兴趣的位置。但有广告信息不容易引起读者的关注等非常明显的缺点，且现在阅读纸质报纸的人群越来越少，广告效果不太理想。

随处可见的户外广告，也是传播文化旅游品牌的重要载体之一。户外广告的优点在于地点具体、重复率高、设置醒目，能够容易引起观众的注意。其缺点则是信息展露的空间有限，也容易受到地方的限制，并且单个制作成本高。因此，在使用户外广告进行品牌宣传时，要选择人流量大的地点设置户外广告，广告画面要有冲击力，语言简洁明了，要有较强的视觉效果，重点进行品牌形象的宣传和广告宣传语的展现。

各种旅游书籍、旅游地图和电子声像制品等旅游出版物也是传播文化旅游品牌形象的重要工具。旅游出版物是各国进行文化旅游品牌形象宣传的常用媒介，"近年来，旅行杂志、旅行游记等各类旅游出版物层出不穷，相关旅游书籍和音像制品逐渐成为文化出版市场的一个重要组成部分"。[1] 此外，旅游地

---

[1] 桑彬彬.旅游产业与文化产业融合发展的途径[J].旅游研究，2016（05）：3-5.

图也是游客出游的必备物品。旅游电子声像制品以其图、文、声并茂，信息量大的优点受到人们的青睐，也是文化旅游品牌宣传推广的重要方式。

旅游宣传手册是旅游目的地或旅游企业用来宣传其资源、产品和服务，进行文化旅游品牌推广的小册子，是用来向目标群体传递产品与服务信息、扩大品牌影响的一种重要营销工具。在使用旅游宣传手册进行文化旅游品牌形象推广时，要选择好目标受众，明确受众人群，使宣传手册的设计更有针对性。在设计、制作旅游宣传手册时，要能引起目标客户的注意与兴趣，让目标客户知晓产品与服务特色，以及可以享受的优惠以及如何预订或购买等。为了让游客妥善甚至长久地保存旅游宣传手册，还可以设计一些附加利益，比如印有当地的地图，或者凭旅游宣传手册可以免去关联景点的门票等优惠，这样能收到更好的宣传效果。

除了广告这种硬性宣传形式之外，还要注重各种"软性宣传"，加大文化旅游品牌形象的宣传力度，尤其要重视导游人员在文化旅游品牌传播中的重要作用。"导游、翻译人员在日本被称为'无名大使'，在美国被称为'一个国家的脸面'，在埃及被称为'祖国的一面镜子'"[①]，他们直接面对游客，经常承担着民间外交家的角色，对文化旅游品牌的传播起着直接的、重要的作用。

此外，还可以专门邀请摄影家、知名记者、美术家、电影编导、旅游节目或栏目主持人等专业人士到旅游景区实地考察、采风，通过他们的作品来宣传品牌形象。由于他们的可信度和知名度高，具有较强的说服力、公信力，传播效果更好。还可以委任旅游形象大使，借助形象大使的良好形象，建立自己富有特色的文化旅游品牌形象，推介产品与品牌。还可以参加专场旅游推介会和主题宣传活动，如参加国际、国内的旅游交易会、世界旅游博览会、展销会、研讨会等各种专业性的展会。这种高端的专业性展会既是宣传、推介文化旅游品牌的重要形式，也是文化旅游品牌整体营销的一个组成部分。

2. 文化旅游品牌的网络营销

在当今，随着互联网等现代科学技术的快速发展，互联网已经融入旅游产业的各个方面，并且正逐步主导旅游业的发展，各种旅游网站、旅游 APP 等

---

① 尹华光，姚云贵，熊隆友.旅游产业与文化产业融合发展研究［M］.北京：中国书籍出版社，2016：17.

网络平台已成为旅游者了解旅游信息、购买旅游产品的重要渠道。在线旅行社、旅游电子商务已成为旅游行业的主流，个性化、定制化的旅游随着移动终端各种 APP 的普及而受到越来越多游客的青睐。因此，要利用互联网技术，做好文化旅游品牌的网络营销。

互联网这种强大、便捷的营销工具，由于成本低，可操作性强，已逐渐成为旅游企业进行文化旅游品牌营销的主要手段。与传统的营销方式相比，网络营销的宣传效果更好、销售渠道更广阔、交易成本更加低廉。在互联网时代，利用视频影像来进行文化旅游品牌的推广已经成为普遍的形式。这种形式可以将旅游资源直观地、立体化地展现给受众，能起到更好的宣传、传播效果。同时，互联网营销通过个性化的服务，"更有利于旅游文化的传播、旅游地形象的传播、文化旅游品牌知名度的提高和文化旅游的发展。"[1]

步入新世纪以后，互联网进入一个新媒体时代。在新媒体时代，更要做好文化旅游品牌的宣传推广。新媒体时代，随着移动互联网客户端的普及和使用，手机网民数量不断增长，文化旅游企业要重视新媒体和网络平台的重要性，通过多元化的网络营销手段来加强消费者对品牌的正面印象，提高品牌的知名度，最终提高旅游市场的占有率，取得更好的经济效益。

在新媒体时代，通过手机进行网络搜索、互动和体验，逐渐成为主流趋势。"人人都可以利用网络自媒体平台进行评价、传播，将地域内的事件迅速扩展到全国范围，瞬间引起蝴蝶效应、扩散效应。因此，网络自媒体时代旅游企业应该转变过去以旅游产品、旅游服务为中心及以传统媒体为主要宣传渠道的观念，转向以旅游用户为中心、以网络新媒体为营销主力的发展思路。"[2] 在新媒体时代，自媒体逐渐由边缘走向社会的主流，每一位游客都可以在线发出自己的声音，而且在线游客的评价，已经成为影响旅游景区和文化旅游品牌声誉的重要因素。"游客在旅游体验完一个旅游景区之后，会将个人的感受、评价即时发送到自媒体平台、网络社交平台、在线旅游网站、旅游自助网站等。这时，用户的评价就成为潜在游客最终是否采取行动前往旅游目的地的重要参

---

[1] 曾妮娜.浅议旅游文化品牌的建设［J］.市场论坛，2011（03）：67-68.
[2] 厉建梅.文旅融合下文化遗产与旅游品牌建设研究——以山东天上王城为个案［D］.山东大学，2016.

考。"① 其作用、影响越发显得重要。

为此，文化旅游企业要通过网络，搭建游客评价景区旅游产品、服务，抒发情感、购买心得的发布空间，建立起游客和旅游景区之间的交流、沟通的平台，让游客在游览体验后，可以对景区进行评价和反馈，景区也可以及时了解游客的口碑。通过大数据，可以掌握、分析游客的反馈和评价信息，及时调整旅游营销和服务，以利于文化旅游品牌的营销与传播。

随着互联网移动客户端的普及，旅游业迎来了智慧旅游的新时代。这是一个"集智慧管理、智慧营销、智慧服务于一体的智慧旅游模式"。② 智慧旅游是指利用移动云计算、互联网等新技术，借助手机等便携终端上网设备，实时、主动感知旅游相关信息，并及时安排和调整旅游计划。③ 智慧旅游可以实现游客与网络的实时互动，提供高效的旅游信息化服务，为游客提供在线快捷的导航、导游、导览和导购服务，让游程安排进入触摸时代。智慧旅游还可以"针对旅游者不断变化和细化的需求，在旅游发展的各个方面运用智慧的头脑，凝聚智慧的团队，采用智慧的手段，达到低成本、高效率、个性化的结果"。④ 可通过网络有针对性地细化市场，为游客量身定制旅游，提供适需对路的旅游产品，为游客提供全面的服务。

智慧旅游时代为文化旅游品牌的营销传播提供了更为广阔的天地。文化旅游品牌的推广营销，要深入进行旅游市场细分，针对多元化的游客需求，采取差异化的市场营销和品牌宣传策略。要充分发挥"互联网+"的作用，全面实现集咨询订票、旅游解说、智能导览、信息发布、管理服务、游客反馈等为一体的互联网化、智慧化、信息化建设，提升游客的旅游体验。进入智慧旅游时代，不少的文化旅游景区都把智慧变成数据，把数据变成流量，靠卖流量、卖智慧就能维持企业的生存，最终把流量变成现金流，实现旅游产业革命性的变化。

---

① 厉建梅.文旅融合下文化遗产与旅游品牌建设研究——以山东天上王城为个案［D］.山东大学，2016：168.
② 姚战琪，张玉静.文化旅游产业融合发展的进程、战略目标及重点领域探讨［J］.学习与探索，2016（07）：123-126.
③ 党伟祺.智慧旅游背景下"山区小城"旅游业的发展策略——以广西梧州市为例［J］.中国商论，2018（28）：48-51.
④ 魏小安.景区未来的十个发展趋势［N］.中国文化报，2018-12-15（7）.

同时,在互联网时代,还可以通过虚拟旅游目的地进行文化旅游品牌的创意营销。虚拟旅游就是利用逼真的虚拟现实技术进行虚拟的实景网络重现,打破传统旅游的时间、空间和经济限制,使游客足不出户,就能通过网络在三维立体的虚拟环境中,如同亲临其境般遍览远在万里之外的风光美景。虚拟旅游目的地就是指互联网上的数字化景区,"通过数字化的虚拟网络技术,结合文化创意设计的可视化、动态化目的地品牌推广的模式,同样能帮助区域性旅游目的地和国家以更有效的媒介促进品牌的市场认知与认可",①为消费者提供多元化的价值体验。

比如,方特欢乐世界就在虚拟旅游目的地的打造方面进行了有益的尝试。方特欢乐世界充分意识到,21世纪的游客无论在旅游动机还是旅游需求上,都更多元化和个性化,在信息时代,互联网在改变人们日常生活的同时,也改变了人们的旅游休闲方式,使旅游突破了吃、住、行、游、娱、购等六要素构成的传统旅游模式,而是在互联网中追寻游览虚拟旅游景观的乐趣。为此,方特欢乐世界进行了虚拟旅游目的地的打造,方特欢乐世界网站上的虚拟旅游,"实际上就是互联网上的创意旅游项目,通过包括原创动漫品牌——方特卡通、3D/4D电影、方特网络游戏等在内的多种方式吸引旅游者",②探索出了一条文化创意的智慧旅游之路,提升了方特欢乐世界文化旅游品牌的科技含量。

事件营销也是旅游景区普遍采取的一种吸引游客关注、提高知名度的营销手段,是传播、推广文化旅游品牌的重要方式。事件营销就是通过策划、组织或利用具有新闻价值或社会影响的景区内外事件、名人等实行组合营销,进行正面宣传,吸引媒体、社会和旅游消费者的关注、兴趣,以提升景区的知名度与美誉度,增大景区收入,提升景区品牌形象的一种营销手段。

事件营销"通过人为创意策划、组织事件或者是借助、利用正在发生的新闻热点或突发事件来进行符合品牌形象的传播和营销,以吸引社会媒体和大众的兴趣和关注,从而扩大品牌的影响力,并将产品和服务推销出去。事件营销可以整合各种媒体传播渠道和公共关系进行企业品牌的传播,能够发挥极强的

---

① 司马志.中国文化创意旅游发展的七大模式[J].上海经济,2015(05):13-20.
② 司马志.中国文化创意旅游发展的七大模式[J].上海经济,2015(05):13-20.

传播效力，提高企业产品或品牌的知名度、美誉度"。①

事件营销中的"事件"指的是"能够制造'新闻效应'的事件，并非所有的企业活动都能够被称为事件，事件必须是人为制造的，而且能最大限度地吸引公众注意"。②

3. 文化旅游品牌的节庆营销

旅游节庆是利用地方特有的文化传统，为增强地方旅游吸引力而专门举办的各种节日活动，是文化旅游产业的一个组成部分。旅游节庆是指"在特定日子和相对固定的时间和区域范围内，以文化资源为核心内容、以创意创新为基本特征、以文化消费为主要目的、以身心愉悦为实现目标、以公众广泛参与、以旅游方式为载体并由此产生的一系列节日和庆典活动"。③旅游节庆往往是围绕某一主题来展示旅游目的地自然景观、人文景观、民俗风情的盛会，规模大，参与人员多，主题突出，能够营造出与平常迥异而浓厚的旅游氛围，成为一种吸引游客的旅游营销方式。

与传统旅游形式相比，旅游节庆更注重旅游者的体验性和参与性，不仅可以大量吸引游客，推介特色旅游产品，也可以对目的地的品牌形象进行推广和宣传。如今，很多旅游景区都把举办特色的旅游节庆活动作为推销旅游产品、扩大景区影响力、打造文化旅游品牌、提升品牌知名度的常用手段。

旅游节庆活动因其规模和特色，往往能够引起新闻媒体的广泛关注和高密度报道，产生较为轰动的效应，从而形成特色的旅游节庆品牌，塑造和提升旅游目的地的品牌形象。如山东潍坊的国际风筝节、青岛的国际啤酒节、曲阜的孔子旅游文化节，大连的服装节、珠海的航展、西双版纳的泼水节等，曲阜祭孔大典以庄严的仪式感和强烈的视觉冲击力吸引了众多的国内外游客，产生了良好的品牌效应。

从20世纪80年代中期旅游节庆在中国兴起之后，随着我国旅游产业的快速发展，同世界各国交流的频繁，旅游节庆也如同雨后春笋般得到快速发展，

---

① 厉建梅.文旅融合下文化遗产与旅游品牌建设研究——以山东天上王城为个案[D].山东大学，2016.
② 刘向晖.网络营销导论（第3版）[M].北京：清华大学出版社，2014：291.
③ 范建华.节庆文化与节庆产业[M].昆明：云南大学出版社，2014：209.

旅游节庆名目繁多，遍布全国，但是"具有国际影响力的品牌节庆却屈指可数"[①]。大多数旅游节庆活动规模较小，档次不高，影响力小，不仅难以产生主办者所期望的经济与社会效益，而且造成了各种社会资源的极大浪费。

总结我国的旅游节庆活动，既有很多成功的经验，也有不少需要汲取的教训。其经验有如下几点：

其一，文化是旅游节庆活动的内质，是第一竞争力，只有从文化战略的高度来定位旅游节庆，才能获得游客的持久参与，才能提升旅游目的地的文化旅游品牌。否则，过于重视经济利益和政绩，纯粹以短期逐利为动机的旅游节庆往往是昙花一现，很难具有长久的生命力。

其二，创意与特色是旅游节庆活动吸引资源的重要前提，是旅游节庆能否成功的核心要素。只有具有较高特色、具有较好创意的旅游节庆才能从市场上吸引到各方资本参与，获得充足的资源，否则只能依靠行政手段，甚至硬性摊派盲目上马，旅游节庆活动的失败也在所难免。

其三，宏观的文化视野、准确的文化定位是旅游节庆品牌打造的关键。要避免主题雷同、同质化现象严重的旅游节庆活动，"只有在由上而下的宏观文化视野的引导下，国家及省级政府层面的宏观指导的以文化为内质的旅游节庆才可能避免无序的低层次、低水平的重复开发，通过打造因地制宜的旅游节庆精品来传播当地旅游文化品牌，才可能实现文化资源的优化配置"[②]。

在国内也有不少具有鲜明文化特色、通过旅游节庆来提升文化旅游品牌的经典案例。比如，山东在文化旅游品牌的营销中，就是通过旅游节庆来扩大其影响力，济南的国际泉水节、青岛的国际啤酒节、淄博的齐文化节、潍坊的国际风筝会、济宁的国际孔子文化节等享誉国内外的文化旅游节庆活动，不仅丰富了"好客山东"核心文化内涵，也对山东文化旅游品牌的影响力、知名度和美誉度有重要的提升，实现了文化旅游品牌的有效延伸，也增强了山东文化旅游产业的核心竞争力。

4. 影视作品对文化旅游品牌的营销传播

影视作品也是文化旅游品牌营销传播的一种重要方式，一部影视作品的上

---

① 司马志.中国文化创意旅游发展的七大模式［J］.上海经济，2015（05）：13-20.
② 司马志.中国文化创意旅游发展的七大模式［J］.上海经济，2015（05）：13-20.

映和热播往往会给区域文化旅游带来巨大的影响，从而有效提升旅游地的知名度。

影视业是典型的文化创意产业，催生了影视基地旅游这一新型旅游形态。影视旅游之所以有较大的吸引力，是因为借助灯光、音响等可以艺术化地展现影视基地的风貌，"将剧情、人物融入拍摄地优美的环境中，共筑一个和谐理想的世界，让观众情感移入影视之中，从而触发到拍摄地亲身体验的想法"。[①] 而且影视作品会对潜在旅游者形成身临其境的刺激，激发他们的旅游愿望和动机，将他们从潜在旅游者转化为现实旅游者，帮助旅游者圆其内心的明星之梦。

影视作品对文化旅游品牌的影响不可忽视，一部《乔家大院》电视剧唤醒了沉睡百年的山西乔家大院，带来了乔家大院文化旅游的繁荣，唱响了乔家大院这一山西文化旅游品牌。随着徐峥主演的电影《人在旅途之泰囧》的热映，不仅创造了12.6亿元的票房奇迹，也让泰国成为我国公民赴东南亚旅游的最大热点国家。一部科幻片《阿凡达》的出品，让影片取景地之一中国的张家界声名远扬。一部爱情故事片《庐山恋》，不仅让庐山秀美的自然和人文景观给观众留下深刻印象，更让庐山成为浪漫爱情的代名词而经久不衰，"庐山天下恋，天下恋庐山"已经成为一句庐山旅游的经典口号。

"影视宣传具有影响范围广、见效快等优势，争取作为热门综艺取景地、影视拍摄取景地，进而展现地域文化，提高知名度。"[②] 也可以在影视作品中，巧用植入营销。比如杭州西溪湿地公园通过与电影《非诚勿扰》的成功合作不仅为景区带来了近亿元的营业收入，而且通过《非诚勿扰》的热映大大提升了西溪湿地在国内的知名度和美誉度，使一个名不见经传仅仅经营6年的新旅游景区迅速在全国走红，实现了十分可观的旅游经济收益，并获评为国家5A级旅游景区，成为全国首个5A级湿地公园。

因此，通过影视，能够对旅游目的地的文化形象进行全方位的宣传，从而

[①] 刘秀芳.关于发展山西佛教文化旅游的几点思考[J].山西社会主义学院学报，2017（02）：78-80.

[②] 王燕.文旅融合视角下历史文化名城的保护与可持续发展——以云南建水古城为例[J].人文天下，2018（21）：65-71.

提高文化旅游品牌的知名度和影响力。

5. 文化旅游品牌的整合营销传播

尽管各种营销手段都可以在一定程度上对文化旅游品牌的宣传、传播产生影响，但是，如果仅仅依靠单一的传播或营销渠道，很难实现对整个旅游消费市场的覆盖，要充分利用各种有利于品牌传播的手段，通过多种途径来传播文化旅游品牌，进行全面的品牌整合营销传播，打好文化旅游品牌营销传播的组合拳。

文化旅游品牌的整合营销传播，"是通过对不同的传播工具进行统一时序安排与管理，在不同的时间、不同的空间对利益相关者以及内外部的传播内容统一安排、统一口径、统一核心价值，整合品牌设计，主要是传达品牌形象，促进顾客对旅游地品牌的高度认知"。①

1993年美国西北大学教授唐·舒尔茨（Don E. S chultz）最早提出了整合营销这一理论。整合营销是指把各种营销手段和营销工具进行系统化整合，以产生更好的协同效应的一种营销方式。根据美国广告公司协会的定义，整合营销"是一个营销传播计划概念，要求充分认识用来制订综合计划时使用的各种带来附加价值的传播手段，并将之组合，提供具有良好清晰度、连贯性的信息，使传播影响力最大化"。② 文化旅游品牌的整合营销传播，一方面要求不同的传播营销手段所传递的信息是一致的，共享品牌最核心的内容，将品牌定位清晰地传递给目标游客；另一方面要求不同的营销手段能相互补充，做到优势互补，产生一加一大于二的协同效应。

整合营销指的是以游客为中心，以受众为导向，站在受众的立场上，对营销和传播的效能进行考虑，对各种营销手段和传播方式展开系统化的整合。就是要综合协调使用各种营销传播方式，"以统一的目标和统一的传播形象，传递一致的商品信息，实现与游客的双向沟通，迅速树立旅游产品品牌在游客心目中的地位，实现与游客长期密切的关系，更有效地达到传播和行销产品的目

---

① 张翔云.旅游地品牌化的路径选择与实现［J］.社会科学家，2018（01）：105-111.
② 厉建梅.文旅融合下文化遗产与旅游品牌建设研究——以山东天上王城为个案［D］.山东大学，2016.

的"。① 比如综合运用电视、网站、微信、宣传册、海报、导游讲解、标志牌、门票、员工等各种营销手段和传播渠道,将文化旅游品牌的定位、核心价值和个性传达到潜在的旅游消费者脑海之中,使他们产生对品牌的认知、认同,提升品牌的知名度、美誉度和忠诚度,加深游客对文化旅游品牌的印象。

比如《又见平遥》的营销推广就是采用了典型的综合营销的案例,"除了口碑营销以及在景点发放宣传资料外,还结合了信息时代新浪微博、微信公众号等多种新媒体宣传推广,同时建立《又见平遥》官方网站,多种新媒体渠道同时更新宣传,推出网上互动活动,与游客在线上进行互动沟通,拉近景区与游客之间的距离"。② 这些丰富多样的宣传渠道、新型的综合营销方式,有力地扩大了《又见平遥》这一文化旅游品牌的宣传效果。

同样,四川也采用了整合营销的方式来提升四川文化旅游品牌的影响力。四川地处南北文化交流的要冲,有着灿烂的巴蜀文化,既是道教的重要发祥地之一,又是中国的佛教之乡,还有独具特色的川菜、川酒,这些都已成为四川重要的文化符合和金色的旅游名片,形成了"三星堆文明""童话世界九寨沟""国之瑰宝大熊猫"等一大批举世闻名、极具影响力的文化旅游精品。四川省为建设旅游强省和世界重要旅游目的地,提出了促进文化和旅游深度融合发展的战略举措。为宣传四川文化旅游品牌,早在2011年携程旅行网就与成都文旅集团正式签署了旅游营销合作协议,全面开启四川旅游网络营销项目,开展了"熊猫走世界·美丽四川""川菜世界美食之旅"全球旅游营销,还举办了四川国际旅游交易博览会和四川乡村文化旅游节等旅游节庆活动,通过这种综合营销,扩大了四川文化旅游品牌的国内和国际影响力。

在如今文旅融合、全域旅游背景下,文化旅游品牌的营销,不再简单依靠拼比独特的景观资源,也不再依靠投入大笔资金拼比投放渠道,而是以文化作为内核来提升吸引力,依托当地独特的文化脉络,挖掘文化特色,通过讲好故事讲"活"一座城市,打造一个品牌。在文化旅游品牌营销的过程中,"只有线上、线下两手抓,营销、内涵两手硬,才能在赢得人气的同时赢得游客的口

---

① 王德刚,王素洁.经营遗产:齐文化开发与齐故城遗址公园建设研究[M].济南:山东大学出版社,2005:211.
② 王志峰,吴颖.《又见平遥》创新文化旅游产业模式[J].经济问题,2016(10):110-113.

碑"。①

在整合营销时代，我们要整合好各种营销手段，利用好各种传播媒介，采用各种方法，来进行文化旅游品牌的营销传播，培养与旅游消费者的良好关系，提高品牌知名度、满意度和忠诚度，积累品牌资产，实现品牌资产的保值增值。

在新时代旅游业的新环境之下，打造超级景区形象认知产品系统（IP）是扩大文化旅游景区影响、提升文化旅游品牌的强大引擎。

IP 即 Intellectual Property，本指知识产权、独特识别物，也指具有长期生命力和长久商业价值的高品质知识产权。对于文化旅游景区来说，IP 就是景区形象认知产品系统，在以创意、资本和科技作为驱动的文化旅游产业 2.0 时代，文化旅游 IP 的打造更加多元且迅速，谁能够抢先打造引爆超级 IP，谁就成为领跑行业的关键。

自组建国家文化和旅游部以来，业内人士普遍认为此举将更加有利于文化与旅游的深度整合，更加有利于超级旅游 IP 的诞生，超级 IP 也将成为文化旅游景区的引爆点。

文化旅游 IP 是一个庞大的系统工程，文化旅游 IP 具有主题性、形象性、独特性、故事性、引爆性等特征。文化旅游 IP 成长的必由之路，就是根据各地自身的文化特色和旅游资源要素条件，因地制宜，打造出差异化、独特的文化旅游产业，并将其升级为景区文化独一无二的符号。

打造文化旅游 IP 的最终目的是提高文化旅游产品的利润，提升文化旅游品牌形象。在文化旅游品牌的建构和营销传播中，有不少地方利用当地独特的文化，紧扣特定主题，讲好人物故事，从而构建出文化旅游品牌成功的营销案例，比如江西省上饶市就构建起了"可爱的中国"这一文化旅游品牌。

上饶位于江西省的东北部，地处赣、浙、闽、皖四省交界之地，有"豫章第一门户"之称，历史上曾称信州、饶州，有"富饶之州，信美之郡"之美誉。上饶旅游资源丰富，有三清山、龟峰两处世界自然遗产和北武夷山世界文化与自然双遗产，境内三清山、龟峰、江湾是 5A 级旅游景区，还有被称为

---

① 曹雪文. 文旅融合新时代 走心营销才能更好"赢销"[N]. 中国旅游报，2018-12-07.

"中国最美的乡村"的婺源等,婺源先后获评中国旅游强县、中国优秀国际乡村旅游目的地、国家乡村旅游度假实验区、首批国家全域旅游示范区、中国最佳山水文化旅游名县、中国旅游建设杰出成就奖、2010中国青年喜爱的旅游目的地、2010年度中国最佳休闲小城、2010·CCTV中国年度品牌、中国最美的村镇等称号和奖项。

上饶有着深厚的历史底蕴和丰富的文化资源,那么该如何打造上饶的文化旅游品牌,做好文化和旅游的深度融合,实现"诗与远方"的牵手,使之成为旅游发展的又一引擎呢?作为方志敏故乡的上饶,凭借名篇《可爱的中国》发源地这一独特优势,另辟蹊径,决定借力方志敏,构建"可爱的中国"这一文化旅游品牌,以求在江西红色旅游大家庭中脱颖而出。

上饶是方志敏的故乡,是名篇《可爱的中国》的诞生地与发源地。方志敏是江西上饶弋阳人,是土地革命时期全国六大根据地之一的闽浙赣革命根据地的创造者,是被毛泽东称赞为"以身殉志,不亦伟乎"的人民英雄,留下了《清贫》《可爱的中国》等不朽名篇。1935年,方志敏烈士在狱中写下了脍炙人口的《可爱的中国》,他深情地展望道:"到那时,到处都是活跃跃的创造,到处都是日新月异的进步,欢歌将代替了悲叹,笑脸将代替了哭脸,富裕将代替了贫穷……"充分表达了方志敏烈士对祖国母亲无限的热爱、眷恋,表达了对祖国、对人民的深厚感情,成为爱国主义的千古绝唱。习近平总书记曾高度评价道:"岳飞的《满江红》、方志敏的《可爱的中国》等,都以全部热情为祖国放歌抒怀。"

2019年是新中国成立70周年,也是方志敏诞辰120周年。为此,上饶市政府倾力打造"可爱的中国"文化旅游品牌,将2019年定为"可爱的中国"文化旅游年,围绕"可爱的中国"推出一系列文化旅游活动,既是对新中国70华诞的礼赞,也是向革命先烈表达崇高的敬意,同时也为构建上饶文化旅游品牌,实现文化与旅游的深度融合,使得"诗和远方两不负"。

"可爱的中国"文化旅游品牌也得到了国家文化和旅游部等相关部门的支持和认可。2019年3月14日,文化和旅游部将"可爱的中国"文化之旅,列入了2019年文化和旅游部18个重点文化旅游交流项目之一。4月24日,在北京举行了"可爱的中国"文化旅游品牌发布会,正式启动了"可爱的中国"

文化之旅活动。

正如上饶市委领导同志在发布会上所说,打造"可爱的中国"文化之旅,是上饶的唯一,也是江西的唯一。上饶作为伟大的无产阶级革命家、军事家方志敏的故乡,有信心、有决心将"可爱的中国"文化之旅这一全新的品牌打响,为中国红色旅游塑造一个全新的品牌。

文化和旅游部有关领导也指出,上饶举办"可爱的中国"文化之旅,打造"可爱的中国"文化旅游品牌,对于传承红色基因、开展爱国主义教育、弘扬家国情怀具有重要意义。"可爱的中国"文化之旅不仅是文旅部2019年重点文化旅游交流项目,更是全国红色旅游的重要IP、实力IP、全新IP。"可爱的中国"文化之旅品牌的提出,将为我国红色旅游发展提供新动力、新引擎。

近年来,上饶市为打造、构建"可爱的中国"这一文化旅游品牌,进行了精心的谋划与准备。

2017年,上饶就以全民经典诵读这一独特方式,向海内外传播推广方志敏的经典名作《可爱的中国》。由央视主持人集体领诵,数百万华人主动参与其中,共同成就了诵读《可爱的中国》这一中国旅游经典营销案例。

2018年,又重点抓好有关《可爱的中国》和方志敏的艺术创作,打造出了一批经久不衰的影视艺术精品。以方志敏烈士为原型的电影《信仰者》2018年荣获了中宣部"五个一"工程奖和第21届上海国际电影节"评委会特别荣誉影片奖",票房达到1160万。拍摄了8集纪录片《方志敏》,并在央视播放。创作了12集红色动画片《可爱的中国》,完成了弋阳腔《方志敏》,等等。

同时,上饶加大了以方志敏精神为重点的上饶红色文化宣传力度,构建起全方位、立体化的方志敏精神及红色文化宣传格局,建设了方志敏精神网站,开通了方志敏研究公众号,集文字、图片、视频于一体,全面展现方志敏的光辉形象,以方志敏烈士命名的方志敏干部学院也建成并成功开班。

还加强了对方志敏的学术研究,成立了上饶市方志敏研究会,依托当地高校成立了方志敏研究中心,获得了多项国家社科基金课题,有了一批方志敏研究成果。

2019年,为打造"可爱的中国"这一文化旅游品牌,上饶市设立了"可爱的中国"方志敏文学奖。举行纪念方志敏诞辰120周年全国学术研讨会,组织弋阳腔剧目《为了可爱的中国》全国巡演，拍摄了 40 集电视连续剧《可爱的中国》，并在央视播出。2020 年《可爱的中国》获评中国广播电视大奖、第 32 届电视剧"飞天奖"。

上饶还策划了"可爱的中国"万里行等一揽子创意营销活动，召开了首届"可爱的中国"研学旅游创新发展大会，由上饶师范学院组织了"可爱的中国"全国大学生研学夏令营活动，举办了"可爱的中国"全国中小学生演讲大赛等，奏响了"可爱的中国"文化之旅的大戏。

上饶以"可爱的中国"系列活动为契机，以"可爱的中国"文化旅游品牌为引领，向人们展示新时代方志敏烈士故乡的大美风景，提升了"可爱的中国"发源地"高铁枢纽，大美上饶"的知名度和美誉度。

上饶致力打造"可爱的中国"文化之旅这一全国红色旅游的重要 IP，为文化旅游品牌的营销推广提供了良好的示范。

第六章　不同类型文化旅游品牌的建构

旅游节庆、旅游演艺、宗教文化、文化遗产、历史文化名城、主题公园等都是文化旅游的重要形式,如何建构旅游节庆、旅游演艺等不同类型的文化旅游品牌?这是本章主要探讨的主题。

一、旅游节庆文化旅游品牌的建构

1. 旅游节庆的基本内涵

旅游节庆,也被称作节庆旅游、旅游节事,是近几年来旅游业中发展最快的旅游业态之一。旅游节庆是旅游目的地一种重要的经济、社会和文化活动形式,已经变成了旅游目的地一种重要的营销手段,同时也是塑造旅游目的地形象和文化旅游品牌的常用方式。

里奇(Retchie)在1984年首次对旅游节庆这一术语进行了定义。学界认为"旅游节庆是从长期或短期的目的出发,一次性或重复举办的,延续时间较短,主要目的是加强外界对旅游目的地的认同,增加其吸引力,提高其经济收入的活动"。[①]

广义的旅游节庆活动包括传统节日如端午节、清明节、中秋节和法定节假日如国庆节以及人为策划举办的节庆活动;狭义的旅游节庆则是指依托其当地特有的文化传统资源、在特定时间、以特定主题为内容、在特定地点定期举办、人为策划的、意在增强地方吸引力的节日庆典及文化活动。旅游节庆往往综合了地方传统民俗、非物质文化遗产、现代文化时尚、科技文化交流等众多文化活动,是文化与旅游产业深度融合的表现,作为一种新的文化旅游发展

---

① 彭燕,王慧,李良杰.江西节庆旅游产品的深度开发构思[J].企业经济,2013(12):138-141.

模式，成为拉动地方旅游业发展的引擎和建构一个地方文化旅游品牌的重要抓手。

旅游节庆一般是与民族传统节庆相结合，借助地方特色的文化、独具特色的民俗风情和人文历史而组织开展的地域性节庆活动。我国是一个多民族的国家，少数民族的节庆活动异彩纷呈、丰富多彩，每一个民族的生活方式、民族习俗和文化特色都可以通过节庆集中而充分地展示出来。因此，带有浓厚民族特色的民族旅游节庆，在各地都得到了很好的发展，它已经变成了一种可以吸引大量游客观看和参与的、拥有无限发展潜力的文化旅游资源，如傣族的"泼水节"、彝族的"火把节"、壮族的"三月三"等少数民族节庆都可以吸引大量的旅游者，成为一个个的旅游节庆。"我国旅游与民族传统节庆的结合，始于20世纪80年代，以傣族的泼水节、蒙古族的那达慕最为著名。"[1]

2. 旅游节庆的类型

旅游节庆有多种类型，有学者将其分为政治类旅游节庆、传统民俗类旅游节庆以及专业性主题旅游节庆等3大类型。也有学者将其进一步细分为地域文化型、历史人物型、民俗文化型、餐饮文化型、自然资源型、工艺品文化型、运动休闲型、特殊事件型等8种旅游节庆类型[2]。比较常见的有为纪念某个重要的历史人物而开展的旅游节庆活动，如为纪念屈原的端午节、纪念孔子的孔子文化节；或是依托地方特色饮食而兴盛起来如青岛国际啤酒节、江苏盱眙的龙虾节等的餐饮文化旅游节庆活动；或是如平遥古城文化节那种依托当地的历史文化而举办的地域文化型旅游节庆活动；更多的是如彝族火把节、傣族泼水节等，以具有地域特色的民俗风情为依托而举办的民俗文化型旅游节庆活动以及依托重大庆典、特殊事件、各种会展活动而举办的如世博会、花博会、旅交会等特殊事件型旅游节庆活动，等等。旅游节庆的种类繁多，名目多样，有的时候几种类型往往是交融在一起的。

3. 旅游节庆在我国的发展进程

20世纪80年代中期，随着旅游节庆在我国的兴起，各地纷纷开始举办旅游节庆活动，以增加经济收入，扩大地方影响。1983年，在河南洛阳举办的

---

[1] 薛群慧. 旅游产业与文化产业融合发展的三个重点 [J]. 旅游研究，2016（05）：5-7.
[2] 桑彬彬，黄敏. 我国文化旅游开发模式研究 [J]. 商业文化（上半月），2012（02）：378-379.

洛阳牡丹花会可称为我国最早的旅游节庆活动。

牡丹是美的化身，花开富贵，牡丹又成为吉祥幸福、繁荣昌盛、国泰民安的象征。1983年洛阳举办牡丹花会，吸引了国内外游客250万人次，取得了巨大的轰动效应，也带来了不错的旅游收入。随后，山东举办了潍坊国际风筝节，哈尔滨举办了冰灯节。1988年9月，在辽宁大连创办了大连服装艺术节；1989年9月，在山东曲阜举办的中国首届孔子文化艺术节，来自18个国家和地区近万名嘉宾参加，其中有800名外宾应邀出席了开幕式，由此而揭开了我国旅游节庆蓬勃开展的大幕。

这一阶段的旅游节庆的特征鲜明，"主要是由政府主导创办，具有浓厚的官方色彩，举办旅游节庆主要是为了便于招商引资，追求经济效益，促进当地经济发展，所谓'旅游搭台，经贸唱戏'是各地举办旅游节庆的基本口号，同时在旅游节庆内容和形式上也比较单一"，[①]"多为在本地传统民俗节庆基础上举办的经贸洽谈会。"[②]

到了20世纪90年代，在文化经济、休闲旅游、假日经济等的共同促进下，旅游节庆进入快速发展阶段，在全国遍地开花，掀起了旅游节庆的一大高潮，几乎全国每个市、县都推出了具有本地特色、各式各样的旅游节庆活动。仅1992年，全国就举办了近100个旅游节庆活动，各色节庆令人眼花缭乱，如北京的国际旅游文化节、潍坊的国际风筝节、上海的影视节、青岛的啤酒节等。

当时的旅游节庆呈现以下四个鲜明特点：

一是地域的广阔，覆盖面广，全国各地纷纷举办，但举办规模大小不一，空间地域分布不均。二是主题的广泛，节庆类型丰富，有旅游节、艺术节、文化节、服装节、饮食节等名目繁多的种类，节庆题材日益丰富多样，不局限于当地的传统的民俗节庆活动，所依托的载体有自然生态型、民俗文化型、人文景观型、地方特产型和体育赛事型等。三是逐渐普遍采用了"政府引导，企业承办，市场运作"的节庆运作模式，把旅游节庆与当地特色经济更为紧密地结

---

① 唐楠.中国旅游节庆品牌建设与国际化研究［D］.华中师范大学，2009.
② 包亚芳，孙治，薛群慧.旅游品牌竞争力——理论·案例［M］.杭州：浙江工商大学出版社，2012：130.

合，运作模式已不再完全由政府主导包办，政府更多的是起引导作用，节庆举办呈现出多样化、市场化的趋势。由于各地节庆举办热情高涨，种类繁多，同时也出现了主题雷同、形式单调、效益欠佳等一系列问题。四是多数旅游节庆历史不长，举办届数最长的洛阳牡丹文化节截至2020年，也只有38年的历史。旅游节庆品牌正在成长中，品牌影响还比较小，只有青岛国际啤酒节、南宁国际民歌艺术节、哈尔滨国际冰雪节等少数旅游节庆品牌有较大影响力，开始走向国际。

4. 旅游节庆品牌的价值

文化旅游节庆活动能够充分展现各个地方的文化传统、文化遗产、文化习俗或文化创意，是文化与旅游两大产业融合发展的重要形式之一，在挖掘文化内涵、塑造提升旅游目的地形象、建构文化旅游品牌等方面发挥着重要作用。旅游节庆"能够较好地展示区域文化特色，使区域文化得以彰显和传承。"[①]

近年来，各地纷纷借助文化旅游节庆活动的形式，塑造城市形象，打造文化旅游品牌，扩大旅游目的地的影响。文化旅游节庆活动与旅游业的发展联系越来越紧密。利用旅游节庆的"光环效应"，可以让各地在极短的时间里得到巨大的宣传效果，从而快速地扩大旅游目的地的影响，从而有助于提升旅游目的地的文化和旅游品牌形象。可以说，在提高举办地的文化旅游品牌影响力方面，旅游节庆成为了一种催化剂，它对塑造举办地的旅游形象起到了积极的作用，也能扩大文化旅游品牌影响力，从而带来良好的经济效益与社会效益，最终提升举办地的旅游竞争力。

旅游节庆另一个明显功效是能够在短期内吸引大量的旅游者，增加当地的旅游消费，为当地带来较为可观的旅游收入，促进当地的社会经济发展，"据有关部门统计，旅游节庆与社会经济的关系比例是1:9，即节庆活动每收入1元，就会给社会相关产业带来9元的联动价值"。[②] 因此，很多旅游目的地将其视为一种对外进行文化旅游营销宣传的重要手段。

[①] 黄翔，连建功，王乃举. 旅游节庆与品牌建设：理论·案例 [M]. 天津：南开大学出版社，2007：21.

[②] 包亚芳，孙治，薛群慧. 旅游品牌竞争力——理论·案例 [M]. 杭州：浙江工商大学出版社，2012：127.

旅游节庆活动不仅能带来直接的经济效益，还能加速旅游地的基础设施建设，对旅游地的社会、经济、文化和基础设施等方面起到积极的推动作用。由于在旅游节庆活动期间，在短时间内有大量的游客拥入，为此就需要有较为完善的基础设施和服务设施，以做好大量游客拥入的各种准备。因此，在旅游节庆举办之前，通常会对举办地的交通设施、住宿、餐饮、卫生、通信、娱乐等基础设施进行集中整治、建设，从而使举办地的各项基础设施和服务设施得到了较大的改善。

旅游节庆还可以提高举办地的居民素质，增强民众的凝聚力。旅游节庆尤其是国际性大型旅游节庆，在举办之前，举办者通常都会采取培训等各项措施，提高当地居民和工作人员的素质，展示当地的良好形象。因此，旅游节庆的筹备过程，也就是整个举办地精神文明和市民素质提高的过程。旅游节庆活动在宣传和推广城市形象、提高城市知名度和美誉度等方面发挥着重要的作用，堪称一个城市的一张亮丽的名片。

5. 旅游节庆品牌的建构

近年来，我国在各地举办了成千上万的旅游节庆活动，种类丰富，名目繁多，但是，能称得上是旅游节庆品牌的则为数有限。在众多的旅游节庆活动中，什么样的旅游节庆才能称得上是旅游节庆品牌呢？它应该具有以下特点："一是具有很高的知名度和美誉度，具有广泛的客源市场；二是具有完善的经营管理体制；三是有规模，能定期持续性举办；四是能产生一定的经济、文化、社会效益。"[1] 只有具备这些特点，才能称为文化旅游节庆品牌。

旅游节庆品牌"是表现旅游节庆独特性的名称、标识、个性形象等要素的一个综合概念"[2]，包括节庆名称、节庆标志和商标等几个组成部分。旅游节庆品牌可以带来独特的精神享受，可以有效地区别于竞争者，且具有溢价效应，能够带来较高的旅游附加值。

旅游节庆品牌具有识别功能，"只要一提到某旅游节庆品牌，就能唤起消

---

[1] 林琼利.浅谈旅游节庆品牌管理——以洛阳牡丹文化节为例[J].中外企业家，2018（10）：52-54.

[2] 包亚芳，孙治，薛群慧.旅游品牌竞争力——理论·案例[M].杭州：浙江工商大学出版社，2012：129.

费者心目中的记忆和联想。如一提到青岛国际啤酒节,就会想到其盛大的场面、激情与狂欢的氛围"。①

旅游节庆品牌的塑造和传播有利于提升旅游节庆活动的知名度和美誉度,有利于吸引更多游客,能给举办地带来巨大的经济效益,同时也有利于提高文化旅游品牌的市场竞争力。旅游节庆品牌还具有良好的增值功能,能够有效提升品牌的附加值,快速改善举办地的旅游与投资环境,给举办者带来更多的商机和利益,促进举办地旅游经济与社会经济的全面发展。

价值、文化和个性是旅游节庆品牌的核心,其中独具特色的文化是旅游节庆活动的关键内核,是品牌的第一竞争力。"旅游节庆有着文化和经济的双重属性,实践表明,凡是植根于传统文化土壤,从文化战略的高度来定位节庆的,能获得持久的民众参与基础与市场竞争力;而纯粹以短期逐利为动机的很难获得长久的生命力,尤其是在经济低迷时期,也达不到提升旅游目的地品牌的效果,甚至产生负效应。"②

创意与特色是旅游节庆能否吸引资源、成功举办的重要前提。如果旅游节庆本身具备较鲜明的特色,有较高的文化含量,便能够得到市场的认可,可以从市场上吸引到各方资本的参与,获得节庆活动所需要的大量资源。否则,如果节庆活动特色不强,就难以从市场中吸引资源,只得依靠行政方式,甚至硬性摊派盲目上马,这样会挫伤举办者、参与者各方积极性,节庆活动也难以长久举行。因此,旅游节庆活动的策划与运作,"应遵循文化性、创新性、体验性、民众性和个性化等原则,并采用市场化运作机制"。③尤其要注重活动的创新和特色。

旅游节庆产品的开发、旅游节庆品牌的打造要遵循以下基本原则:

首先,"要遵循以文化为核心、以市场为导向、以特色为生命、以整合创新为后劲的开发理念"④。旅游节庆产品要做好文化内涵挖掘,要围绕节庆主题,以地域特色文化为基础,立足于当地民俗风情和地方特色等,着力于对原

---

① 包亚芳,孙治,薛群慧.旅游品牌竞争力——理论·案例[M].杭州:浙江工商大学出版社,2012:129.
② 司马志.中国文化创意旅游发展的七大模式[J].上海经济,2015(05):13-20.
③ 钟晟.基于文化意象的旅游产业与文化产业融合发展研究[D].武汉大学,2013.
④ 彭燕,王慧,李良杰.江西节庆旅游产品的深度开发构思[J].企业经济,2013(12):138-141.

生态文化的挖掘，构建旅游节庆品牌。原生态旅游是在以往生态旅游概念上的更进一步。旅游者对于原生态旅游日益偏重喜爱，已成为当下一种时尚的旅游形式。"民族文化旅游品牌的构建是推动民族文化旅游这一新兴产业发展的重要手段，其核心价值主要从地域性差异、文化气质差异和服务个性三个方面体现。"[1]目前，我国对民族传统节庆的旅游开发主要还停留在民族村寨观光游览、民族歌舞欣赏、民族饮食品尝等较为浅表的层面，要增强游客的参与性和体验性，充分展现举办地的悠久的历史传统、深厚的文化底蕴以及丰富多彩的民族风情，从而打造出具有标志性和影响力的旅游节庆品牌。

其次，要持之以恒，保持旅游节庆举办的连续性。持续的节事活动，不仅能够产生品牌效应和提升知名度，还能带来良好的社会效益和经济效益。目前，我国旅游节庆举办的时间较短，举办届数最长的洛阳牡丹文化节到2020年也只有38届，还谈不上历史悠久，只有持之以恒，坚持不懈，久久为功，保持旅游节庆举办的连续性，才能在时间的积淀中，逐步成为知名的旅游节庆品牌。

最后，要积极推动和实现旅游节庆的市场化和专业化经营。不少地方的旅游节庆活动依然是由政府唱主角，存在着过分依赖政府的现象，总是认为政府举办的旅游节庆具有权威性和号召力，也容易调动各种资源。因此，在不少的旅游节庆中，市场化运作、社会资本及民间资源的介入还十分有限。但是"官办"的旅游节庆往往容易搞成"政绩工程""形象工程"，"难以对市场需求作出及时准确的判断，导致旅游节庆活动专业性、娱乐性、参与性不强，旅游节庆产品影响力有限"。[2]不少地方举办的民族节庆因游客稀少，只能成为当地居民的"自娱自乐"，达不到举办节庆的效果。因此，"从长远发展看，比较理想的民族节庆旅游开发模式应该是政府主导、市场运作、企业主体、社会参与"。[3]

---

[1] 张海燕，王忠云.产业融合视角下的民族文化旅游品牌建设研究[J].中央民族大学学报（哲学社会科学版），2011（04）：17-23.
[2] 彭燕，王慧，李良杰.江西节庆旅游产品的深度开发构思[J].企业经济，2013（12）：138-141.
[3] 薛群慧.旅游产业与文化产业融合发展的三个重点[J].旅游研究，2016（05）：5-7.

6. 我国具有代表性的旅游节庆品牌

在我国上千个文化旅游节庆活动中，虽然可称得上旅游节庆文化品牌的为数不多，但也不乏成功的范例，比如洛阳牡丹文化节、青岛国际啤酒节、南宁国际民歌艺术节等，这些已经成为我国具有代表性的文化旅游节庆品牌。

洛阳牡丹文化节

洛阳牡丹文化节最初起源于1983年由河南省洛阳市政府主办的洛阳牡丹花会，随着影响的日益扩大，1991年，升格为河南省省级节庆活动。2010年，经国务院正式批准，再次升格为国家级的旅游节会，更名为"中国洛阳牡丹文化节"，并成功入选国家非物质文化遗产名录。至此，洛阳牡丹文化节从"花开花落二十日，一城之人皆若狂"进一步发展成为"牡丹花开二十日，全球之人皆若狂"的重点旅游节庆，成为一个融赏花观灯、旅游观光、经贸合作为一体的大型综合性文化旅游节庆活动。

洛阳牡丹文化节以"以花为媒，广交朋友，宣传洛阳，扩大开放"为办节思想，经过多年的举办，已成为洛阳展示城市形象的窗口和发展经济的平台，把洛阳这一国家历史文化名城更快更好地推向海内外，成为洛阳走向世界的桥梁和世界了解洛阳的一张名片。到2019年，洛阳牡丹文化节已经连续举办了37届，成为我国持续时间最长的文化旅游节庆活动。2011年，在国际节庆协会主办的"2011优秀民族节庆"推选活动中，洛阳牡丹文化节荣获了"最具国际影响力节庆"的名誉。洛阳牡丹文化节逐渐走向世界，成为我国具有重要影响的文化旅游节庆品牌。

青岛国际啤酒节

青岛国际啤酒节是中国第一个以啤酒为媒介，融合了经济、旅游、文化、体育等多种元素的全国性大型文化旅游节庆活动，是亚洲规模和影响力最大的啤酒狂欢盛会。青岛国际啤酒节是由青岛啤酒集团主办的具有浓厚商业色彩的经济旅游营销活动，内容丰富，除了隆重的开幕式外，还有啤酒品饮、娱乐嘉年华、艺术巡游、旅游休闲、经贸展览和闭幕式晚会等活动。1991年，首届青岛国际啤酒节在青岛市中山公园举办，仅开幕式当天的彩车巡游就吸引了30万市民的参与观看，可谓盛况空前。每年8月，青岛国际啤酒节都如约在青岛揭幕，为期16天，每一届啤酒节都能吸引20多个世界知名的啤酒厂商参加，各地游客纷至沓来，人数多达百余万人。

1994年，青岛国际啤酒城正式落成，啤酒城坐落在石老人国家旅游度假区内，规模庞大，占地达35公顷，从此之后，这里就成了青岛国际啤酒节的永久性主会场。1997年的第七届青岛国际啤酒节规格更高，由国家六部委与青岛市政府联合主办，将青岛国际啤酒节上升为国家级旅游节庆活动。在功能定位上，青岛国际啤酒节也成为更加注重文化功能的节事活动，致力于提升文化品位。2004年，第八届啤酒节引进了啤酒嘉年华，打造啤酒节的狂欢主题，并由中央电视台通过卫星向全球转播啤酒节盛况。第十二届青岛国际啤酒节，确定"青岛与世界干杯！"作为啤酒节永久性口号与主题。从第十六届开始，还举办假面舞会狂欢，将啤酒节定位为世界级的狂欢旅游节庆，打造国际一流的文化旅游节庆品牌。

在青岛国际啤酒节的文化旅游节庆品牌传播上，也实现了多媒介的整合营销传播，设计了啤酒节的吉祥物、啤酒节的节歌和节徽，并联合网络、平面、电视三大媒体对啤酒节进行全面、持续、多角度的宣传报道。"2007年第十七届啤酒节首次推出中、英、韩三种语言版本，以进一步扩大啤酒节的国际影响力。同时，通过网络媒体对开幕式进行视频直播，通过中央人民广播电台、中央电视台等中央级媒体进行全球啤酒节盛况播放。"[①]进一步扩大了青岛国际啤酒节的品牌知名度和影响力。

如今，青岛国际啤酒节已经成为中国知名的旅游节庆品牌，已连续五次荣获中国节庆产业年会评选的"中国十大节庆活动"称号，并位列十大节庆榜首。还获得了由中华文化促进会评选的"节庆中华十佳奖"。青岛国际啤酒节以其独有的影响力，成为中国十大品牌节庆，并以强大的品牌效应，大大提升了青岛市的知名度和美誉度，成为彰显青岛城市魅力与个性的重要抓手，对塑造青岛城市形象、提升城市品位起到了积极的作用，也为青岛带来了巨大的旅游人气，产生了巨额的旅游经济收益。如2019年，第29届青岛国际啤酒节在西海岸金沙滩啤酒城举行，仅开幕的那一天，就有30多万人参加了啤酒节活动，带来了可观的旅游经济收益。2021年的第31届青岛国际啤酒节共

---

① 包亚芳，孙治，薛群慧.旅游品牌竞争力——理论·案例[M].杭州：浙江工商大学出版社，2012：182.

有 207.06 万海内外的游客参与，市民与游客共消耗啤酒 1450 吨，总曝光量达 20.17 亿次。

青岛国际啤酒节现已成为我国文化旅游节庆的典范之一，但是距离德国慕尼黑啤酒节那样享誉世界的品牌还有很大差距，青岛国际啤酒节要建构成为国际著名的文化旅游节庆品牌还仍然有很长的路要走，可谓任重道远。

南宁国际民歌艺术节

壮族是一个爱好且擅长唱歌的民族，广西也是壮族"歌仙"刘三姐的故乡。民歌作为一种歌唱劳动、歌唱生活、抒发情感的特有的艺术形式，在广西可谓无处不在，无时不有，因此广西又有"歌海"之称。为了把广西民歌发扬光大，既让世界了解广西，更让广西走向世界，1993 年，广西提出"以歌会友，以歌传情，以歌招商"的口号，在省会南宁举办了"广西国际民歌节"，邀请国内外的民歌艺术家前来演出，进行民歌艺术交流，还举办了"广西国际民歌节商品交易会"和"旅游美食节"等活动。从此，广西国际民歌节正式诞生。

随着广西国际民歌节的影响日益扩大，为了把民歌节办得更具特色，更有影响，1999 年升格为由原文化部、国家民委和南宁市人民政府等联合主办的国家级旅游节庆，并更名为"南宁国际民歌艺术节"，使之成为一个融文化、旅游和经贸于一体的国家级综合性大型旅游节庆活动。1999 年 11 月，更名后的首届南宁国际民歌艺术节成功举办，内容更加丰富，包括大型广场文艺晚会《大地飞歌》、中国（南宁）民族服饰博览会以及广西民族风情展演等系列活动。

南宁国际民歌艺术节以开阔的国际视野、浓郁的民族风情和强劲的现代气息，给观众带来强烈的震撼和高雅的艺术享受，赢得了国内外各界人士的普遍赞誉。南宁国际民歌艺术节可谓一炮而红，其品牌影响力也迅速提升。

南宁国际民歌艺术节品牌的成功建构，为文化旅游品牌的建构提供了很多可供借鉴的思路。南宁国际民歌艺术节的成功，首先得力于它准确的品牌定位，南宁国际民歌艺术节以打造新民歌、弘扬民族文化、扩大中外文化交流为办节宗旨，以"打造中国最具特质的节庆、最具影响力的节庆和最具品牌效应的节庆"作为节的定位。南宁国际民歌艺术节以浓郁的民族性和高雅的艺术性吸引了一大批观众和游客,赢得了世界越来越多的关注,扩大了影响。与此同时,还通过举办美食节、"经典音乐会"和"风情东南亚"大型歌舞晚会,拓展、延伸了南宁国际民歌艺术节的节庆产业链,每年艺术节期间都能够吸引众多的旅游者和投资客,促进了当地经济的发展,取得了更好的旅游经济效益和社会效益,也扩大了南宁国际民歌艺术节文化旅游品牌的影响力。

南宁国际民歌艺术节围绕品牌定位,进行了卓有成效的营销宣传,并且首开文化旅游节庆市场化运作的先河。艺术节组委会精心编织了一张强大的立体交叉宣传推广网络,提出了南宁——"天下民歌眷恋的地方"这一鲜明的主题宣传口号。为艺术节量身打造的、由著名民歌歌唱家宋祖英演唱的主题曲《大地飞歌》在央视各频道反复播出,大大提升了南宁国际民歌艺术节的传播效果和影响力。还建立了100多家权威媒体参与的中外主流媒体联盟,通过多渠道、多层次、多形式对艺术节活动进行报道,对艺术节进行整体宣传营销。艺术节组委会还统一规划、设计了艺术节的视觉形象 VI 系统,对南宁国际民歌艺术节的宣传营销起到了积极作用。

经过二十多年的品牌经营,通过强势而有效的品牌推广营销,南宁国际民歌艺术节的知名度和影响力日益扩大,与北京国际音乐节、上海国际音乐节并称为中国三大国际音乐节,成为我国著名的文化旅游节庆品牌。南宁国际民歌艺术节作为中外瞩目的民歌艺术盛会,已成为广西南宁的一张亮丽的名片,使南宁的国际知名度和城市形象得到了迅速的提升。2005 年,南宁国际民歌艺术节获评国际节庆协会行业综合类铜奖,使我国首次在国际节庆领域获奖,并入选"中国最具国际影响力十大节庆活动",还荣获"2012 中国节庆榜·最受大众关注民族(民俗)文化节庆"奖项。

二、旅游演艺文化旅游品牌的建构

文化旅游演艺是文化与旅游两大产业深度融合的代表性产品,是两大产业融合发展的典型代表,成为文化旅游产业链中的重要一环,也是当下在全球范围内流行的文化旅游方式。

文化旅游演艺是通过挖掘、提炼旅游目的地地域特色文化,经过艺术的创作加工，借助声、光、电等各种现代技术手段，综合运用歌、舞、杂技等艺术形式，形成舞台演出产品，在旅游目的地上演的旅游表演活动。文化旅游演艺对展现旅游目的地的文化特色、呈现当地民俗风情、丰富和改善旅游产品结构、增强旅游的娱乐性和游客体验感、增加旅游收入能够起到重要的作用。由于文化旅游演艺节目大都以旅游目的地的自然和文化环境为背景，具有难以复制和不可移动的特点，可以有效弥补文化旅游产品同质化的缺陷。

近年来，我国文化旅游演艺的发展十分迅速，诞生了一批具有影响力的文化旅游演艺产品。文化旅游演艺种类丰富，名目繁多，按内容和特点可分为"实景旅游演艺产品、主题公园旅游演艺产品和剧场旅游演艺产品。主题公园旅游演艺产品如宋城'千古情'、三亚系列'千古情'等。剧场旅游演艺产品多为城市的文化名片性的产品，多由政府投资，采用巡演方式进行，如云南映象、丽水金沙等"。[①] 其中以张艺谋"印象系列"为代表的实景旅游演艺产品是我国文化旅游演艺最具代表性的产品，也是我国文化旅游演艺产业的成功品牌。

1."印象系列"实景旅游演艺品牌

早在唐代，关于刘三姐的传说就在岭南少数民族中广为流传，刘三姐被誉为"歌仙"，她是壮族民族精神和理想的化身，成了以"歌海"闻名的广西民俗文化的典型代表，成为广西一个著名的文化品牌。农历"三月三"是壮族最盛大、影响最广的歌圩节，又称为"歌仙节"，"相传是为纪念刘三姐而形成的民间纪念性节日"。[②] 刘三姐品牌的开发，"起源于20世纪50年代，从影视作品到实景山水演出，是一个不断优化创新的过程"。[③]

1961年，长春电影制片厂拍摄了彩色故事片《刘三姐》，影片中优美的壮族山歌和奇美的桂林山水，给观众留下了深刻的印象，更使刘三姐的名字家喻户晓，也扩大了桂林民族风情文化的知名度，也使得刘三姐成了桂林人文旅游的知名品牌。

---

① 薛群慧.旅游产业与文化产业融合发展的三个重点[J].旅游研究，2016（05）：5-7.
② 吴晓山.民俗文化旅游品牌战略研究——以"刘三姐"文化旅游为例[J].特区经济，2010（08）：171-173.
③ 侯建娜，杨海红，李仙德.旅游演艺产品中地域文化元素开发的思考——以《印象·刘三姐》为例[J].旅游论坛，2010（03）：284-287.

2004年3月,由张艺谋任总导演,梅帅元任总策划、制作人,以及王潮歌、樊跃等组成的国内强大的主创团队,创作、导演了以刘三姐命名的我国第一部大型山水实景演出——《印象·刘三姐》,并在旅游胜地桂林阳朔正式上演。整场演出分为红色山歌、金色渔火、绿色家园、银色盛典四个篇章,每个篇章都渗透着浓郁的地域文化气息,依靠各种现代高科技手段和精美的舞美设计,将艺术元素无形地融入山水之间,营造出强烈的视听效果,给观众带来良好视听盛宴的同时,还有互动呼应,让游客得到了真实的审美体验和情感的升华。

借助导演张艺谋的知名度和当地优美的自然风光与独特的人文资源,《印象·刘三姐》将广西少数民族风情、刘三姐文化和漓江山水等地域特色文化元素进行创意整合,将文化演艺与广西秀美的自然实景相融合,再现了刘三姐对歌的场景,展现出意境深邃,充满了知识、智慧的壮族山歌的风采,成功打造了一部文化旅游演艺精品,产生了轰动效应,获得了观众的极大认可,成为游客到桂林旅游的必看剧目,也成了文化和旅游两大产业深度融合的经典范例,受到了各界的重视和肯定。2005年《印象·刘三姐》获评中国演出家协会的"十大演出盛事奖"和原文化部首届"创新奖"。

《印象·刘三姐》自开演以来,一直受到了海内外游客的热捧,各地游客趋之若鹜、对其热情不减,由此而催生了阳朔特有的"印象经济",将阳朔打造成了具有真正意义的文化旅游目的地,游客在阳朔的留宿率成倍增长,对阳朔乃至桂林和整个广西文化旅游产业的发展起了极大的推动作用,也成功提升了桂林的旅游形象。

《印象·刘三姐》实现了文化与旅游的深度融合和有效联动,提升了旅游演艺的文化素质,作为旅游演艺产业的成功示范,将我国旅游演艺产业推向了新的高潮。《印象·刘三姐》充分发挥了刘三姐文化品牌对广西文化旅游产业的积极提升作用,成为民族文化提升传统旅游目的地吸引力的成功典范。

当然,我们也应该看到,《印象·刘三姐》的成功还得益于知名导演、知名景区和知名民族文化这三大品牌的强强联合,这种名导演、名山水、名文化的强强结合所产生的轰动效应,掀起了刘三姐文化旅游开发研究的热潮,引发了学术界对文化旅游演艺品牌建设的关注。

文化旅游演艺既是文化与旅游相互渗透、融合的结晶，也是游客体验异域文化的直接方式。文化旅游演艺要以文化铸就灵魂，彰显原生态的人地和谐。"地方文化的挖掘、开发在文化旅游品牌建设中占有核心地位。只有真正体现当地文化特色的旅游演艺项目，才能吸引旅游者的兴趣，展示本地文化特色，借以带动整个旅游业的发展，才能带来综合性效益，同时极好地宣传自己的城市形象，扩大知名度和美誉度。"[1]根植于桂林独特的地域民族文化、原生态的民族民俗风情与奇美的、甲天下的桂林山水的融合，加上知名导演的策划以及现代科技手段的运用，是《印象·刘三姐》成功的关键所在。

《印象·刘三姐》具有浓郁的原生态品位，演职人员的本土化使旅游演艺更显原生态和真实性，当地农民、渔民的广泛参与也是《印象·刘三姐》成功的原因之一。在700多名参演人员中，有600多是少数民族演员，其中400多人是沿江5个村子的渔民。参演的本土演员们以他们朴素的动作舞蹈、原始而纯朴的嘹亮嗓音唱着他们平时对歌时所唱的山歌，充满了原生态的真实感，原汁原味地再现了广西少数民族的生产、生活场景，避免了商业化演出过程中的严重失真，更容易引发游客的共鸣。

地方政府对《印象·刘三姐》项目的运作，发挥了重要作用。正是得力于政府强有力的组织和引导，发掘文化，凸显文化创意，实施"走出去"战略，构建了政府扶持、市场主导、企业运作的文化与旅游产业融合发展的模式，开创了官、产、学、民一体化的民俗文化旅游开发创新路径。

《印象·刘三姐》的成功，"在于执行了'文化与旅游、市场、自然相结合'的基本战略，在此基础上以成熟的商业模式实施品牌战略，山水实景演出的品牌建设创意主要在于坚持精品化战略，走品牌化道路"[2]。以素有"山水甲天下"之誉的桂林山水和家喻户晓的刘三姐文化作为主打产品，从而打造出了《印象·刘三姐》这一享誉全国的文化旅游产业融合发展的旅游演艺品牌。

如今，借力于《印象·刘三姐》品牌的成功，已经形成了"印象系列"这一文化旅游演艺品牌，包含了《印象·刘三姐》《印象·丽江》《印象·大红袍》《印象·海南岛》《印象·西湖》等系列大型山水实景演艺项目。

---

[1] 李伟山.刘三姐文化旅游开发研究综述［J］.创新，2015（04）：59-65.
[2] 李伟山.刘三姐文化旅游开发研究综述［J］.创新，2015（04）：59-65.

据总策划梅帅元在2014年在北京举办的第二届中国文化旅游品牌建设与发展峰会上介绍,当前在中国已有100多台"山水实景"演出,仅其自创的"山水"系列每年就有450万观众,加上张艺谋的"印象"系列,则每年观众在1000万以上。

可以说,"印象系列"实景旅游演艺品牌的成功,对我国的文化旅游品牌建设无论从理论研究还是开发实践上,都起到了很好的示范和引导作用。

2.《又见平遥》开创了"又见"系列文化旅游演艺品牌

1997年,山西平遥古城入选世界文化遗产。2013年,我国第一部大型室内情境体验剧《又见平遥》在平遥古城华丽登场,成为与"印象系列"并行的又一知名的文化旅游演艺品牌。《又见平遥》是我国第一部"浸没戏剧"元素与山西平遥本土特色文化相结合的大型室内实景体验剧。与之前"印象系列"大型实景演艺主要利用山水布景给人以强烈的视觉冲击不同,《又见平遥》从室外的实景演出走向了室内情境体验,以晚清时期发生在平遥的真实故事为创作基础,结合室内情境体验的戏剧表达方式,烘托出本土独具魅力的文化特色。

整部《又见平遥》体验剧选材丰富,分为"赵府选妻""镖师沐浴""送行""灵魂归来""穿越对话""寻根"等多个章节。"剧场内部空间的独特分割布局,将前去欣赏的游客留置在一个犹如迷宫的剧场空间中,欣赏者在此游览过程中走过清末年间的古城南门广场、富甲一方的赵家大院、镖局以及繁华喧闹的街市,犹如时空穿越。观众可自由选择观演路线。观众的行走路线决定了观看到的内容,观众步行在剧场之中边走边看,观众自身也成为演出内容的一部分。观众行走在曾经繁华的平遥古城中,感受彼时的风土人情和古老文化,陪同赵东家一同回顾一百五十年前流传于古城的传奇故事,在穿越百年的同时接受了一场关于晋商仁德仗义的精神文明的洗礼。"① 由于以往人文景观大都以静态展示方式呈现给游客,游客在游览过程中参与度很低,缺乏体验性,而《又见平遥》则将"体验"贯穿全过程,将"体验式旅游"元素融进平遥传统的观光游览之中,从静态的展示升级成为动态的情境体验,增强了旅游者的亲

---

① 王志峰,吴颖.《又见平遥》创新文化旅游产业模式[J].经济问题,2016(10):110-113.

身旅游体验感,也让游客对当地的文化有了更生动、更准确、更深刻的理解。

《又见平遥》堪称山西文化旅游品牌的成功典范,显示了山西这一煤炭资源大省向文化旅游大省的转型跨越,更成了平遥古城的文化名片,吸引了大批游客来到平遥领略古城文化,无论是在经济效益还是在社会效益方面,都取得了不同凡响的成功,直接拉动了平遥旅游经济的发展。据《又见平遥》官方数据记录,自首次公演至2019年5月,已累计演出4600多场,观看演出游客总数达308万,演出收入达4.7亿元。还带动了旅游相关产业发展,随着品牌知名度的提升,大批中外游客拥入古城平遥,领略三晋文化,使得平遥本土传统餐饮小吃、特色客栈住宿、平遥当地特产的销量明显提升,直接拉动了当地旅游产业的发展。

《又见平遥》成为知名的文化旅游演艺品牌在全国大放异彩,给山西及全国文化旅游品牌的创立发展提供了一个新的思路。

然而,在《印象·刘三姐》大获成功之后,国内实景旅游演艺项目蜂拥而起,盲目"克隆"与"复制",使盛极一时的旅游演艺在十多年的大发展之后,已日渐成熟并开始进入调整期,逐渐开始走下坡路,演出场次、观演游客和票房收入开始呈下降趋势。如《印象·丽江》2016年上半年共演出371场,同比减少71场,营业收入4250.67万元,同比下降60.87%。在部分旅游景区,很多大型实景旅游演艺由于过度竞争,经营惨淡,收不抵支,难以为继,甚至像《泰山千古情》这样的知名旅游演艺项目也被迫关停。

3. 学界对旅游演艺的反思

文化旅游演艺的盛衰,引发了学界对旅游演艺的反思。旅游演艺产业获得长足发展,地域深厚的文化底蕴是有力的支撑,文化旅游演艺要注重地方文脉的把握和特色文化的挖掘提炼。地方文脉是指地域独特的文化地理背景以及社会人文背景。对地方文脉的把握,对本土特色文化的深入挖掘和提炼,进而将演艺产品背景化,是"增强游客地域文化感知度和丰富游客旅游体验的重要途径"。[①] 据一项针对旅游者度假旅游出行最主要动机的调查,有57%的旅游者选择了"异域文化体验",排名第一。影响旅游者出行最主要的因素是体验差

---

① 侯建娜,杨海红,李仙德.旅游演艺产品中地域文化元素开发的思考——以《印象·刘三姐》为例[J].旅游论坛,2010(03):284-287.

异化的民俗风情,感受异地文化的魅力,这是游客出游最关心的主题和旅游的魅力所在,因为异域文化体验可以满足游客求新求异的愿望。因此,合理利用地方独有的文化特色,对文化内涵进行深度挖掘是保证旅游演艺产品拥有持久吸引力的关键所在,对旅游演艺产品的成功和持久繁荣起着至关重要的作用。

"印象系列"大型山水实景演艺品牌将艺术表现形式、本土特色文化与景区旅游资源三者有机结合,把文化、旅游、经济有机结合起来,将从壮族民间传说中提炼的文化主题元素与独特的自然山水相结合,把地方特色文化打造成富有内涵和品位的文化旅游产品,提高了传统旅游产品的文化品位。并通过模拟真实的生活情节,将文化以故事方式原汁原味、活灵活现地展现给游客,让游客产生身临其境的真切感受,带给游客强烈的感官震撼,成为文化与旅游产业融合发展的成功典范,打造出了文化与旅游融合的品牌榜样。但"如果只强调印象营造下的梦幻效果,就显得有点空洞,而缺少实际内容,容易造成旅游者视觉上的疲劳,给人一种矫揉造作的感觉。让不少游客感觉到表演挺好、挺特别,但一次就够了,它不会令人流连忘返"。[①]

应该看到,旅游演艺这种文化旅游开发模式不可简单照搬、复制,也不能够盲目机械地复制成功品牌,而是必须做到"以文化为首要特色,以创新思路为发展前提,重视新媒体宣传力量"[②],才能在众多的文化旅游产品中有独特风格,才能在激烈的文化旅游品牌竞争中立于不败之地,否则盲目照搬照抄,就会存在巨大的市场风险。

同时我们也要看到,单一的旅游演艺已无法满足当下的市场需求,因此,一些大型的知名旅游演艺企业正朝着集团化的方向发展,逐渐形成了涵盖旅游、住宿、旅游演艺、旅游购物等的纵向产业链。旅游演艺已从过去纯粹比拼设备和宏大场面的1.0版本发展到了以文化创意和内容创新为核心的2.0版本。

三、博物馆文化旅游品牌的建构

博物馆是向大众开放、为社会服务的非营利永久性机构。博物馆不仅"是

---

① 吴晓山.民俗文化旅游品牌战略研究——以"刘三姐"文化旅游为例[J].特区经济,2010(08):171-173.
② 王志峰,吴颖.《又见平遥》创新文化旅游产业模式[J].经济问题,2016(10):110-113.

对风景与视野的凝练",而且是"一个国家文明的重要标志,是保护和传承人类文明的殿堂,是连接过去、现在、未来的重要桥梁"①。同时,博物馆更是地方文化集中展现的窗口,能够为征集、保护、研究地方文化创造良好的条件。随着文化旅游产业的蓬勃发展,"让文物活起来"和对文化遗产"活化利用"的理念深入人心,博物馆也逐渐成为一个旅游的热点,成为重要的文化旅游目的地。

1. "博物馆热"的再次兴起

近年来,我国博物馆得到了快速发展,据统计,到2019年4月,全国在各级政府备案的博物馆总数为5136家,平均每年新增博物馆达180多家。

随着文化旅游热的兴起,"旅游者开始追求差异,追求特色,而博物馆所蕴含的历史文化资源正是一个国家和地区区别于其他国家和地区的差异和特色的最集中体现,由此旅游者对博物馆的需求开始强烈起来"②。

特别是自从2008年全国博物馆、纪念馆实行免费开放以来,博物馆参观人数一直呈上升趋势。据统计,最近3年,我国博物馆每年参观人次增量都在1亿左右,2018年年底,全国博物馆接待观众达10.08亿人次。2018年11月,中国国家博物馆举办的"伟大的变革——庆祝改革开放40周年大型展览",在4个月的展出时间内,观众人数就达432万之多。2018年故宫接待人数突破1700万人次,比巴黎卢浮宫多了约700万人次,成为世界上参观人数最多的博物馆,而且年轻人成为推动博物馆热的主力军。

近年来,博物馆文化旅游发展势头迅猛,"博物馆热"成了公众再次关注的话题,参观博物馆已成为一种时尚的文化旅游方式,"旅游必去博物馆"也成为一句时髦的行业术语。尤其是国家在中小学大力倡导研学旅行,博物馆就成为中小学研学旅行的首选地,成为中小学师生的第二课堂。"学生们在老师的带领下走进博物馆,了解历史、学习文化、开阔视野、丰富知识。"③这使得博物馆日益成为一个重要的文化旅游目的地,逐渐成为一个文化旅游的新热点。当下的"博物馆热"体现了人民群众对高品质的精神文化产品旺盛的需

---

① 王昆欣.让博物馆成为大众旅游新天地[N].中国旅游报,2019-04-19.
② 魏小安,王春利.博物馆的市场化[A].北京博物馆学会.北京博物馆学会第四届学术会议论文集[C].北京:燕山出版社,2004:12.
③ 王昆欣.让博物馆成为大众旅游新天地[N].中国旅游报,2019-04-19.

求,博物馆文化旅游也为探索和拓展文物保护和文物活化利用的渠道与模式提供了新思路。

博物馆文化旅游是最普遍的文化与旅游产业深度融合发展的产物,博物馆是文化旅游融合发展的非常重要的一环。虽然博物馆与旅游都是服务于大众的一种文化表现方式,但博物馆作为重要的公共文化资源,目的是服务大众、教育大众,一般为非营利性机构,具有鲜明的公益性特征。博物馆又是一种重要的文化旅游资源,是文化旅游的重要载体。博物馆的发展离不开旅游市场,通过文化旅游可以为博物馆带来一定的经济效益,有利于文物和文化遗产的保护,更好地发挥博物馆的典藏维护、研究、展示、效益推广等基础功能;同时,文化旅游也可以成为博物馆创新的导向。因此,博物馆和文化旅游并驾齐驱的发展有利于实现博物馆的国际化和现代化。为此,国务院在2016年3月8日颁布了《关于进一步加强文物工作的指导意见》,提出要发挥文物资源在壮大旅游业中的重要作用,打造文物旅游品牌,培育以文保单位、博物馆为支撑的研学旅游、体验旅游,并且设计、生产具有较高文化品位的旅游纪念品。

尽管博物馆近年来很热很火,但博物馆文化旅游发展并不平衡,存在着大的博物馆、知名博物馆人满为患,而中小博物馆无人问津这种冷热不均的情况;同时,博物馆本身策展能力不足、专业人才不够等问题依然存在。大多数博物馆给旅游者带来的现场体验、感受不足,旅游者到了博物馆后,往往见到的是昏暗的现场、模糊的展品、令人费解的专业解说,以及僵硬的服务,使不少旅游者乘兴而来,却失望而归。"在体制上,'衙门作风'的博物馆是无法产生出市场化的经营方式和服务态度的。"①

博物馆往往是一个城市的文化品牌形象。世界上一些著名大城市,尤其是以文化文明著称的城市往往都会有几个知名的大型博物馆。例如伦敦的大英博物馆、纽约的大都会、巴黎的卢浮宫,等等,世人耳熟能详。随着人民生活水平的提高,对高品质审美、对高品位的文化的需求也越来越旺盛。因此,就需要博物馆创新发展,提升品位,在展陈内容、展览形式、观众的体验互动、高科技手段的运用等方面进行创新,改善博物馆的软硬件条件,为观众提供更加

---

① 魏小安,王春利.博物馆的市场化[A].北京博物馆学会.北京博物馆学会第四届学术会议论文集[C].北京:燕山出版社,2004:12.

丰富的文化产品，打造出博物馆文化旅游的品牌，以迎合新时代人民群众对文化旅游的新需求，让游客在轻松的过程之中达到对高品位文化的体验，做到寓教于乐。为此，"博物馆功能要多元发展，从单一的'参观'到多元的'体验'，从文化的'展示'到文化的'消费'，从传统理念的'高冷'到现代发展的'亲民'"。①

在展示方式上要提升展示技术，实现布展手法的多元化，增强互动性和直观性，增强文化的体验感。目前"国际上比较通行的展示方式主要有三种：第一种是情景展示，就是通过创造一个情景来达到充分的展示，吸引参观者；第二种是主题展示，就是通过相应主题的集中加深参观者的印象；第三种是互动展示，科技类博物馆的互动展示已经成为一种常规展示，但是综合类、艺术类或者历史类的博物馆还不可能达到这种互动"。②随着博物馆展示技术的提升和布展手法的多元化，比如VR、AI、AR等数字化手段的运用，可以让博物馆插上科技的翅膀，突破了原来固有的时空限制，观众也不再拘泥于隔着玻璃柜走马观花地观看文物陈列，而是可以在网上细细观赏藏品，甚至使用放大镜等工具看清文物的每一个细节。现代高科技手段，可以使博物馆的观赏性、参与性和体验性不断增强，博物馆对旅游者的吸引力越来越大。

同时，博物馆要放下架子，主动进行营销。不少博物馆已经拓展了短视频平台，与博物馆相关的文化类综艺也不断创新，让文物说话，让历史说话，让文化说话，力争在为"国家宝藏"注入中华民族文化底蕴和时代精神的内涵等方面取得不俗成绩。

2. 文创产品成为故宫的一个金字招牌

在博物馆文化旅游品牌建设中，故宫是一个响亮的金字招牌。故宫之所以成为最受网民关注的国家一级博物馆，得益于故宫的文化创意。文创产品也成为故宫的一个金字招牌。

故宫博物院大胆探索文化创意产品。2008年故宫就成立了故宫文化创意中心，开始了故宫的文创产品研发。目前，故宫已有150多人庞大的专业队

---

① 王昆欣.让博物馆成为大众旅游新天地［N］.中国旅游报，2019-04-19.
② 魏小安，王春利.博物馆的市场化［A］.北京博物馆学会.北京博物馆学会第四届学术会议论文集［C］.北京：燕山出版社，2004：12.

伍专门从事文创工作，他们分布在文创产品的策划、设计、生产、销售等各个环节。故宫文创既让精湛、高深的传统文化融入、走进百姓的生活，又让文物拥有时代的生命力。2013年故宫出现了从严肃的紫禁城到萌萌哒故宫淘宝的巨大转变，当年8月，故宫举办了主题为"把故宫文化带回家"的文创设计大赛，首次向公众征集文化产品创意，此后，"'奉旨旅行'行李牌、'朕就是这样汉子'折扇等各路萌系路线产品使600岁的故宫以一种前所未有的姿态变得年轻"。①

从"故宫淘宝"到"故宫文化创意馆"，故宫积极主动开展文化创意产品设计和文创产品的营销。2013年，故宫文化创意产品增加了195种，2014年又增加265种，2015年更增加813种。2016年底，故宫文创产品共计9170种。"2017年，文创产品已经突破了1万种，文创产品年收入达15亿元。"②

故宫推出的文创产品常常因为产品脑洞大开而爆红网络，备受年轻群体的追捧。除了口红、日历、丝巾、图书等这些常规操作的故宫文创产品外，故宫还与网易根据名画《千里江山图》合作推出了游戏《绘真·妙笔千山》。临近中秋佳节，故宫又以宋徽宗的画作开发了一套"品味清雅"的月饼。这些充满创新的文创受到了年轻群体的热捧，为文物注入了更加鲜活的生命力。人气最旺的还是故宫淘宝，其中"迷你故宫小猫猫摆件"，单月销量就超过1.6万笔。一度在网络上"大火"的故宫口红已卖出90多万套，可以说，故宫可称为国内博物馆文创的最大玩家。

"故宫还是跨界合作的宠儿，和品牌联合推出合作款，不仅能借势营销，还能让故宫文创传播更广，深入生活。和时尚芭莎与故宫文化珠宝的合作，让中国风美出新高度。和稻香村合作，端午推出五毒小饼，中秋推出宋徽宗画作元素的月饼。暑期，故宫文化中心又和农夫山泉联合出品了'故宫瓶'。"③

故宫在营销方式上也不断创新，改变了传统的传播方式，运用多种现代方式来传播优秀传统文化，与互联网等现代科技融合，以现代科技引领文创产品的研发、营销、推广等各个环节。早在2010年，故宫的官方网店就已经在淘

---

① 博物馆的生意经：故宫文创年入10亿有啥秘诀［N］.华商报，2018-09-11.
② 王昆欣.让博物馆成为大众旅游新天地［N］.中国旅游报，2019-04-19.
③ 博物馆的生意经：故宫文创年入10亿有啥秘诀［N］.华商报，2018-09-11.

宝商城上线，开始售卖原创和联名的文化产品。在2016年，故宫与阿里巴巴和腾讯携手合作，将故宫独有的宫廷设计文创产品搬上网络平台。故宫"还和凤凰领客文化达成战略合作，充分应用故宫具有丰富历史背景、文化故事的馆藏进行创意合作，以增强现实技术（AR）、互动沉浸技术（MR）、3D等科技手段，提升其文化价值，传播故宫文化内涵"。①

2016年，纪录片《我在故宫修文物》一夜走红，获得了观众的一片赞誉之声，还带火了文物修复师这个群体。2018年，故宫又推出《清明上河图3.0》高科技艺术互动展演，用高科技手段搭建出的巨幅互动长卷、沉浸剧场、球幕影院等场景，构筑出真人与虚拟交织、人在画中的沉浸体验。2019年2月，故宫成功举办"上元灯会"，神秘的紫禁城的夜晚第一次被真正照亮，实现了故宫首次大规模夜间开放。这一系列成功的营销方式，使得原本"高冷"的紫禁城文化"飞入寻常百姓家"，让600年的故宫赚足了人们的眼球，故宫成为"顶级网红"的同时，也带来巨大的经济收益。

当然，故宫的确有得天独厚的文化氛围和底蕴，也能得到无可比拟的资源条件，作为中国文化旅游品牌的门面担当，每年能吸引海量的国内外游客。但是，博物馆首先是文化遗产保护机构，文化研究、文物保护才是其主业，才是第一位的。同时，博物馆还是公共文化教育机构，为人们提供公共文化产品，社会效益是首要的。博物馆要坚持"高雅不深奥，亲和不媚俗"的定位，将高品位的文化融入百姓的生活，才能让文物真正活起来，才会有持久的旺盛生命力。

四、宗教文化旅游品牌的建构

宗教与旅游密不可分，宗教朝圣与文化旅游之间有着深刻的内在联系，具有天然的耦合性，有的学者甚至提出了"旅游就是一种现代朝圣"的说法。随着人们的旅游需求从观赏游玩发展为享受旅游带来的精神愉悦和心灵升华，宗教文化旅游正与旅游者的这种需求越来越契合。

---

① 博物馆的生意经：故宫文创年入10亿有啥秘诀［N］.华商报，2018-09-11.

1. 宗教文化旅游的特征

宗教文化旅游是指以宗教文化旅游资源为载体的旅游活动，包括以佛教、道教、伊斯兰教、基督教、天主教、印度教等宗教文化和佛教雕塑、绘画等艺术作品及文物古迹为主要旅游资源的宗教文化旅游活动。宗教文化旅游"以其净化心灵、启迪智慧的教义和独特而深厚的文化内涵，吸引了越来越多的旅游者，成为文化旅游中极具增长潜力的细分市场"。①

宗教是人类文化的一个重要组成部分，各种宗教教义、仪式、建筑和艺术等是重要的文化旅游资源，很多宗教场所、宗教建筑，尤其是佛教与道教场所，是人文旅游景点，具有重要的历史文物价值，成为重要的旅游目的地。宗教信仰者前往宗教场所进行宗教朝圣旅游，以获得神圣的宗教体验，寻找心灵的归宿和慰藉，普通的大众旅游者"在宗教旅游氛围中往往也能获得类似的体验，因而也被称作世俗的朝圣"。②亚太旅游协会（Pacific Asia Travel Association）预测显示，在 21 世纪，宗教旅游将是旅游业的一个主要发展方向，其发展前景十分光明。要对当地的宗教文化特色进行充分挖掘，充实和丰富宗教文化旅游产品的内涵，对宗教文化体验产品进行开发，提高宗教文化的品位，打造出有知名度、有水准的宗教文化旅游品牌。

目前，宗教文化旅游无论从规模还是影响上，都在文化旅游产业中占有一席之地，得到了较快的发展。但在当前的宗教文化旅游中，依旧存在着不少的问题，集中体现在以下几个方面：

一是由于宗教旅游涉及众多管理部门，有的管理部门片面认为宗教无小事，多一事不如少一事，怕由此引发寺院及有关方面的利益矛盾，产生一些不稳定因素，因此，对宗教文化旅游开发的积极性、主动性并不高。

二是有些地方本身并没有宗教文化资源，但在经济利益的驱动下，为了旅游开发，在城市和风景区内随意建造佛教庙宇、露天佛像，这些以营利为目的、粗制滥造的人造宗教景观不伦不类，文化品位低劣，过度地商业化，对宗教文化本身是一种破坏。

三是在宗教文化旅游活动中，尤其是佛教、道教文化旅游活动中商业化、

---

① 梁刚.四川佛教文化旅游品质提升研究［J］.乐山师范学院学报，2018（02）：65-70.
② 钟晟.基于文化意象的旅游产业与文化产业融合发展研究［D］.武汉：武汉大学，2013.

迷信化现象突出。"佛教寺院既是佛教僧侣修行和生活的地方，又是游客进行佛教文化旅游活动的主要景区。一些不良僧人不仅不给游客普及科学的佛教知识，反而大肆宣扬命运天定、地狱恐怖等封建迷信的东西，通过给游客算命、看手相、算卦解签、破财消灾等方式游说游客捐献功德香火钱，高价购买开光佛像、法器、经书等商品聚敛钱财。上述行为既败坏了僧人的形象，又使游客对佛教文化旅游的体验大打折扣。"[1]

四是宗教文化旅游目前还处于主要以观光游览为主的浅表阶段，以游客信徒短时间内参观寺院、古建筑、石窟佛像等为主，容易走向"烧香拜佛"的低俗层次，使部分人认为佛教旅游是中老年人的"专利"。丰富多彩的佛教文化内涵，由于专业知识高深，缺乏精准的讲解，文化内涵难以得到充分的展示，普通的大众游客既缺乏相关的佛教知识，也没有寺院建筑、佛像等方面的知识储备，大多数普通游客只是走马观花地参观一下寺院的古建筑，粗浅地了解一些佛教知识，很难领略到佛教文化的内涵。

如何在宗教文化旅游过程当中既保持宗教活动的神圣性和纯洁性，又能够积极发挥其在文化旅游产业中的独特的作用，建构宗教文化旅游品牌，值得我们在理论和实践层面进行更加深入的分析。

一是要开展庙会等宗教文化节庆活动。由于宗教文化旅游产品不同于普通旅游产品，较少采用大众传媒来推广自身的品牌形象，在品牌推广中，主要是靠口碑推广和庙会节事来进行。对真正的宗教旅游者而言，他们的旅游动机往往明确统一，其忠诚度远高于其他的旅游者，在宗教旅游目的地的选择中更看重整体口碑，一旦口口相传，获得了认知效应以后，就会成为其忠诚的游客。各种庙会都有较久远的历史，在地区周边有较大影响，已经逐渐形成了独具特色的宗教文化景观，也是宗教文化旅游的重要载体。很多地方的庙会文化现已发展为集经贸、旅游、宗教、文艺于一体的文化节庆。

节事推广是目前宗教旅游宣传和品牌推广中覆盖面最广、传播效果最高的一种传播方式。如四川峨眉山在推广普贤文化时，就专门策划了"中国佛教四大名山朝圣之旅"启动仪式暨峨眉山普贤文化节说明会，会聚五台山、九

---

[1] 梁刚.四川佛教文化旅游品质提升研究[J].乐山师范学院学报，2018（02）：65-70.

华山、普陀山和峨眉山等佛教四大名山的代表,共同签署了"中国佛教四大名山联合宣言"。同样,在有"道教祖庭"之称的龙虎山每年举办的龙虎山道教文化节,是集道教朝圣、旅游观光、民俗采风、经贸洽谈于一体的重要宗教旅游节庆活动,也是国内唯一以道教文化为主题的盛大文化旅游节庆。位于江西省上饶市铅山县的葛仙山,因东晋时期著名道士葛玄,信众又称为葛仙翁,在此炼丹传道,使葛仙山名声大振,成为重要的道教传承地,在江西、福建、浙江、安徽一带有一大批虔诚的信众,从每年的农历六月初一葛仙山"开山门"到农历十月初一"关山门",葛仙山都热闹非凡,特别是农历八月二十日,相传是葛仙翁的寿诞之日,葛仙山要举办寿庆节事,四方信众蜂拥而至,山上热闹非凡,人山人海,朝山进香者多达万人以上。

二是可以组织宗教研修班,开展佛教、道教等宗教文化学习之旅。这种营销方式主要针对知识阶层,为充分发挥佛教文化在弘扬中华优秀传统文化中的积极作用,积极探索以佛教文化体验旅游、佛教文化休闲养生旅游和佛教研习旅游为主要内容的佛教文化旅游模式。同时,可以针对各地的僧侣开展学术交流、研讨讲座等学术活动,引导佛教信众投身于以社会主义核心价值观为引领的中华优秀传统文化的学习,在研学的旅途中还可以体验文化旅游景观带来的魅力。

三是开发宗教生活体验型旅游产品。如今,坐禅静修获得越来越多人的认可,正在成为一种时尚的养生方式。尤其是禅宗的打禅静坐与现代养生的结合,可以吸引不少游客,打造禅宗养生品牌。由于当代都市白领生活节奏日趋紧张,不少人都处于"身心俱疲"的亚健康状态,宗教特别是佛教生活远离尘嚣,通过让参与者与真正的僧人同吃同住,共同体验禅修活动,分享、学习禅学智慧,有助于"放下心中的诸多烦恼",净化人们心灵,可以"让心体验一次大自然的清洗"。①通过佛、道教法事活动瞻礼佛、道教音乐欣赏,感受佛、道教教义的哲理智慧,触动游客心灵,有助于调适身心,拓展心灵空间,甚至获得内心顿悟。深度的宗教体验活动还可以让游客和僧人同吃同住,吃斋饭,不沾荤腥,清清肠胃,聆听寺院法师组织的户外讲座,参加野外禅修等活动,

---

① 张雪晶,徐璐,李华敏.文化产业视野下的旅游业发展:资源开发与品牌塑造研究[M].杭州:浙江大学出版社,2009:189.

甚至于"做几天和尚,撞几天钟",这是时下日本年轻白领中非常新鲜、时尚的休闲度假方式。为此,可以"建立佛学体验静心堂。在寺庙辟出一些地方让游客居住、修行,让人们体验佛教寺庙生活。结合佛教传统节日仪式,组织游人进行参禅、食斋、放生、浴佛等佛事活动,增加人们对佛教文化的理解"。[①]针对游客深度体验寺院生活的需要,开展短期出家体验,"在三到五天的时间里,游客通过学习佛教礼仪、学唱佛教歌曲、聆听佛学讲座、参加早晚课、禅修、行脚参访等活动,全面感知佛教文化,体验寺院生活"。[②]让游客在体验中充分感受、品味佛教文化的内涵。

同时,针对佛教特有的素食、养生文化,开发佛教素食旅游产品,让游客通过品尝寺院的素餐,学习寺院仿荤素菜的制作方法,感知寺院的素食文化,尤其可以学习佛教素食文化中的养生知识,增强佛教文化旅游的获得感和体验感。

要发挥宗教的音乐、舞蹈特长。佛教的梵音清乐可以净化人的心灵,启迪人生智慧,是让游客信徒快速感受佛国胜境的绝好手段。2007年春晚的《千手观音》和2008年春晚的《飞天舞》都让世人再次领略了佛教音乐和舞蹈的超绝魅力。

宗教音乐、舞蹈的运用有不少成功的范例。被列为世界文化遗产的山西五台山是文殊菩萨的道场,位列中国四大佛教圣山之首,也是全国唯一一个汉传佛教(青庙)和藏传佛教(黄庙)交相辉映的宗教圣地。五台山还拥有"中国最大的佛教建筑群",现存86个较为完整的宗教活动,保存有显通寺、菩萨顶等5处国家重点文物保护单位,成为全世界佛教朝觐之地。五台山推出了精品佛教文化旅游演艺节目《又见五台山》。《又见五台山》是由著名舞台剧导演王潮歌导演的我国首部佛教情境体验剧,该剧用超乎寻常的主题诠释、绮丽的旋转虚幻空间,以直观、可视化的方式让游客了解佛教文化,亲身体验、感悟佛学哲理。江西龙虎山作为道教的祖庭之地,道教文化底蕴深厚,伴随着天师道复杂斋仪而产生出的道教音乐源远流长,高深幽静。"龙虎山正一天师道

[①] 刘秀芳.关于发展山西佛教文化旅游的几点思考[J].山西社会主义学院学报,2017(02):78-80.

[②] 梁刚.四川佛教文化旅游品质提升研究[J].乐山师范学院学报,2018(02):65-70.

道教音乐"2014年被列入第四批国家非物质文化遗产名录。2015年，龙虎山又推出了《寻梦龙虎山》这一大型山水实景演出剧目，紧扣"神仙地，逍遥游"的主题，着重展现龙虎山"道都仙山"的仙境风光和源远流长的道教文化。

2. 佛教文化旅游品牌的建构

在宗教文化旅游中，佛教是主体，人数众多，具有广阔的客源市场和旅游发展前景。

"佛教以其博大精深、源远流长的经律教义，以及富有极高艺术价值的建筑、雕塑、石刻、壁画，充满神秘色彩的宗教仪式而名扬天下。"[1]佛教文化是一种特殊而又重要的文化旅游资源，除了佛教信徒以朝圣为目的进行佛教文化传播外，还可以作为一种独特的人文景观，供普通游客欣赏，进行深入的浸入式体验和感受，从中得到精神愉悦和心灵升华。世界各地的佛教信徒有上亿之众，我国信仰佛教的人数也很可观，而且佛教旅游客源稳定、忠诚度高、回游率高，旅游市场十分庞大，旅游资源开发的前景也十分广阔。当然，"佛教文化旅游的吸引力取决于佛教文化资源的历史底蕴和文化内涵，取决于寺院、石窟造像、石刻大佛等资源在佛教发展史上的地位和其在建筑、文物、艺术上的价值"[2]。

佛教的建筑物如寺院、宝塔、经幢、石窟等，通常布局雄伟肃穆，气宇轩昂，装饰精美细腻，具有独特的审美情趣和艺术追求，犹如凝固的音乐，体现了民族文化的特色和鲜明的时代色彩，是珍贵而且高品位、高档次的文化旅游资源。"这种特殊的文化'意境'，潜移默化地影响着人们的心理情绪，同时对那些热衷于探秘访幽的游客也形成了较强的吸引力。"[3]但是，丰富的佛教文化旅游资源不等于成型的佛教旅游产品，还需要进行解读、诠释、宣传，使之成为被游客所认可接受的文化旅游产品。

佛教文化旅游是以佛教文化为载体、凸显佛教独特文化内涵的高层次旅游

---

[1] 刘秀芳.关于发展山西佛教文化旅游的几点思考[J].山西社会主义学院学报，2017(02)：78-80.

[2] 梁刚.四川佛教文化旅游品质提升研究[J].乐山师范学院学报，2018(02)：65-70.

[3] 张雪晶，徐璐，李华敏.文化产业视野下的旅游业发展：资源开发与品牌塑造研究[M].杭州：浙江大学出版社，2009：193.

活动,"主要通过参观有名胜古迹意义的佛教景观,举行佛教仪式,营造浓厚的佛教气氛,满足佛教信徒朝拜、求法、参学、朝圣、交流等专门层次需要,同时还包括非佛教徒以佛教文化载体为对象的求知、研究、审美、观光、游览等旅游活动"。①

佛教文化旅游与一般的寺庙参观或迷信活动不同,它是一种虔诚的心灵朝圣,一种佛教文化的洗礼,通过这种活动来忘却生活中的诸多烦恼,启迪智慧,净化心灵,让疲惫的心灵受到一次清洗,让自己的精神境界得以提升。通过佛教文化旅游活动,可以让游客"对佛教教义中如何处理人与自然、人与人、肉体与心灵的关系,如何看待名利富贵、生老病死等问题的哲理智慧有所体会、有所感悟、有所思考,最终达到帮助游客缓解心理压力、平衡身心健康、净化心灵、提升人生境界的效果"。②

佛教文化旅游也要致力于品牌的建构,在佛教文化旅游品牌的建构中,已经有了一批如少林寺等佛教文化旅游品牌的成功案例。

少林寺文化旅游品牌的建构是佛教文化旅游品牌建构的典型代表;同时,少林寺作为河南省著名的文化旅游品牌已经享誉海外。

少林寺地处河南登封西北嵩山南麓五乳峰,因坐落在少室山的密林之中,故得名"少林寺"。少林寺最早在北魏太和十九年(495)兴建,是北魏第七位皇帝孝文帝拓跋宏为了安置他所敬仰的印度高僧跋陀尊者,在与都城洛阳相望的嵩山少室山敕建而成。

随着时间的积淀,少林寺逐渐声名远播,成为中国佛教的"禅宗祖庭",被誉为"天下第一名刹"。少林寺同时也是中国功夫的发源地,形成了以"禅、武、医"三大特色为代表的"少林文化"。有所谓"天下功夫出少林,少林功夫甲天下"之说,少林武术成为中华传统武术文化的瑰宝。少林寺1996年被列为第四批全国重点文物保护单位,2007年被选定为第一批国家5A级景区,2010年又获得了"世界文化遗产"的殊荣。

为开发独具特色的少林文化旅游资源,1998年成立了河南省少林寺实业

---

① 张雪晶,徐璐,李华敏.文化产业视野下的旅游业发展:资源开发与品牌塑造研究[M].杭州:浙江大学出版社,2009:193.
② 梁刚.四川佛教文化旅游品质提升研究[J].乐山师范学院学报,2018(02):65-70.

发展有限公司，2002年又成立少林书局，2004年成立少林药局有限公司，次年少林文化传播有限公司成立。2009年香港中旅国际投资有限公司与登封嵩山少林文化旅游集团有限公司合资成立了港中旅嵩山少林文化旅游有限公司，逐渐形成了一个以"少林文化"为品牌、为主打的大型产业集团，使少林寺的综合竞争力得到有效提升。

少林寺在品牌营销上也有不少的举措，快速地提升了少林寺文化品牌的知名度。比如通过组建少林寺文化传播有限公司，开发、创作影视、广播作品、电子游戏、舞台演出等产品，向全世界传播少林文化，扩大少林寺文化旅游品牌的影响力。还成立少林寺武僧团，通过在世界各地表演少林武术，既弘扬了中国传统的武术文化，又有效宣传了少林寺旅游文化形象。正是由于少林寺采用了多样的文化营销传播模式，不仅实现了文化产业的增值，而且提升了少林寺文化旅游品牌的知名度，促进了少林寺旅游产业的发展。

"多年的集团化开发模式将少林寺打造成一个集寺庙观光、演艺产品、特色节事、公益活动、出版发行、旅游产品生产为一体的文化旅游产业基地，其文化品牌享誉海内外。少林寺在美国出演的每场收入就有一万美元。大型舞剧《风中少林》在美演出两年，共计800余场，演出收益高达800多万美元。"① 在河南登封还推出了"禅宗少林·音乐大典"大型山水实景音乐演出。

但是，在少林寺旅游文化资源开发和文化旅游品牌的建构中，也存在不少的问题。

一是多头管理利益难以均衡。当前，少林寺景区存在着多头管理的问题，其管理机构一是嵩山管委会，主要职能是负责行政和执法；二是港中旅嵩山少林文化旅游有限公司，主要负责少林寺景区设施的建设和景区的日常管理等；三是少林寺自身的管理。这种多头管理，容易导致利益之争和责任推诿的问题。

二是商业氛围过于浓厚，给少林寺带来了负面的社会影响。少林文化的精华是参禅悟道、习武修心的"禅"文化，"禅"与"武"是少林寺的瑰宝。但是今天的少林寺商业气氛十分浓厚，过度进行商业化运作，各类"仪式""大

---

① 李贺．河南少林寺旅游文化资源开发利用［J］．市场周刊（理论研究），2016（08）：52-53．

典"争相登台,彻底颠覆了游客心中少林寺封闭、苦修的传统印象。过度的商业表演也丧失了"禅"的神秘感和严肃性,使得少林寺景区在扩大了自身知名度的同时,也带来了诸多负面的影响,将少林寺置于一片质疑声中,使少林寺的社会形象受到影响。

为此,少林寺作为中国禅宗文化的发祥地,要突出品牌形象,提炼"禅""武""养"的文化主题,提升少林寺文化旅游品牌的美誉度。"禅"即是少林寺作为禅宗祖庭,做好宗教朝圣,其中包括禅居禅静、禅境悟禅等体验活动;"武"即继承"天下功夫出少林"的传统,进行赏武、习武;"养"即养生保健和度假修心。在少林寺的品牌宣传营销中,"应当大力开发'禅武'类的演艺产品,通过'以武演禅'的方式向游客展示古人参禅悟道、习武修心的'禅武'精神,给游客带来极佳的视觉体验。突出少林'禅武文化'的品牌特色,提升少林景区的美誉度和影响力",[①] 以此打造佛教文化旅游品牌的样板。

3. 道教文化旅游品牌的建构

武当山道教文化旅游品牌的建构为道教文化旅游资源开发和品牌塑造提供了很好的范例。

道教形成于东汉时期,是中国的本土宗教,深深植根于我国传统文化的土壤之中,不少的名山成为道教的洞天福地,其中湖北武当山、安徽齐云山、江西龙虎山、四川青城山被称为"中国道教四大名山"。

位于湖北省十堰市的历史文化名山武当山,是我国道教圣地。作为道教四大名山之一,武当山留下了规模宏大、气势雄伟的道教古建筑群,处处浸润着道教文化、皇家建筑文化、园林文化和养生文化的文化理念,集中展现了元、明、清三代的世俗和宗教的建筑与艺术成就,具有重要的地位。因此,1994年武当山就成功入选《世界文化遗产名录》,2007年又获评第一批国家5A级旅游景区。

武当山作为著名的道教圣地和真武大帝信仰的祖庭,自东汉末期开始,到武当山修道者日渐增多,尹喜、吕洞宾、陈抟、张守清、张三丰等著名道教人物和道士都在武当山留下了活动的印迹。特别是明成祖朱棣十分信仰真武

---

① 李贺. 河南少林寺旅游文化资源开发利用[J]. 市场周刊(理论研究),2016(08):52-53.

大帝，把真武大帝奉为明朝的护国家神，因此大修武当山，铸造真武铜像和金殿，并直接派朝廷官员管理，使之成为明朝的皇室家庙。明成祖朱棣为纪念武当拳的创始者张三丰，在永乐十五年（1417）敕建了遇真宫。因此，武当山被称为"五岳之冠"，得到了"四大名山皆拱揖，五方仙岳共朝宗"的显赫地位，闻名于世。

武当山作为真武大帝信仰的祖庭，被称为"亘古无双胜境，天下第一仙山"，成为各地善男信女朝拜的圣地。现在每年仍有大量的道教信众，尤其是福建、广东、中国台湾和东南亚地区真武大帝的道教信徒，不远万里，长途跋涉上武当山进香朝拜。

除了渊源深远的道教之外，武当山作为太极拳的发源地，成为武术名山，有"北宗少林，南尊武当"之说，武当山武术成为中华武术的一个重要流派。武当山道士修炼学道，研习武功，内外兼修以求健身养气，成为太极拳的发源地，民间有"天下太极出武当"的说法。武当太极拳注重刚柔相济，内劲充盈，以柔克刚。2006年，武当武术被列为第一批国家级非物质文化遗产，并且广为传扬，据统计，在全世界有近5亿人练习太极拳。

此外，武当山道教音乐又称"武当韵"，简称武当道乐，也是第一批国家级非物质文化遗产。武当道乐是湖北秦巴地区汉族民间音乐与唐明宫廷音乐相结合的产物，它"承袭了远古巫觋舞乐传统，吸收了先秦时的民俗祭神音乐、宫廷音乐、民间音乐中的精华，根据道教特有的审美情趣，对之进行综合与改造，形成了独具神韵的道教音乐"。①其中以课诵音乐作为武当道乐的主要代表。武当韵保存了道教音乐中最古老的曲调、最纯正的道教音乐类型。武当山道乐在明代最为辉煌，明成祖朱棣将武当道乐提升为宫廷雅乐，并亲自撰写了《大明御制玄教乐章》，供武当山道士演唱，从而确立了武当道乐的特殊地位。

武当山道乐是天成的仙乐神韵，是中国民族音乐的瑰宝，是道教音乐中不可多得的珍贵文化遗产，具有很高的艺术欣赏与旅游开发价值。

道教注重养生，追求长生不老，主张"性命双修"，注重身体和心灵共同修炼，实现身心和谐，以达到长生不老、羽化登仙的目的。因此，形成了武当

---

① 钟晟. 基于文化意象的旅游产业与文化产业融合发展研究［D］. 武汉大学，2013.

山的导引术、武术、内丹功法和服气术等丰富的养生理论。

"和谐"也是武当文化的精髓和核心理念,追求人与自然融合的天人和谐以及性命双修、身心和谐。"会武当,和天下"已经成为武当道教文化的形象口号。

为了开发武当山道教文化旅游资源,武当山按照全产业链模式,成立了太极湖集团公司,经营范围涵盖了文化旅游、演艺产业、会展节事、影视产业等诸多领域,组成了文化产业集群。由太极湖集团打造的武当功夫城成为全球首个以太极功夫为主题的乐园。

作为道教文化旅游品牌的著名代表,武当山正努力提升它的文化品牌价值,产生品牌的溢出效应,形成了"登武当,探神农,游三峡,品三国,逛武汉"的湖北省文化旅游系列品牌。武当山作为湖北道教文化旅游品牌的一张响亮名片,正对湖北乃至全国宗教旅游产生重要影响,实现武当山道教文化旅游品牌的示范与升华作用。

五、文化遗产文化旅游品牌的建构

深远厚重的人文历史是文化旅游产业用之不尽、取之不竭的资源宝库,各类文化遗产是文化旅游的核心要素,是旅游产业发展的重要资源。"文化遗产因为其品牌效应和产业集聚效应,可为当地的文化旅游产业带来经济效益和社会效益。"① 要注重文化遗产类文化旅游品牌的建构。

1. 文化遗产的分类与特征

联合国教科文组织 1972 年通过的《保护世界文化遗产和自然遗产公约》中,给文化遗产进行了官方定义:文化遗产是人类社会历史进程中所创造的一切物质和精神财富的总和,是人类在以往生产、生活和创作过程中创意的结果。1985 年,中国政府正式加入了该《公约》,成为《公约》缔约国之一。

文化遗产通常分为物质文化遗产和非物质文化遗产两大类型。

物质文化遗产是以有形的物质形态呈现出来的文化遗产,又被称为"有形文化遗产",主要包括历史文物、历史建筑和人类文化遗产三大种类。物质文

---

① 厉建梅.文旅融合下文化遗产与旅游品牌建设研究——以山东天上王城为个案[D].山东大学,2016.

化遗产是具有历史、艺术和科学价值的各种文物,如古建筑、古遗址、石刻、壁画、重要史迹及代表性建筑等不可移动文物和历代的重要实物、艺术品等可移动文物。

非物质文化遗产是指以非物质形态存在的与群众生活密切相关、世代相承的传统文化表现形式。非物质文化遗产是民族记忆的背影,被誉为历史文化的"活化石"。它是以口头或动作方式相传、具有悠久的历史积淀和广泛代表性的民间文化遗产,又被称为无形文化遗产。非物质文化遗产包括"口头传统、传统表演艺术、民俗活动和礼仪与节庆、有关自然界和宇宙的民间传统知识和实践、传统手工艺技能等以及与上述传统文化表现形式相关的文化空间"。[①] 比如民间传说、语言、习俗、舞蹈、音乐、礼仪、庆典、烹调以及传统医药等。

非物质文化遗产是民族个性、民族审美情趣和习惯的鲜活显现,是以人为本的活态文化遗产,具有浓郁的礼乐教化功用。虽然我国的非物质文化遗产博大精深,经历过长久的日常生活积淀和祖祖辈辈的薪火相传,但其传承方式是口耳相传,代代相承,因此又是极其脆弱的。同时,非物质文化遗产又是流动的、发展的,它存在于特定群体的生活之中。为对非物质文化遗产进行有效保护,我国制定了《中华人民共和国非物质文化遗产法》,并从2011年6月1日起开始实施。

文化遗产具有重要的历史价值、文化价值、社会价值和经济价值。文化遗产是人类历史的见证,是一定时期社会政治、文化、经济等各种信息的载体,凝结了人类的文化情感。文化遗产给人们带来的身份认同,唤起人们的民族自豪感、归属感、荣誉感,对于增强民族凝聚力,提高文化竞争力具有独特的作用,是国家文化软实力的重要方面。为加强对我国文化遗产的保护和宣扬,弘扬中华优秀传统文化,国务院发布了《国务院关于加强文化遗产保护的通知》,并且规定从2006年起,每年六月的第二个星期六为我国的"文化遗产日"。

文化遗产是一种特殊的旅游资源,具有重要的经济价值。文化遗产作为文化旅游资源,具有类型的多样性、内涵的丰富性、载体的多重性、认知的多维

---

① 国务院. 国务院关于加强文化遗产保护的通知 [Z]. 国发(2005)42号,2005-12-22.

性等特点。文化遗产的经济价值来源于文化遗产自身及其所蕴含的文化内涵。"文化遗产的经济价值分为两种,即直接价值和间接价值。其直接价值是指通过遗产开发而获得的直接经济收益。主要体现在作为旅游景点的游客门票、文创纪念品销售、文化遗产本体的直接交换价值上。其间接价值主要体现在文化遗产作为一种可资利用的特殊文化资源,是其他行业发展的核心生产要素和竞争力,也是产业价值链的源头。"① 正是认识到文化遗产所具有的价值属性,人们开始重视对文化遗产的开发利用。我国对文化遗产的价值认识和开发利用经历了"忽视、保护、破坏性开发、可持续性保护开发等阶段之后,目前已进入到创意性开发阶段"。②

2. 文化遗产旅游品牌的建构

文化遗产特别是物质文化遗产是不可再生的,也是难以复制的。因此,对文化遗产的保护是实现其经济价值的前提。在党的十九大报告中,也强调要"加强文物保护利用和文化遗产保护传承"。

为了有效地对文化遗产进行保护,我国在加入《保护世界文化和自然遗产公约》之后,1986年就开始世界遗产项目的申报,截至2019年,我国世界遗产总数已达55项,居世界第二位,包括37项世界文化遗产、4项世界文化与自然双遗产以及14项世界自然遗产。2021年7月25日,"泉州:宋元中国的世界海洋商贸中心"顺利通过联合国教科文组织第44届世界遗产委员会会议审议,成功列入《世界遗产名录》,使我国世界遗产总数升至56项,仅次于意大利57项。"世界遗产的成功申报不仅能够为文化遗产的保护提供经济、制度等方面的保障,也为促进当地旅游产业的发展、带动经济增长提供良好契机。"③

同样,我国也是拥有世界非物质文化遗产数量最多的国家,截至2019年,包括昆曲、中国书法、京剧等在内,我国已有41个项目入选世界非遗名录。同时国家还实行了非物质文化遗产国家、省、市、县四级保护体系。对我国的

---

① 厉建梅.文旅融合下文化遗产与旅游品牌建设研究——以山东天上王城为个案[D].山东大学,2016.

② 钟晟.基于文化意象的旅游产业与文化产业融合发展研究[D].武汉大学,2013.

③ 马建峰,杨芳.文化遗产类旅游目的地品牌个性研究——以福州三坊七巷为例[J].中南林业科技大学学报(社会科学版),2014(05):29-34.

非物质文化遗产，要贯彻"抢救第一，保护为主，合理利用，继承发展"的方针，特别是"抢救"非遗，更是刻不容缓。在工业化、城市化快速推进的背景下，传统农业文明正在快速崩溃，在全球经济一体化的背景下，人类在西方文化的强烈冲击下，生存模式发生了巨大变化，这给我国非物质文化遗产的保护带来了严峻挑战。大量的民俗文化已经慢慢地被人们遗忘、抛弃，无数宝贵的民俗技艺、民间文艺随着老艺人的去世而消失殆尽，很多非物质文化遗产的典型器物不是濒临灭绝，就是流落海外。因此，对非物质文化遗产的"抢救"是刻不容缓的首要任务。

当然，在"抢救"的同时，对非物质文化遗产的"合理利用"是保护可持续发展的必由之路。非物质文化遗产的保护是一项系统工程，要对其进行科学的考察，做出正确判断，并针对不同的文物特点，采取相应的保护措施。比如"对那些已经失去了生存条件的文化遗产，可以采用收入博物馆的方法加以保存；对那些仍然具有生命力的民间文化形态，则应采取积极的保护措施，合理开发利用"。[①] 在科学合理的开发利用中显示其价值，延长其生命，使之更好地传承与发展，也可谓是更深入有效的保护。

比如，在非物质文化遗产资源异常丰富的广西，就通过"举办音乐节、民族传统文化展演、唱响非遗山歌、非遗风采秀等活动，将非遗文化与旅游产品深度融合，不仅激发了各民族传承、发扬民族文化的积极性，也让游客体验到广西各地非遗文化的魅力"。[②]

因此，对文化遗产要"深入挖掘其文化资源，促进文化遗产保护与旅游开发相结合，提高旅游的文化内涵，进而开发出具有地方特色的文化产品或服务，最终凭借独一无二的文化旅游区优势、品牌优势，为地方经济、社会的发展提供动力支持已被证实是一条成功的经验"。[③]

[①] 李淑敏，李荣启.论非物质文化遗产的保护原则[J].船山学刊，2005（03）：173-175.
[②] 付彪.让非遗文化在旅游中发扬光大[N].中国旅游报，2019-04-15.
[③] 马建峰，杨芳.文化遗产类旅游目的地品牌个性研究——以福州三坊七巷为例[J].中南林业科技大学学报（社会科学版），2014（05）：29-34.

六、历史文化名城文化旅游品牌的建构

历史文化名城是我国历史文化遗产体系的重要组成部分。历史文化名城是指那些具有深厚的文化底蕴、丰富的保存文物,或是发生过重大历史事件,具有重大历史文化价值及革命意义的城市。1982 年,为了对那些曾经是古代政治、经济、文化中心或近代革命运动和重大历史事件发生地的重要城市加以保护,使其文物古迹免受破坏,正式提出了"历史文化名城"这一概念,并且由国务院公布了首批共 24 个国家历史文化名城。截至 2020 年底,我国国家历史文化名城总数已达 135 个。

每一座国家历史文化名城都经历了千百年的漫长历程,为我们回望历史打开了一个窗口,它留下的一砖一瓦、一草一木无不藏着一段动人记忆。历史文化名城以其厚重悠久的历史积淀、博大精深的文化底蕴、丰富的文物古迹、弥足珍贵的文化遗产,越来越成为人们进行文化旅游的选择重点,历史文化名城因此成为文化旅游的重要品牌。

1. 历史文化名城旅游开发的原则

历史文化名城的特色既体现在有形的物质遗存中,也融聚于无形的文化风貌里,历史文化名城往往保存着丰富的文物古迹和古代建筑,是当地文化和历史的积淀,是文化旅游开发的宝贵资源。事实上,科学合理的文化旅游开发也是对历史文化名城的一种长效保护,许多历史文化名城都是在发展过程中被保护起来,从而恢复了活力和魅力的。如今,为了开发历史文化名城这一宝贵的文化旅游资源,各地都在积极探索历史文化名城文化保护与资源开发并行不悖的路径,打造出了一批历史文化名城文化旅游的知名品牌。

历史文化名城的保护,是一项庞大、长期的系统工程。由于历史文化名城的保护与恢复涉及古建筑学、文物学、城市空间规划、社会学等专业领域,专业人才匮乏,历时周期长,困难多,资金需求量大,保护难度大。因此,历史文化名城的保护工程量极大,要以政府为主导,政府必须明确自己的职责和角色定位,承担起保护的主体责任。

要坚守"保护优先"的基本底线。"历史文化名城特殊的文化、科学和美

学价值等要求政府必须坚持保护为主的原则。"① 然而令人遗憾的是，一段时间以来，人们对历史文化名城的保护意识不强，建设性破坏现象严重，为经济让路，为建设让路，损害古建筑和文物等现象时有发生。不少的历史文化名城"由于'大拆大建''搞房地产开发''拆真建假'而遭到毁灭性破坏，致使名城历史文化价值蒙受无可挽回的损失"。②

2017年和2018年，住建部联合国家文物局对国家历史文化名城和中国历史文化名镇名村的保护工作进行了评估检查，发现历史文化名城的保护存在着一些突出问题：有的地方在古城内大拆大建，大搞房地产开发。有的拆真建假，对真正具有保护价值的历史遗存疏于保护甚至随意拆除，而热衷于造假古董，不惜拆掉真文物，筹措巨资搞仿古一条街，在"古街再造"的旗号下，拆除真古镇、真古迹而打造"焕然一新"的所谓"古镇""古城"。有的政绩观不端正，急功近利，只注重眼前利益，片面追求发展速度，追求旅游经济效益等短期效益。过度依赖商业化运作，大量社会资本进入历史文化名城的开发建设，导致出现不利于历史文化名城保护与可持续发展的现象等。尤其是各地在"经营城市"的口号下，进行的大规模的旧城改造开发，给历史文化名城保护造成了极大的伤害，甚至是毁灭性的破坏。

这方面的教训非常深刻，很多地方对待历史文化建筑，不做严谨的科学调研，只是刻意地去模仿和翻新，这对历史文化景观和建筑有着不可挽回的破坏性。在对历史文化名城的保护和开发上要延续空间的连续性，保持其文化特色和真实性，更好地保存城市的历史原貌，实现历史文化名城文化旅游的可持续发展。一段时期以来，在经济利益的驱使下，受城市化高速发展的冲击和影响，在"现代化"的口号之下，在推土机的碾轧之下，大量宝贵的历史文化资源遭到破坏而荡然无存。要避免这种悲剧的重演，就要加强对历史文化名城、各类"老字号"文化企业和非物质文化遗产资源的抢救、保护，尽可能避免在老城区改造中进行大拆大建。特别是还要依靠法制手段，"只有抓紧建立健全法律制度，让法律的利剑高悬，才能真正震慑破坏历史文化名城的行为，避免

---

① 王燕.文旅融合视角下历史文化名城的保护与可持续发展——以云南建水古城为例［J］.人文天下，2018（21）：65-71.

② 邱玥.历史文化名城保护，要下绣花功夫［N］.光明日报，2019-04-14.

让历史文化名城沦为'历史'"。①

文化与旅游深度融合的新时代，为历史文化名城的保护与开发提供了良好机遇，在历史文化名城的保护与开发中，要以保护为目标，以旅游为路径，以文化为根本，把握文化特性，避免陷入"千城一面"的困境。在开发文化旅游产品的同时，要注重历史文化名城风貌的保存、注重文化遗产的传承和保护。还要加强对历史文化名城本身的研究，保存珍贵的地域史料，扩大历史文化名城的影响，提升文化旅游品牌的影响力。在这方面，已经有不少值得借鉴的成功经验。比如凤凰古城、成都宽窄巷子和福州三坊七巷等历史文化名城的开发与保护，为历史文化名城文化旅游品牌的建构提供了成功的范例。

2. 历史文化名城文化旅游品牌的建构

我国不少历史文化名城在旅游开发中得到了有效保护，也发挥了它的文化旅游价值，取得了保护与开发的双赢，并且打造出了历史文化名城的文化旅游品牌，如凤凰古城、三坊七巷、成都宽窄巷子、古都西安等都是历史文化名城文化旅游品牌的典型代表。

湖南湘西凤凰古城始建于明嘉靖三十五年（1556），被新西兰著名作家路易·艾黎称赞为中国最美丽的小城，与山西平遥古城媲美，有"北平遥，南凤凰"之说。凤凰古城至今保存了明清时期的特色民居120多栋，各种庙祠馆阁等古建筑30多座，是我国西南地区建筑文物保存最多的县，因此也成为国家历史文化名城。

近年来，凤凰古城依托具有苗族特色的吊脚楼、独特的银饰与服装文化、美丽的沱江风光等别具一格的文化与自然资源优势，致力于文化与旅游产业的发展，提出了"天下凤凰"的旅游宣传口号，进行了颇具影响的"文笔凤凰、画笔凤凰、镜屏凤凰、音乐凤凰、名人凤凰"等凤凰系列品牌宣传，通过名人、名城、名山、名水、名风情等知名效应，倾力打造"天下凤凰"这一文化旅游品牌，迅速提高了凤凰古城的知名度，取得了良好的文化旅游业绩。仅2015年，凤凰古城推出的"游千年古城，品百味民俗，赏万家灯火"主题年节旅游活动，就吸引了50余万游客来凤凰过年，实地体验凤凰古城充满浓厚

---

① 邱玥.历史文化名城保护，要下绣花功夫［N］.光明日报，2019-04-14.

民俗的年节文化。在文化旅游的带动下，古城的蜡染、银饰等传统手工艺品，也成了最抢手的旅游商品，带动了凤凰古城经济的快速发展，凤凰古城因此获评中国首批旅游强县。比如2018年，凤凰古城共接待中外游客1800万人次，实现旅游收入170亿元，荣获了"最受欢迎全域旅游目的地"称号。凤凰古城还获得了中国旅游"十大最好去处"和"湖南十大优秀文化遗产"等荣誉。2010年，凤凰古城再次荣获"影响中国文化旅游发展贡献奖"。

成都是国家历史文化名城，具有深厚的文化底蕴和地方特色。成都在"发展大旅游，形成大产业，组建大集团"的旅游发展思路下，组建了成都文旅集团这一多元化旅游集团。成都文旅集团涵盖了历史文化街区开发、古镇开发、节庆展会运营、旅游纪念品开发等诸多业务。由该集团开发打造的成都宽窄巷子就是历史文化名城文化旅游产业开发的成功典型。

宽窄巷子坐落于成都市青羊区，由宽巷子、窄巷子和井巷子三条平行的古色古香的街道及仿古四合院落群组成，与文殊院、大慈寺并称为成都三大历史文化保护街。2008年6月，宽窄巷子经改造、开发后正式亮相，被称为是"老成都底片，新都市客厅"，成为成都文化旅游的一张响亮的名片。宽窄巷子成为集民俗体验、公益博览、高档餐饮于一体的"院落式情景消费街区"和"成都城市怀旧旅游的人文游憩中心"，有"宽窄巷子最成都"之说，成为游客到成都旅游必去的热门景点，年均接待中外游客1000万人次以上。宽窄巷子先后荣获了"四川省文化产业示范基地""省级历史文化名街""四川十大最美街道"等称号。2020年7月，宽窄巷子步行街入选首批全国示范步行街名录。

位于福州市南后街的三坊七巷是国家历史文化街区，是从北到南依次排列的十条坊巷的简称。三坊是指衣锦坊、文儒坊、光禄坊；七巷则是指宫巷、安民巷、吉庇巷、塔巷、黄巷、郎官巷与杨桥巷。三坊七巷保存了我国都市中心规模最大、最完整的明清古建筑群，留有159座保存完整的明清古建筑，因此，被称为"明清建筑博物馆"，有"城市里坊制度的活化石"之誉。三坊七巷也是福州文脉昌盛之地，是福州的历史之源、文化之根，现已成为国家5A级旅游景区。

三坊七巷已成为福州民俗文化集中展示的中心，南后街主要展示的是福州民乐、婚丧喜庆等民俗文化。此外，"肉燕、鱼丸、锅边糊等地方小吃也能让游客一饱口福,花灯、牛角梳、纸伞、漆器等手工艺品亦丰富了三坊七巷的内涵,提高了坊巷的可观赏性和旅游活动的参与性"。① 也增加了三坊七巷文化旅游的综合收益。

当然,名人文化才是三坊七巷的核心文化符号和最具吸引力与竞争力的独特资源。三坊七巷自两晋隋唐形成之日起,便是贵族官员和士大夫的聚居之地,特别是自清代至民国,三坊七巷走向辉煌,成为近代历史文化名人的会聚地。在这里,密集地居住着林则徐、严复、沈葆桢等近二百位历史文化名人,他们对中国近代史产生过重要影响,在一定程度上影响着中国近代历史的进程。因此,有学者发出了"一片福州三坊七巷,半部中国近代史"的感叹。三坊七巷不仅名人人数众多,而且名人层次高,影响大,"林则徐、严复等许多名人在中国历史舞台上占据着重要位置,影响着中国的近现代史。严复、沈葆桢、林旭、林觉民、林徽因、谢冰心、郁达夫、郭沫若等近现代著名人物都在这里留下了印记"。② 使三坊七巷充满了特殊的人文价值和不凡的灵性与才情,成为福州的骄傲。以沈葆桢故居、林觉民故居、严复故居等为代表的9处三坊七巷古建筑群,已被列为全国重点文物保护单位。

2009年7月在福州举办的"老城保护与整治——三坊七巷国际学术研讨会"上,通过了旨在保护城市文化遗产的《三坊七巷宣言》,就保护城市文化遗产提出共识与行动倡议,认为每个城市都有其独特的历史文化基因,城市在发展过程中要格外珍惜自己的文化遗产,它不仅属于某一个城市,更是全人类共同的财富,所以每个城市都有责任和义务对文化遗产和非物质文化遗产加以保护;同时还要建立起民众与文化遗产之间的情感,让民众分享文化遗产的红利,让文化遗产成为经济社会发展的不竭动力。

近代名人聚集地是三坊七巷的核心文化符号,三坊七巷应充分挖掘这里丰富的历史名人文化资源,建构三坊七巷鲜明的文化旅游品牌。三坊七巷的很多名人故居都已经被开发,如已经开发了林觉民·冰心故居、林则徐纪念馆、林

---

① 林爱平.三坊七巷核心文化符号——名人文化的旅游表达[J].闽江学院学报,2015(01):68-73.

② 林爱平.三坊七巷核心文化符号——名人文化的旅游表达[J].闽江学院学报,2015(01):68-73.

聪彝故居，开放了三坊七巷历史人物博物馆，提高了名人文化产品的吸引力，吸引了无数中外游客前来游览。但也存在着名人文化旅游开发形式单一、展示内容比较陈旧、展示手段不够先进等问题，名人故居大多以静物陈览的展馆形式存在，缺乏互动性和体验感，对游客的吸引力不足，要注重增强名人故居旅游的体验性。名人文化旅游本身就具有很强的历史教育意义和励志意义，比如，可以在林则徐纪念馆中设置如虎门销烟等有关的实景表演，让游客在活动中增加参与性，获得更真切的文化体验。还可以利用360度全息影像技术等高科技手段，让名人立体成像，使游客能与虚拟名人进行面对面互动交流，使历史名人鲜活起来、与游客互动起来。

同时，三坊七巷还有不少的名人故居被开发成各种博物馆、艺术馆、美术馆，来展示福州乃至福建的民俗、艺术作品，艺术作品虽具有一定的艺术欣赏性，却无形中弱化了三坊七巷的名人文化，有喧宾夺主之感。

而且由于三坊七巷名人众多，过多的名人又导致开发重点不突出，聚焦不明显，品牌形象模糊，没有形成名人文化旅游的品牌效应，使名人众多的资源优势反而成为旅游开发的劣势。

三坊七巷的名人文化开发，要有重点，有主次，不能面面俱到，应重点突出林则徐这一历史名人，重点打造林则徐这一历史文化名人品牌。"林则徐在三坊七巷众多名人中影响最大，可塑性最高，具有广泛的知名度与美誉度，甚至在国外都有很高的声誉。三坊七巷应以林则徐为名人文化品牌，达到提起福州就想到是林则徐故里的效果。应大力宣传林则徐，树立林则徐品牌，让福州三坊七巷与林则徐故里画等号。"[①]像提起曲阜就想起孔子，提起韶山就想起毛泽东，提起绍兴就想起鲁迅一样，把林则徐作为三坊七巷甚至福州的文化旅游符号，使人们一提起三坊七巷就想到林则徐。

七、主题公园文化旅游品牌的建构

主题公园是指以营利为目的兴建，具有特定文化旅游主题和一定规模，实行封闭管理，为旅游者有偿提供文化娱乐、旅游休闲的园区。主题公园是否具

---

① 林爱平.三坊七巷核心文化符号——名人文化的旅游表达［J］.闽江学院学报，2015（01）：68-73.

有发展潜力,是否具有长久的生命力,主要取决于其蕴含的文化内涵。要创造出具有鲜明特色和丰富文化内涵的主题公园,致力于主题公园文化旅游品牌的建构。在主题公园文化旅游品牌的建构中,已有不少成功的案例。

1. 宋城景区文化旅游品牌的快速打造

杭州宋城景区品牌的快速打造为主题公园文化旅游品牌的建构提供了有益的参考。

1996年5月18日正式开园的杭州宋城景区是浙江展现两宋文化内涵的第一个主题公园,也是我国最大的两宋文化主题公园,已经成为首批国家文化产业示范基地。宋城景区位于杭州市之江路148号,杭州之江旅游度假区内,南濒钱塘江,北依五云山,东北紧邻著名的西湖景区。宋城景区依据张择端的《清明上河图》,还原、再现了宋代都市的繁华景象,包括怪街、市井街、九龙广场、城楼广场、聊斋惊魂、南宋风情街等景点。

宋城景区建设坚持"建筑为形,文化为魂"的开发宗旨,以南宋文化为历史基调,将严肃的历史与活泼的表现相结合,将物质、非物质文化遗产转化为文化旅游产品,现已发展成为中国非物质文化遗产集聚地,再现了南宋时期杭州作为都城繁华的市井文化、民俗文化和美食文化。城内建筑斗拱飞檐,市井街内棉花铺、打铁铺、榨油坊、酒坊、染坊等七十二行老作坊鳞次栉比,车水马龙;越剧、布袋戏、木偶戏、皮影戏、铜锣说书、街头杂耍等表演络绎不绝,此起彼伏。宋城景区还开发了清明上河图电影馆、步步惊心鬼屋等游客体验项目。清明上河图电影馆在近200平方米的巨大银幕上,通过动态环境的组合,将南宋临安喧闹的街市、繁忙的漕运、祥和的宅院交替真切地呈现出来,采用高科技手段将《清明上河图》活化,再现了宋代的都市风情。步步惊心鬼屋采用宋慈的法医学著作《洗冤录》作为故事蓝本,运用声光灯控、机械、音响系统等科技手段,呈现了《洗冤录》中记载的各样令人生畏的索命刑具,还原了衙门"八字朝南开,有理无钱莫进来"的黑暗官场等。5D实景体验剧《大地震》,运用5D技术再现了"5·12"汶川大地震惊心动魄的场景。在这里,游客可以化身护士、解放军战士、消防员,参与抗震救灾。实景战争剧《映山红》的演出,通过声、光、电及舞台技术,还原了残酷的战争场面,游客还可以重走长征路,体验红军战士的革命情怀。景区还有免费穿古装、体验大宋文化的研学游,开启"我在宋城当演员"互动模式,参演即可获得参演证、演出照片、纪念品等,大大增加了游客的互动性和体验感。

"宋城景区是文化产业化、创意化的结果。"[1] 景区通过"主题公园+文化演艺"的形式诠释和呈现南宋文化,以两宋文化为基点打造景区特色项目品牌。投入巨资精心打造的大型旅游文化演艺节目《宋城千古情》成为宋城景区的灵魂,堪称宋城一绝。

《宋城千古情》是以杭州的历史文化、神话传说等非物质文化遗产为蓝本,融歌舞、杂技艺术于一体的大型歌舞剧。演出运用了声、光、电、舞台机械等现代高科技手段,通过《良渚之光》《宋宫宴舞》《金戈铁马》《西子传说》和《魅力杭州》等众多主题,演绎了往古时期良渚人的艰辛、南宋都城皇宫的辉煌、岳家军抗金的惨烈,以及梁祝和许仙、白娘子的经典传说,营造出了如梦如幻的舞台意境,淋漓尽致地展现了杭州的丝绸文化、茶叶文化和烟雨江南的魅力,带给游客以强烈的视觉震撼和心灵体验,向游客再现了杭州历史上辉煌的南宋文化大观,成为游客必不可少的观赏剧目,堪称杭州夜间的标志性演出。

《宋城千古情》以每年2000多场的演出场次,吸引了300多万游客争相观赏,创造了世界上年演出场次最多和观众接待量最大的剧场演出的纪录。自开园以来,已接待海内外游客8000余万人次,成为与法国"红磨坊"、拉斯维加斯"O"秀比肩的"世界三大名秀"之一。《宋城千古情》也是唯一获得中宣部"五个一工程奖"和中国舞蹈最高奖"荷花奖"的旅游演艺作品。

在宋城景区的品牌营销传播上,有许多可资借鉴的经验。

宋城景区把节庆活动和文体竞赛作为营销的一个重要手段,将活动宣传和媒体传播相结合。宋城集团每年都要在景区举办一系列文体活动,比如:邀请台北乐团举办"华夏之声"音乐会专场演出,举办宋城书画院作品展及年会,成立宋城艺术团进行巡回演出,2017年推出了"印第安火鸡节"新春主题活动,2018年又推出夏季主题活动——"冰雪泡沫节",2019年则在宋城景区推出了春季研学游活动等,通过举办各种活动,为景区聚集了更多的人气,提升

---

[1] 厉建梅.文旅融合下文化遗产与旅游品牌建设研究——以山东天上王城为个案[D].山东大学,2016.

了景区的知名度。

宋城景区提出了"给我一天，还你千年"的宣传口号，既表达了宋城景区以千年文化为主线，以寻根怀古为主题，又显示出宋城的营销理念，表达了对旅游消费者的承诺和对自己产品的信心。这一口号通过央视等传媒的综合宣传，已广为人知，耳熟能详，大大提高了宋城文化旅游品牌的知名度。

文化是宋城景区的灵魂，也是宋城演艺成功的关键。《宋城千古情》紧紧抓住了杭州最精髓的人文历史，抓住了杭州文化的根与魂，因此，才能如此吸引观众，才能如此触动游客的心灵。《良渚之光》中反映了远古时代劳作生息的古越先民，《宋宫宴舞》呈现的是杭州作为南宋都城的繁华如烟，《金戈铁马》再现了岳飞慷慨激昂的抗金故事，《西子传说》则演绎了白娘子与许仙感人至深、缠绵悱恻的爱情传说等，《宋城千古情》将杭州的历史典故、民间传说和西湖的人文景观深深融进了各个篇章，用多种舞台表演艺术生动诠释了杭州的历史文化，具有深厚的文化积淀和浓郁的地方特色，展现了杭州这座城市厚重的文化底蕴，传承了杭州的历史文脉。正是因为《宋城千古情》有文化、有内涵、有灵魂，才有了宋城演艺的经久不衰。

在营销手法上，《宋城千古情》利用互联网时代的便捷条件，采用了网络营销和电子分销的手段。宋城集团在华东地区建立了500家旅行社庞大的委托代理网络，使长期客户占游客量的50%以上。宋城集团还精心设计了网站，及时向潜在游客提供景区最新的信息。集团还积极展开行之有效的公关活动，致力于公关促销，比如邀请下岗工人免费游宋城，组织重阳节老干部登高等。公关营销扩大了宋城景区的影响，提升了宋城品牌的美誉度。

杭州宋城景区"将南宋文化与旅游相结合，开发文化类主题公园，创造了'主题公园+旅游演艺'的特色发展模式，成为文旅融合的经典案例"。[①]景区得到了快速发展，成为中国人气最旺的主题公园之一。如今，宋城演艺已建成和在建杭州、上海、西安、三亚、丽江、九寨沟、桂林、张家界、珠海、佛山、西塘等数十大演艺公园和千古情景区、上百台千古情及演艺秀。《宋城千古情》作为知名的文化旅游演艺品牌，已经成为吸引游客到访宋城景区的主要

---

① 厉建梅.文旅融合下文化遗产与旅游品牌建设研究——以山东天上王城为个案[D].山东大学，2016.

因素，充分发挥了文化演艺品牌对主题公园景区的拉动作用。

2. 深圳华侨城文化旅游品牌的建构

华侨城是我国文化旅游产业的领军品牌，其业务覆盖了文化主题公园、旅游度假区、星级酒店等，已发展成为中国旅游业第一品牌，作为唯一一家亚洲企业已连续多年进入全球旅游景区集团八强。旅游和文化产业经营是华侨城集团最核心的业务。

1989年，华侨城的锦绣中华首开中国大型主题公园之先河。深圳华侨城创造了主题公园这一"文化+旅游"的全新旅游业态，成为文化与旅游产业融合发展的成功典范。又相继打造了世界之窗、欢乐谷等一批主题公园的升级版，使得被称为文化沙漠的深圳，拥有了广阔的文化资源开发空间。

锦绣中华是中国最早的文化主题公园，占地面积达450亩，至今仍是世界上面积最大、内容最为丰富的实景微缩景区。按照中国的版图，将故宫、万里长城、秦陵兵马俑、孔庙、泰山、西湖等82个著名景点微缩复制在园中，把我国具有代表性的自然风景、历史文化与民俗风情等集中、生动地呈现在公园中，浓缩了我国自然风光与人文历史精粹，使游客可以在一天之内、一园之中就能畅游大江南北960万平方千米的锦绣河山，领略到中华五千年历史风云的精华。开业至今，已接待中外游客3000多万人次，成为最具影响力的深圳知名品牌之一。

经过二十多年的发展，深圳华侨城集团已经探索出了微缩景观主题公园、参与性游乐园、生态休闲度假区等三大类型的主题公园开发形态。其中锦绣中华、世界之窗是微缩景观主题公园的代表；融现代器械娱乐与各种主题文化于一体的欢乐谷则是参与性游乐园开发的典型代表，旨在为游客提供时尚、动感、激情的休闲娱乐体验，欢乐谷现已成为在全国拓展的主题公园连锁品牌；三是生态休闲度假区的主题公园开发模式。

由香港中旅集团和华侨城集团共同投资建设的世界之窗坐落在深圳市南山区深南大道9037号，是国内著名的大型文化旅游微缩景区，于1994年6月18日正式开园。景区占地48万平方米，分为世界广场、欧洲区、亚洲区、非洲区、大洋洲区、美洲区、世界雕塑园、国际街等八大景区。按照1∶1、1∶5、1∶15等不同比例，仿建了埃及金字塔、阿蒙神庙、巴黎凯旋门、梵蒂冈圣彼得大教堂、悉尼歌剧院、比萨斜塔、吴哥窟、泰姬陵等世界著名的历史遗迹、名胜景观、自然风光等130个景点，每个景点都像是一首凝固的交响诗。世界之窗还呈现了世界各地有代表性的民俗风情、民间歌舞等让游客可以互动和参与的体验式项目。这些精彩绝伦的景观、演出和项目体验给海内外的游客们展示了一个美妙而又精彩的世界，让游客足不出园就能领略世界五千年的文明，游览世界各地的名胜古迹，体会世界各民族的民俗风情。

世界之窗在文化旅游品牌的宣传营销上也有其独特之处。世界之窗以创造"世界一流"主题公园作为品牌定位和发展目标，提出了"您给我一天，我给您一个世界"和"世界与您共欢乐"等品牌宣传口号，以弘扬世界文化作为公园经营的核心理念，非常注重文化品质和文化内涵的提升。世界之窗凭借其精准的品牌定位和简洁而响亮的营销口号，在异常激烈的市场竞争中，持续稳定发展，取得了优异的经济和社会效益，成为国内最为知名的人文旅游景区之一。世界之窗先后获评"全国五一劳动奖章"和"全国青年文明号"等荣誉称号，成为国家5A级景区。

世界之窗以文化为第一营销手段，以文化铸就景区之魂，坚持组合营销和地毯式促销，与旅游同业资源充分合作，开展各项特色主题节庆活动。世界之窗每一个季节都有一个特色鲜明的主题活动，如每年3—4月的春季风车节，千姿百态的各式风车随着春风在花海里旋转，让游客触手可及春天的气息。每当盛夏之夜，黄昏时分，绚丽的舞台、激昂的音乐、五颜六色的灯光，带着浓郁的啤酒香味，让这里变成了一个狂欢的啤酒世界，一片欢乐的海洋，为这座城市带来了一场盛大的晚宴。每年10月万圣节举办之际，各种面容狰狞的妖魔鬼怪像幽灵般弥漫在园区各个角落，兴风作浪，让整个园区瞬间被一股"邪恶的黑势力"所笼罩，隐藏在景区四周的各大奇幻"鬼屋"，给游客带来全新惊悚的感受。冬季的冰雪节，在世界之窗不仅可以到阿尔卑斯冰雪世界里体验溜冰滑雪的刺激，还可以观看五彩斑斓的雪雕冰灯，过足冰雪之瘾，实地体验、感受飘雪带来的乐趣。

世界之窗致力于向游客逼真展示异域风情和历史文化，使游客不仅可以观看到世界各地有代表性的名胜古迹、独特的建筑艺术，还可以通过动感非洲、神秘印第安、埃及传奇等十余台歌舞表演，尽情欣赏异域风光，扩大眼界，增长见识；还能亲身体验到巴西狂欢节、法国尼斯狂欢节等节庆狂欢的无限惊喜；每晚在世界广场上演的大气恢宏的晚会，更能引领国内娱乐文化的潮流，成为世界之窗最具吸引力和竞争力的核心产品，形成了世界之窗的独特文化品牌。

世界之窗还开发了一系列具有浓郁文化特色、鲜明文化主题的动感项目，增强游客的参与性和体验性。每一个参与性娱乐项目都以文化来包装，成为世界之窗独具一格的特色，陆续开发了科罗拉多峡谷探险漂流、金字塔幻想馆、亚马逊丛林穿梭、极速富士山、飞跃美利坚、穿越欧罗巴、委内瑞拉山洪暴发、重返侏罗纪等十多个参与性娱乐项目，满足游客的体验需求。

世界之窗一系列有着浓郁文化气息的活动大大集聚了景区人气，提升了知名度和美誉度，成为我国最有名气和业绩最好的主题公园，在世界主题公园界也成了知名品牌。世界之窗也是深圳重要接待和举办重要活动的首选场所，开业至今，仅接待国家领导人和外国政要就达400余人次。世界之窗至今仍是游客到深圳必游的旅游景区。

可以说，华侨城成功的经验在于极具创意的主题文化。通过文化创意设计，华侨城各类主题公园拥有了独特的竞争优势。"首先，华侨城的所有主题公园在设计之初便会被赋予独特的文化内涵，并进行主题文化包装。锦绣中华浓缩了中华五千年历史文化，世界之窗荟萃了全球优秀文化成果，欢乐谷则展现了现代都市时尚生活文化。其次，文化演艺成为华侨城的一大特色和品牌。自1991年推出首台大型文艺晚会'艺术大游行'以来，华侨城各景区累计演出24 000场，接待观众4500万人次。最后，年节活动丰富多彩。华侨城每月都有节日主题活动，傣族泼水节、国际啤酒节、国际魔术节、玛雅狂欢节，多不胜举，打造了华侨城文化旅游的品牌。"[1]

如今，华侨城又开始寻找新的盈利增长点，增加文旅项目的投资，延伸旅游产业链。在"旅游+地产"的模式基础上提出了"文化+旅游+城镇化"创新发展模式，投入逾千亿元巨资推动新型城镇化及文化旅游项目，"据不完全统计，2015年以来，华侨城集团累计在文旅项目布局上的投资已超4000亿元"。[2]

---

[1] 司马志. 中国文化创意旅游发展的七大模式［J］. 上海经济，2015（05）：13-20.
[2] 曹雪文. 文旅融合新时代 走心营销才能更好"赢销"［N］. 中国旅游报，2018-12-07.

3. 西安曲江池遗址文化公园品牌的打造

西安是著名的历史文化名城，也是中国的千年古都，遍布全市的历史文化主题公园成为西安市城市文化旅游的特色和亮点，也是西安文化旅游的重要资源。曲江池遗址文化公园就是西安市文化旅游产业知名品牌，成为古都西安建设历史文化特色国际大都市的一张亮丽名片。

曲江新区位于西安的东南部，自 2002 年新区成立以来，一直坚持"文化立区，旅游兴区"的发展战略，以文化旅游产业为主导，利用大雁塔和曲江皇家园林遗址等特色历史文化资源开发文化旅游产品，结合西安独有的盛唐灿烂的历史文化，打造了精美绝伦的大唐芙蓉园等复古文化旅游景区，以曲江新区为展现盛唐风貌的窗口，让游客可以身临其境地体验盛唐风采，也成为国内文化遗址旅游景区的典范。

曲江新区组建了由政府控股的曲江文化产业投资有限公司，依托新区丰富的历史文化旅游资源的优势，打造国家考古遗址公园，现已涵盖大雁塔景区、曲江寒窑遗址公园、大唐芙蓉园、大唐不夜城等文化旅游园区，致力于开发古都西安的文化旅游，实现了文化遗产产业的延伸与拓展，带动了整个区域的发展。曲江池遗址文化公园已经成为西安的一个知名的文化品牌，被业界称为"曲江模式"。

曲江池遗址文化公园形成了以文化宣教为内核，以文化消费为支撑，以产业集聚为牵引的品牌定位，和产学研融合以及和遗址保护有机结合的发展模式，与"大西安"的城市品牌建设融为一体。

曲江池遗址文化公园文化旅游品牌建设的运行可概括为"物质＋非物质""文化＋产业""旅游＋经济"的多维模式。"物质＋非物质"模式即整合园区大唐芙蓉园、寒窑遗址和曲江池等物质资源，以及具有显著人文特色的演艺文化、影视文化等非物质资源吸引国内外游客。"文化＋产业"模式则是指在塑造文化旅游品牌的同时，借助政策效应，扶植、引进各类文化企业，使得曲江池遗址文化公园的品牌效应得以延展和提升。"旅游＋经济"的品牌消费和商业化模式通过完善商业运营环境为品牌竞争力提供长久动力支持。上述模式的综合运用，既推动了曲江池遗址文化公园成为我国城市文化旅游经典的同时，又借助其文化感召力推动了曲江池遗址旅游、文化、经济的一体化进程，将遗址公园旅游推向高品质文化体验与服务体验相结合的新模式。通过发展文化遗址旅游，形成了旅游产业的有效集聚，不仅有效改善了当地的自然、经济和人文环境，也唤起了本地居民和游客对于文化遗产保护重要性的认知和了解，实现了保护与发展的"双赢"。

曲江池遗址文化公园准确把握了品牌发展的定位，立足于自然生态的保护和历史文化的传承，致力于遗址公园自身文化特色的挖掘。"独特的主题文化和环境因素塑造了曲江池遗址文化旅游的品牌形象。在旅游目的地品牌建设中，公园寓教于游、寓游于产，将物质文化、精神文化和演艺文化旅游紧密相融，有效地提升了曲江池遗址文化公园的品牌定位。"[①]2007年，曲江池遗址文化公园被评为国家第一批文化产业示范园区。

与杭州宋城立足于展现南宋文化一样，曲江池遗址文化公园是展现大唐文化的重要载体。遗址公园以盛唐文化为背景，以大唐元素为主线，成为西安展示和体验大唐文化的首选之地。曲江池遗址文化公园更加注重游客的娱乐性和参与性，让旅游变得新奇有趣，逐渐将文化表演作为品牌建设的主打项目，构建了演艺产业、影视基地等文化演艺产业链。

位于原唐代芙蓉园遗址所在地的大唐芙蓉园是国家5A级旅游景区。公园建筑都是仿照唐代皇家园林样式重新建造的，处处体现着大唐的建筑风格。芙蓉园内有"形神升腾紫云景，天下臣服帝王心"的紫云楼，有展现盛唐风韵歌舞文化的凤鸣九天剧院，有展示唐代女性巾帼风采的仕女馆和唐代科举仕途文化的杏园等仿唐建筑，成为全国第一个全方位再现盛唐风貌的大型仿唐皇家园林，也是"中国第一有视觉、听觉、味觉、触觉和嗅觉'五感'的主题公园。是唐代灿烂文化的代表，从各个方向、角度展现了盛唐时期的经济、政治、商业、文化以及娱乐的宏伟画卷，是全国范围内最宏大的唐风建筑群"。[②]

大唐芙蓉园以"国人震撼，世界惊奇"为宣传口号，由帝王文化区、科举文化区、诗歌文化区、歌舞文化区、茶文化区、饮食文化区等14个主题组

---

① 贾睿卿.城市公园文化旅游品牌建设研究——以西安曲江遗址公园为例[J].中外企业家，2017（34）：193-194.

② 王晨悦，陈丹.大唐芙蓉园——打造西安文化特色旅游领导力品牌[J].美与时代（城市版），2018（11）：93-94.

成的景观文化区，向游客集中展示了璀璨多姿、辉耀中外的盛唐文化的雄浑大气，全方位展现唐风唐貌的独特文化旅游品牌的内涵。大唐芙蓉园注重游客的互动性、体验性，满足游客多样化的体验需求，实现了游客在园区之间最大化的体验享受，尤其注重晚间体验，每当夜幕降临，大唐芙蓉园内各式灯火交相辉映，呈现出一幅绚烂夺目、精彩绝伦的夜景图，成为大唐不夜城的现代写照，也使得西安夜间旅游的短板得到了改善，带来了巨大的旅游人气和文化旅游市场效应。

参考文献

一、论著

1. 张雪晶，徐璐，李华敏.文化产业视野下的旅游业发展：资源开发与品牌塑造研究［M］.杭州：浙江大学出版社，2009.

2. 梁明珠.城市旅游开发与品牌建设研究［M］.广州：暨南大学出版社，2009.

3. 桑彬彬.旅游产业与文化产业融合发展的理论分析与实证研究［M］.北京：中国社会科学出版社，2014.

4. 尹华光，姚云贵，熊隆友.旅游产业与文化产业融合发展研究［M］.北京：中国书籍出版社，2016.

5. 余明阳，杨芳平.品牌学教程［M］.上海：复旦大学出版社，2009.

6. 包亚芳，孙治，薛群慧.旅游品牌竞争力——理论·案例［M］.杭州：浙江工商大学出版社，2012.

7. 郭齐勇.文化学概论［M］.武汉：武汉大学出版社，2014.

8. 屈万里.读易三种［M］.上海：上海辞书出版社，2017.

9. 龚维玲.文化产业与旅游产业融合发展研究——以南宁市为例［M］.南宁：广西科学技术出版社，2015.

10. 周振华.信息化与产业融合［M］.上海：上海人民出版社，2003.

11. 胡适.做最好的学问：胡适论趣味与治学［M］.北京：北京联合出版公司，2014.

12. 唐月民，等.文化资源学［M］.济南：山东大学出版社，2014.

13. 谢元鲁.旅游文化学［M］.北京：北京大学出版社，2007.

14. 马勇，王春雷. 旅游市场营销管理［M］. 广州：广东旅游出版社，2002.

15. 刘向晖. 网络营销导论（第3版）［M］. 北京：清华大学出版社，2014.

16. 李锋. 文化产业与旅游产业的融合与创新发展研究［M］. 北京：中国环境出版社，2014.

17. 范建华. 节庆文化与节庆产业［M］. 昆明：云南大学出版社，2014.

18. 王德刚，王素洁. 经营遗产：齐文化开发与齐古城遗址公园建设研究［M］. 济南：山东大学出版社，2005.

19. 黄翔，连建功，王乃举. 旅游节庆与品牌建设：理论·案例［M］. 天津：南开大学出版社，2007.

20. 许慎著，李兆宏，刘东方解译. 说文解字全鉴（珍藏版）［M］. 北京：中国纺织出版社，2017.

21. 张章. 说文解字：中国人必备的工具书［M］. 北京：中国华侨出版社，2012.

22. （宋）郭茂倩编撰. 《乐府诗集》（上、下）［M］. 上海：上海古籍出版社，2016.

23. 白山. 打造品牌［M］. 北京：经济管理出版社，2004.

24. 柏定国. 文化品牌学［M］. 长沙：湖南师范大学出版社，2010.

25. 陈少峰，王起，王建平. 中国文化旅游产业报告2015［M］. 北京：华文出版社，2015.

26. 马东跃，何伟，张明. 文化符号与城市旅游品牌管理研究［M］. 北京：中国环境出版社，2015.

27. 贺晖，熊健. 现代旅游传播学［M］. 长沙：湖南科学技术出版社，2008.

28. 张凌云. 旅游景区管理［M］. 北京：旅游教育出版社，2009.

29. 顾军，苑利. 文化遗产报告——世界文化遗产保护运动的理论与实践［M］. 北京：社会科学文献出版社，2005.

30. 杨劲样. 节事活动营销［M］. 重庆：重庆大学出版社，2015.

31. 刘吉发，陈怀平，朱田凤，等.古都历史文化产业开发研究：西安历史文化旅游开发战略［M］.兰州：西北大学出版社，2008.

32. 宋振春，李秋.文化旅游产业与城市发展研究［M］.北京：经济管理出版社，2012.

33. 王明星.文化旅游：经营·体验·方式［M］.天津：南开大学出版社，2008.

34.（美）道格拉斯·霍尔特，道格拉新·卡梅隆.文化战略：以创新的意识形态构建独特的文化品牌［M］.汪凯译，北京：商务印书馆，2013.

35.（英）摩根，等.旅游目的地品牌管理［M］.杨桂华等译，天津：南开大学出版社，2006.

二、论文

1. 曾妮娜.浅议旅游文化品牌的建设［J］.市场论坛，2011（03）.

2. 王燕.文旅融合视角下历史文化名城的保护与可持续发展——以云南建水古城为例［J］.人文天下，2018（21）.

3. 邢启顺.西南民族文化产业与旅游融合发展模式及其社会文化影响［J］.云南民族大学学报（哲学社会科学版），2016，33（04）.

4. 许建根，聂泠然.安徽旅游文化品牌的塑造、传播与感知：基于安徽旅游宣传口号"美好安徽 迎客天下"的分析［J］.视听，2018（10）.

5. 李淑敏，李荣启.论非物质文化遗产的保护原则［J］.船山学刊，2005（03）.

6. 吴晓山.民俗文化旅游品牌战略研究——以"刘三姐"文化旅游为例［J］.特区经济，2010（08）.

7. 张翔云.旅游地品牌化的路径选择与实现［J］.社会科学家，2018（01）.

8. 彭燕，王慧，李良杰.江西节庆旅游产品的深度开发构思［J］.企业经济，2013（12）.

9. 陈肖利.基于游客体验的区域旅游品牌建设效果研究——以"清新福建"旅游品牌为例［J］.武夷学院学报，2017（08）.

10. 王文乐.江西旅游品牌管理与发展路径［J］.企业经济，2018（07）.

11. 朱强华，张振超.旅游景区品牌管理模型研究［J］.桂林旅游高等专科学校学报，2004（6）.

12. 朱运海.基于文化旅游视角的城市品牌建设研究［J］.中国经贸导刊（中），2018（35）.

13. 王志东，闫娜.山东文化旅游品牌战略研究［J］.理论学刊，2011（06）.

14. 朱耀勋.陕西旅游与文化融合发展的路径［J］.西部大开发，2018（07）.

15. 赖坤，张鼎灵."两山一湖"格局下宣城旅游品牌塑造研究［J］.安徽师范大学学报（自然科学版），2003（04）.

16. 邢启顺.从"金海雪山"品牌价值收获看"农、旅、文"深度融合发展［J］.贵州师范学院学报，2016（08）.

17. 韩彩霞.文旅融合背景下文化旅游品牌的构建策略探微［J］.江西电力职业技术学院学报，2018，31（04）.

18. 刘丹丹，黄安民.福建省朱子文化旅游开发研究［J］.武夷学院学报，2018（04）.

19. 周建标.泉州发展文化旅游业的SWOT分析［J］.重庆交通大学学报（社会科学版），2015（02）.

20. 杨丽娟.试议民俗文化旅游资源的开发［J］.昆明大学学报，2003（02）.

21. 傅才武，钟晟.文化认同体验视角下的区域文化旅游主题构建研究——以河西走廊为例［J］.武汉大学学报（哲学社会科学版），2014（01）.

22. 马杰.福建旅游品牌定位研究［J］.北京第二外国语学院学报，2013（03）.

23. 罗英.旅游品牌的营销策略研究［J］.赤峰学院学报（自然科学版），2016（18）.

24. 吴松.旅游景区的品牌整合推广策略［J］.天府新论，2008（S1）.

25. 翁钢民，李凌雁.中国旅游与文化产业融合发展的耦合协调度及空间相关分析［J］.经济地理，2016（01）.

26. 卢红梅.我国文化产业与旅游产业融合发展分析［J］.经济研究参考，2015（61）.

27. 厉无畏.产业融合与产业创新［J］.上海管理科学，2002（04）.

28. 姚战琪，张玉静.文化旅游产业融合发展的进程、战略目标及重点领域探讨［J］.学习与探索，2016（07）.

29. 文化和旅游部印发《关于促进旅游演艺发展的指导意见》的通知［J］.中华人民共和国国务院公报，2019（20）.

30. 桑彬彬.旅游产业与文化产业融合发展的途径［J］.旅游研究，2016（5）.

31. 桑彬彬.产业价值链视角下的旅游产业与文化产业融合机制研究［J］.云南开放大学学报，2018（01）.

32. 桑彬彬，黄敏.我国文化旅游开发模式研究［J］.商业文化（上半月），2012（02）.

33. 黄细嘉，周青.基于产业融合论的旅游与文化产业协调发展对策［J］.企业经济，2012（09）.

34. 植草益.信息通讯业的产业融合［J］.中国工业经济，2001（02）.

35. 张凌云.试论有关旅游产业在地区经济发展中地位和产业政策的几个问题［J］.旅游学刊，2000（01）.

36. 韦朝烈，陈小文.广州文化旅游深度融合发展的问题与对策研究［J］.探求，2016（04）.

37. 钟荣丙.湖南文化旅游协同发展的路径研究［J］.湖南工程学院学报（社会科学版），2018（01）.

38. 李伟山.刘三姐文化旅游开发研究综述［J］.创新，2015（04）.

39. 张宏瑞.文脉在文化资源旅游开发中的主导作用［J］.资源开发与市场，2004（02）.

40. 邓斐乐.文化旅游产业发展的现状研究——以无锡市为例［J］.旅游纵览（下半月），2016（08）.

41. 李树民，支喻，邵金萍.论旅游地品牌概念的确立及设计构建［J］.西北大学学报（哲学社会科学版），2002（03）.

42. 张勇.我国影视城旅游发展的实证研究——以无锡影视基地、横店影视城为例［J］.重庆三峡学院学报，2010（01）.

43. 唐勇，刘妍，刘娜.成都锦里民俗文化旅游资源整合开发研究［J］.

成都理工大学学报（社会科学版），2006（03）.

44. 赵磊，庄志民.旅游目的地竞争力模型比较研究［J］.旅游学刊，2008（10）.

45. 周玫.基于顾客忠诚的品牌竞争力评价分析［J］.当代财经，2005（09）.

46. 花建.论文化产业与旅游联动发展的五大模式［J］.东岳论丛，2011（04）.

47. 唐勇，徐玉红.创意产业、知识经济和创意城市［J］.上海城市规划，2006（03）.

48. 薛群慧.旅游产业与文化产业融合发展的三个重点［J］.旅游研究，2016（05）.

49. 刘秀芳.关于发展山西佛教文化旅游的几点思考［J］.山西社会主义学院学报，2017（02）.

50. 王文乐.江西旅游品牌管理与发展路径［J］.企业经济，2018（07）.

51. 王忠云，张海燕.产业融合视角下民族文化旅游品牌价值提升研究——以湘西德夯为例［J］.湖南商学院学报，2011（04）.

52. 张海燕，王忠云.产业融合视角下的民族文化旅游品牌建设研究［J］.中央民族大学学报（哲学社会科学版），2011（04）.

53. 陈兴旺.文化旅游产业发展的现状、问题及对策［J］.长江大学学报（社科版），2016（05）.

54. 张肃，黄蕊.文化旅游产业融合对文化消费的影响［J］.商业研究，2018（02）.

55. 董秀静.山西文化旅游对外宣传问题及策略研究［J］.山西高等学校社会科学学报，2018（11）.

56. 司马志.中国文化创意旅游发展的七大模式［J］.上海经济，2015（05）.

57. 王志峰，吴颖.《又见平遥》创新文化旅游产业模式［J］.经济问题，2016（10）.

58. 王晨悦，陈丹.大唐芙蓉园——打造西安文化特色旅游领导力品牌［J］.美与时代（城市版），2018（11）.

59. 贾睿卿.城市公园文化旅游品牌建设研究——以西安曲江池遗址文化

公园为例［J］.中外企业家，2017（34）.

60. 沈中印，张辉，龚双双.旅游企业基于核心竞争力的品牌战略研究［J］.战略与管理，2010（04）.

61. 苏伟忠，杨英宝，顾朝林.城市旅游竞争力评价初探［J］.旅游学刊，2003（03）.

62. 吴从越，赵晔龄.论旅游景区品牌的建立和保护［J］.浙江海洋学院学报（人文科学版），2008（01）.

63. 林琼利.浅谈旅游节庆品牌管理——以洛阳牡丹文化节为例［J］.中外企业家，2018（10）.

64. 梁刚.四川佛教文化旅游品质提升研究［J］.乐山师范学院学报，2018（02）.

65. 何燕燕."一带一路"背景下江西文化旅游品牌构建研究［J］.智库时代，2017（11）.

66. 马建峰，杨芳.文化遗产类旅游目的地品牌个性研究——以福州三坊七巷为例［J］.中南林业科技大学学报（社会科学版），2014（05）.

67. 马建峰，杨芳.国外旅游目的地品牌研究述评［J］.重庆工商大学学报（社会科学版），2015（03）.

68. 侯建娜，杨海红，李仙德.旅游演艺产品中地域文化元素开发的思考——以《印象·刘三姐》为例［J］.旅游论坛，2010（03）.

69. 高燕.文化产业与旅游融合发展经典模式案例研究［J］.兰州文理学院学报（社会科学版），2014（02）.

70. 党伟祺.智慧旅游背景下"山区小城"旅游业的发展策略——以广西梧州市为例［J］.中国商论，2018（28）.

71. 李茜燕.旅游文化品牌建设研究——以吉林省为例［J］.企业经济，2014（12）.

72. 闫春娥.广西文化与旅游融合发展探究［J］.市场周刊（理论研究），2015（06）.

73. 徐仁立.旅游产业与文化产业融合发展的思考［J］.宏观经济管理，2012（01）.

74. 李瑛.我国博物馆旅游产品的开发现状及发展对策分析［J］.人文地理，2009（04）.

75. 石艳.产业融合视角下的旅游产业与文化产业互动发展研究［J］.山东财政学院学报，2012（02）.

76. 张涛.文化产业视野下的世遗保护和旅游发展［J］.旅游学刊，2012（04）.

77. 刘文佳.哈尔滨市冰雪旅游文化品牌经营研究［J］.冰雪运动，2017（02）.

78. 林爱平.三坊七巷核心文化符号——名人文化的旅游表达［J］.闽江学院学报，2015（01）.

79. 张晓燕，孙志忠.文化旅游产业发展战略研究的可视化分析与探讨［J］.兰州文理学院学报（社会科学版），2018（06）.

80. 李茜燕.旅游文化品牌建设研究——以吉林省为例［J］.企业经济，2014（12）.

81. 冯健."文旅融合"该从何处着手［J］.人民论坛，2018（32）.

82. 魏小安，王春利.博物馆的市场化［A］.北京博物馆学会学术会议.北京博物馆学会第四届学术会议论文集［C］.北京燕山出版社，2004.

83. 蔡善柱.试论旅游品牌开发［J］.安徽师范大学学报（自然科学版），2004（03）.

84. 李贺.河南少林寺旅游文化资源开发利用［J］.市场周刊（理论研究），2016（08）.

三、学位论文

1. 钟晟.基于文化意象的旅游产业与文化产业融合发展研究［D］.武汉大学，2013.

2. 厉建梅.文旅融合下文化遗产与旅游品牌建设研究——以山东天上王城为个案［D］.山东大学，2016.

3. 桑彬彬.旅游产业与文化产业融合发展的理论分析与实证研究［D］.云南大学，2012.

4. 徐磊. 西安古都文化旅游品牌建设问题研究［D］. 长安大学，2008.

四、报刊资料

1. 曹雪文. 群雄逐鹿"文化+旅游"后时代的产业升级［N］. 中国旅游报，2018-12-24.

2. 付彪. 让非遗文化在旅游中发扬光大［N］. 中国旅游报，2019-04-15.

3. 郭凌志. 文化旅游进入2.0时代：创意驱动 个性凸显［N］. 人民日报（海外版），2017-11-06.

4. 李金枝，文侠. 旅游演艺——文旅融合生动样板［N］. 中国旅游报，2018-06-08.

5. 魏小安. 景区未来的十个发展趋势［N］. 中国文化报，2018-12-15（7）.

6. 张泽炎，朱玥怡. 故宫文创15亿营收背后：跨界+IP+网红［N］. 新京报，2019-02-20.

7. 博物馆的生意经：故宫文创年入10亿有啥秘诀［N］. 华商报，2018-09-11.

8. 孙文广. 新媒体时代，如何打造旅游品牌［N］. 中国包装报，2012-12-21.

9. 曹雪文. 文旅融合新时代 走心营销才能更好"赢销"［N］. 中国旅游报，2018-12-07.

10. 邱玥. 历史文化名城保护，要下绣花功夫［N］. 光明日报，2019-04-14.

11. 王昆欣. 让博物馆成为大众旅游新天地［N］. 中国旅游报，2019-04-19.